U0642721

勿使前辈之遗珍失于我手
勿使国术之精神止于我身

百家功夫

# 非视觉太极

## 太极拳劲意图解

万周迎 著

北京科学技术出版社

扫码加入读者群：

作者公众号：

注：
本书所讲的专业动作请在专业人士指导
下训练，并在监护人陪同下练习。

非视觉　太极

扫码　　听书　　目录

前言

彩页

推荐　　阅读

序

 三 种

 练 法

 （二）

 太 极

 十 三 势

 太 极

 图 说

 太 极

 十 三 势

 无 极 桩

 太 极

 起 势

 金 刚

 捣 碓

 懒 扎 衣

 六 封 四 闭

 单 鞭

 金 刚

 捣 碓

 白 鹤

 亮 翅

 斜行  拗步

 初收

 前蹚 拗步

斜行 拗步

 再收

 前蹚 拗步

演手 红捶

 金刚 捣碓

 收势

 十三势  练法

 四、  风险  篇

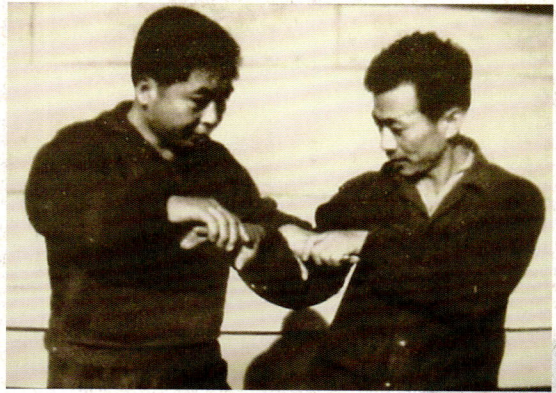

作者师爷陈式太极拳家陈照奎推手

陈式太极拳宗师陈发科

后招

玉女穿梭

指裆捶

旋风脚

作者恩师陈式太极拳家杨文笏拳照

杨文笏（前排正中）应马虹（前排右四）邀请到石家庄授拳

万周迎与师叔陈瑜在天坛公园

作者恩师祁家通臂拳家张生为侠友太极书院做通臂拳讲座、展示技击

万周迎云游拜访关中红拳刘存和老先生

万周迎与武术家吴斌（中）、书法家陈建海（右）

万周迎与师爷祁家通臂拳家魏庆祥

万周迎陪同禅宗师父圣安大师（左一）接待来访的泰国法师

在侠友太极书院学习的外国学生

万周迎与李亚鹏（左侧照片中间）共同揭幕乡村公益书院，复兴传统文化

公益项目"语路问行动"颁奖仪式现场，陈坤（左）为万周迎颁奖

万周迎参加辽宁卫视"有话好好说"节目，宣传太极文化

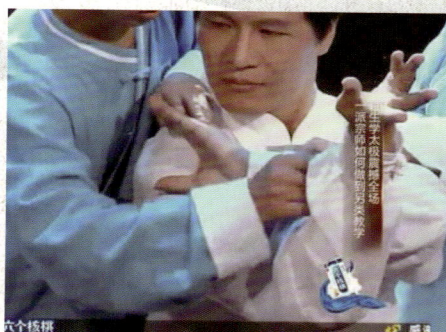

万周迎拳照

万周迎参加山东卫视大型国学节目"我是先生"

万周迎与美国有氧大健康之父、小布什总统健康顾问库珀
（右），2017 年拍摄于南京

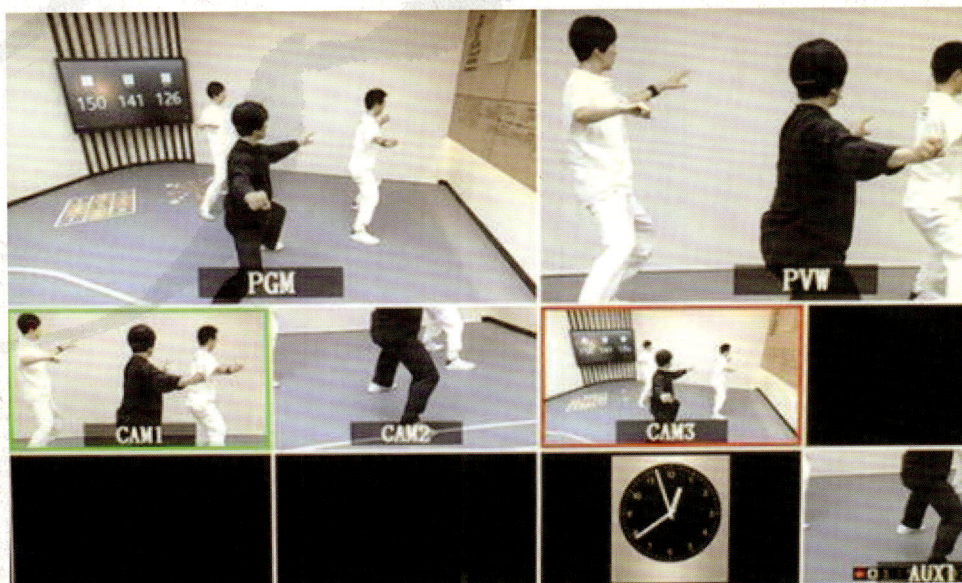

科学太极之"运动处方"视频录制

万周迎与著名心血管病专家胡大一

2011 年 5 月北京市公益文化节上，侠友心舍盲人学生演示太极拳

2017 年重庆第十一届中国健康服务业大会，400 名健康管理专家学者齐聚，由北京侠友太极书院万周迎现场教学，大家发扬医者先行的理念，用心体会太极拳的一招一式，感受中国传统儒、道哲学中的太极、阴阳辩证思想。前排左一，朱玲（北京医院体检中心原主任）；前排左二，万周迎（本书作者）；前排左三，赵小兰（第三军医大学西南医院健康管理中心主任）；后排左一，陈刚（中国健康促进基金会副秘书长兼健康管理部主任）；后排左二，曾强（中华医学会健康管理学分会主任委员、解放军总医院健康管理研究院主任）；后排左三，武留信（中华医学会健康管理学会副主任委员兼秘书长、解放军空军航空医学研究所研究员）；后排左四，三正珍（中国健康促进基金会体医融合应用研究与推广专项基金管理委员会副主任委员）；后排左五，吴伟晴（深圳市人民医院体检中心主任）

# 目　录

## 非视觉太极的故事

缘起篇

# 太极十三势

**风险篇**

# 练习太极拳的风险

**附录**

# 附　录

# 推荐阅读

**魏久明**　中华少年儿童慈善救助基金会主要创办人，原理事长

## 弘扬民族之光

我们都是中华民族的一分子，宣传和实践民族文化传统是我们天赋的神圣职责。

太极拳是我国非物质文化遗产，是在中华民族古老的太极思想指导下产生的。在我国，太极拳于14世纪开始兴起和传播，至17世纪中叶对外繁衍和普及。太极拳体现了中国文化中的阴阳五行之学、《易经》辩证思想、中医经络学说等，是中国武术中养性健体、抗击卫身的一种内外兼修、刚柔相济的拳术，受到中国人民及世界其他国家人民的喜爱。

万周迎先生的著作《非视觉太极》一书，是他多年刻苦钻研、勇于实践、精心撰写而成的，是继承与发展传统太极拳术的著作，也是现代人特别是盲童学习太极拳的重要读本。本书的出版和发行，对于进一步探索、发展、学习、普及传统太极拳有着重要的意义和作用。

万周迎先生的可贵之处，还在于他不仅献身于太极拳的事业，而且把发展太极拳与公益慈善事业有机相结合，有力地推动了传统太极拳的普及和发展。我是个坚持练习太极拳的人，在晚年也做些公益慈善的事，所以我和万周迎先生是同道人，他的《非视觉太极》出版，我是积极的推荐者。希望大家和我一样，喜欢这本书，阅读这本书，宣传这本书。

**李亚鹏** 嫣然天使基金、书院中国文化发展基金会发起人

　　万周迎老师是书院中国文化发展基金会发起的传统文化公益项目的太极导师，他运用大学老师的治学方法研究和传授太极。在这本书里，他从文化、传承、应用、科学等多个层面全面解读了中华武术的精妙。

　　我第一次看到在出版的同时还有专为盲人设置的"非视觉"音频版的太极文化方面的书籍。万周迎老师多年来用太极为无数残障人士带去心中的光明，我在影视作品中扮演过大侠，万周迎老师却是我们身边真实存在的"侠"。

**陈越光** 浙江敦和慈善基金会执行理事长、秘书长

　　那些忙乱的心总是太小，一点得失计较就装满了，一有风吹草动就被掀翻了；那些贪婪的心虽然够大，却是被欲望撑大的，始于忘乎所以，终于贪得无厌。而在盲童们的一招一式中，我们看到踏实、温厚的心，热泪涔涔而不是由于自己的不幸，风尘仆仆而并非奔波于名利之途。这样的心也许还未见自性，还未闻道，却也已近，也已求矣。

**温长路** 中华中医药学会常务理事、学术顾问，国家中医药管理局中医药文化建设与科学普及专家委员会专家，中国科学技术协会中医药学科全国首席科学传播专家

　　太极无端，健康无限，动静有序，道法自然。太极之功，刚柔相济，动静一体，是为中国祖先之创造、中华文化之明珠，学之受益，习之得利，为强身健体、防病疗疾之法宝。万周迎先生致力于传统太极养生理念的研究和推广，以之造福于民众健康，功莫大矣，此其一。

　　人之眼目，体之窗口，视障之人尤渴望关爱。给他们送

去特殊健康之书,是送知识更是送爱心,是送工具更是送仁义。万周迎先生以其独特的视角,撰写了这部撰写有难度却意义非凡的书,让视障者得到健康权利、享受健康甘霖,这是具有远见的举动,功莫大矣,此其二。

《非视觉太极》一书,内容翔实、语言精练、贴近生活、便于掌握,让可视之者眼前一亮,不可视之者心中明了,为健康中国加力,给国计民生添彩,相信它一定能受到广大读者,特别是盼望使自己能融入健康行列的视障读者的热烈欢迎的!

**朱为模** 博士,美国人体运动学科学院院士
美国伊利诺伊大学终身教授,博士生导师

## 太极拳帮你"看"世界!

一谈到视力障碍,一般人马上可能联想到的是"disability"(残疾)。我尤为欣赏Vikas Khanna以下这段对"disability"的新定义:Disability is the inability to see ability(残疾其实是缺乏认识人潜力的能力)。许多人也许不知道其实除了视觉外,人还有很多其他的感官和方法来认识世界。而且人的触觉、本体感受等是比视觉还要早的用来认识世界的重要通道。万周迎先生尝试用传统太极拳来帮助视障孩子"看"世界,其实就是挖掘他们的这些非视觉潜能。过去20多年中,太极拳这项古老的中国身心运动已被积极地应用到残疾人和老年人的康复治疗中,并被西方医学界所接受。万周迎先生本着一颗爱心,用太极拳来帮助视障孩子们挖掘他们的潜能,并根据自己的实践研究,整理出版了这本《非视觉太极》,可喜可敬。推荐大家一读。

**张有峰** 北京武术院副院长

　　非视觉太极拳概念最早来自于盲童太极拳教学实践，又不仅限于盲童群体。用内在感受替代视觉模仿，可以更有效地深入太极本质，本书在对传统太极拳核心要领准确描述的基础上，进一步披露了太极拳螺旋缠丝对细节的要求，删去繁多的枝叶，用最少的式子，回到太极拳的核心根本上去。

**杨十明** 北京市武术运动协会八卦掌研究会副会长兼秘书长

### 《非视觉太极》——太极拳传习有益的探索

　　欣悉好友万周迎老师的《非视觉太极》一书即将出版，祝贺的同时也深为他多年来潜心学拳，刻苦练拳，精心传拳，不断探求太极真理的精神所赞佩。

　　该书立意清楚，将传统太极拳原理与传统练习方法相结合，从太极桩功、基本功入手，进而精解陈式太极拳经典十三势练习方法，图文并茂，并运用现代手段，书音结合，试图体现太极拳习练应着重于内在的感受和平衡，而不是追求视觉效果的外形漂亮，从盲童太极拳教学实践出发，找到一种适合现代人修习的教学方法，让传统太极拳更易于学习和坚持，并且不失传统文化内涵。该书还就武医结合、防止运动损伤等进行了积极探索。这都是作者通过长期练拳、研拳、教拳总结并凝练出来的。《非视觉太极》一书对太极拳习练者具有指导作用，对太极拳爱好者、初学者也有一定的参考借鉴作用。

　　中华武者，常有侠义精神，万周迎老师曾是位出色的科研工作者，而出于对中国传统文化的热爱，现在他将继承弘扬太极拳作为自己的责任，全身心投入到传统太极拳和慈善公益事业中。他以大爱之情创办"侠友心舍"，辛勤耕耘，卓有成效，走出了一条太极拳不同寻常的道路，令人敬佩！我曾见过他的盲人学生演练的太极拳，他们专注地演练，一招一式中，孕育动静变化，似乎能让人感受到他们身心内外的平静，感受到人自身、人与世界的和谐与平衡，而修习太极使他们赢得尊重，获得自信，坦然面对人生。

有人说太极拳是哲理拳，确实如此。中华传统文化闪耀着人类智慧的光辉，我们应很好地学习、继承、弘扬、发展它，使其更好地为人民身心健康和社会进步发挥更大的作用。

**王俊辉** 字中行，道号资上智
北京市武术运动协会通背拳研究会副会长
武当三丰派第十六代弟子、祁家通臂拳第八代入室弟子

太极拳名扬天下，公开的资料与研究已经非常丰富了，但大多大同小异，唯万周迎先生所著《非视觉太极》颇有新意！对视障人群的太极拳教学无疑是一部雪中送炭的大爱之作，对常人尤其是武术习练者更是一部难得的好书。当今信息时代，世事纷扰，节奏飞快，大家真的很难静下心来去做件事，更谈不上练就笃实的传统功夫了。轩辕黄帝《阴符经》中有道："心生于物，死于物，机在目。""绝利一源，用师十倍。"非视觉找到了静心修炼的根本。"物有本末，事有终始，知所先后，则近道矣！"相信按照万周迎先生此书呈现的方法能成就您的功夫梦！也可圆您的体道、悟道、修身、养性的修行梦！福生无量！

**马一弘** 七宝阁书院院长，书香学府教育创始人
中国书院学会副会长

万周迎老师把中医的思想体系与太极拳的习练结合起来，体现了"道"与"艺"的关系，告诉大家练武、习艺最

终的目的是至于道。

太极拳崇尚的就是天地阴阳的文化，如果大众能够从习练太极拳入手，体会到中国优秀的传统文化，就是一种文化修养的提升，就是文化自信的提升。习练太极拳是复兴中华优秀传统文化的重要途径。

序　一

秉承傳統陳式太極拳 萬周迎老師

以練而通拳理 以悟而明拳澾 在修行

大道上醫武相合 知行合一以身証法 犬

愛如斯 俠友心太極夢 他自翎立俠友恋舍

熱心公益 技貽支貧 由對盲人教拳数

年 以非視覺太極拳証道 今著書

「非視覺太極拳」以肓世人 承由裏敬

佩 寫数語為序 陳建海於丁酉秋月

　　秉承传统陈式太极拳，万周迎老师以练而通拳理，以修而明拳法，在修行大道上医武相合，知行合一，以身证法。大爱如斯，侠友心、太极梦。他自创立侠友心舍，热心公益，扶弱支贫。由对盲人教拳数年，以非视觉太极拳证道。今著书《非视觉太极拳》以育世人。我由衷敬佩，写数语为序。

陈建海于丁酉秋月

# 序 二

不想学武术的科学家不是个好侠客……

一直以来，源于对传统文化和中国功夫的热爱，我始终研究和关注这一领域，多年来，亲眼见证了万周迎老师从习武，到做公益慈善，一路所经历的磨难，以及他坚定不移的精神。

为万周迎老师作序，不能不提到他的科学背景。他原在北京航空航天大学任教，从小就对于世界的隐秩序、宇宙的终极奥秘有着浓厚的兴趣，对于物理学、宇宙背后的规律和美，展现出惊人的洞悉能力。他能感受到那种美，那种科学家眼中的世界之大美。因为我们这一代人从小受的教育是"学好数理化，走遍天下都不怕"，所以他并没有太多机会进入人文领域。读大学之后，万周迎老师有更多机缘从人文角度感悟世界，这使他在这方面的天赋得到更好的发挥。所以，他对于中学和西学，都融会贯通。

借由武术说起，万周迎老师在习练传统太极拳时，历经了常人无法想象的磨难。数不清的寒来暑往，他日日凌晨起床练功。渡过这个"大火"的阶段，坚持练功需要极强的毅力和耐力。例如三九功和三伏功，三九功需要在数九寒冬北风呼啸的时候，在北方的户外赤脚练习；三伏功则是在炎炎夏日正午酷热的时候，在阳光直射下赤脚练习。然而这些只是外形上能看到的苦。更多的苦是内在的，需要在达到极限状态下的身心淬炼。在做"下势"动作的时候，常常会达到痛入骨髓，浑身颤抖、发麻，全身上下都无法动弹的状态，而这个时候，还需要再坚持，这种肉体和精神上的巨大痛苦是一般人无法忍受的，所以中途放弃的人很多。但是这个极苦，却是在换劲，可达到手沉、换骨，以至整劲。所以说是痛并快乐着，我们一直都怀念那个单纯的岁月。没有真正练过功夫的人，根本无法体会，功夫不是秘籍，不是投机取巧让老师多传授口诀和要领，而是反复练习，反复琢磨，承受痛苦的煎熬，以得到凤凰涅槃般的重生，是如同攀登险峰一般，义无反顾，不断追求。在这个阶段之后，还有多个阶段的练习，需要像揉面一样，反复进行。在松柔的阶段，身体会更加感觉到松静，从而进入无我的状态。万周迎老师亲身经历过大火淬炼（猛攻）和小火炖煮这些阶段，最终达到了中正平和，就如同释迦牟尼佛修行的时候，历经了苦修与平和，最终达到了开悟一样。所以，万周迎老师传授拳法时，知道怎样根据每个学员的情况、身体状况、年龄阶段等选择合适的功法，能把不必要的弯路去掉，浓缩成一条最佳途径。

本书中不少内容为首次披露，如传统太极内功的练习、吴氏太极与通臂拳的渊源等。万周迎老师告诉了我们传统太极的精髓，这是大家期盼已久的事情。古代的典籍现代人看起来很困难，很多读者表示看不懂《陈氏太极拳图说》，而万周迎老师在语言方面使用了当代语言，使本书非常通俗易懂。用当代的语言把古代的精髓阐释出来，也是此书的很大贡献。书中这一套系统的练习方法，缩短了习练时间和周期，打破了太极十年不出门的魔咒。第一步，先练基本功、内功，把腰胯打开，培养丹田。第二步，侠友七势拳，将内功与拳势动作揉为一体，初步掌握节节贯串、炼养中气的方法，体会中医经络、六经辨证的关系。第三步，太极十三势，将呼吸、吐纳与动作配合，达到返璞归真、回归天然本源的状态。此外，还配合有一套科学的检验体系。已有三甲医院采用侠友太极作为运动处方，建议患者练习。东汉时期的《吴越春秋·勾践阴谋外传》中的《越女论剑》中说："其道甚微而易，其意甚幽而深。道有门户，亦有阴阳。开门闭户，阴衰阳兴。

布形候气，与神俱往，呼吸往来，不及法禁，纵横逆顺，直复不闻。"太极之精妙可达于此。

万周迎老师授课的一大特色是医武相合。他除了是太极、通臂拳传人，也精通中医。他对于中医"内里面"的理解，着实令人敬佩。这部分内容，在万周迎老师的另外一本书中，有更详细的讲述。现在大家都在讲医武相合，但是医武相合并不是肤浅的经络对应，或者哪个动作对应哪个病证，而是对于医道核心，那些不可见、不可说、不可思议部分的拿捏和把握。如何使人领会"在天成象，在地成形"的中医经典，并将其收归己用，练到身上，是最见功力的地方。万周迎老师对于中医经络、人体阴阳应象与太极拳阴阳变换之间的互通关系和把握，透入骨髓。此书还有一大特色，就是非视觉、无障碍。每一章节都有一个二维码，可听到语音，此语音对图片的内容、文字的内容，做了一个详细的描述，以便于视障朋友阅读。虽然看不到内容，却可通过此语音感知。这种殊胜，在现代的因缘上也非常契合。

练功夫的人，大多受武侠文化的影响，具有侠的情结。而万周迎老师又是何许人？京城冬夜里，不问不知道。万周迎老师从北京航空航天大学辞职，创办了侠友太极书院，多年来和书院的老师们一起，义务传授残障困境孩子太极功夫、国学知识，帮助他们强身强心。此事的缘起如下。他在各地云游的时候，看到武术没落的现状，希望为传统武术找到在现代社会的安身立命之所。他还看到许多残疾人士、疾病患者面临着各种各样的困境。他深知残疾、疾病不是他们的错，贫穷和衰老也不是他们的错，我们每个人在生活中都有可能陷入困难。帮助别人其实就是帮助自己。传统文化中有大量的瑰宝，完全可以用于造福弱势群体。而且，这也可以使非遗活化，使它在现代人的生活中得以复兴，而不至于只是躺在非遗的名单里，走向消亡。

万周迎老师性格朴实敦厚，为人中正平和，不追求经济效益，更合天道。这也是他创办非营利性机构的初衷。他不善言辞，话不多，却对这个世界有大爱，有天生的同理心。有人说，慈善是钱赚到足够多以后才做的事情，但是从中国传统文化来说从来不是这样。仁义礼智信，是每个人血脉里的价值观和精神。这不仅是传统文化倡导的仁爱的根源，更是传统武术的精神坐标——侠。

然而是在现实中，侠友募款十分艰难，尤其是在起步阶段。因为项目属于教育和文化，受助群体没有危及生命的大病，也没有很惨的画面，倒是受助的孩子们自强自立，精神面貌好，散发着阳光和自信。没有需要救命的急迫感，就很难打动人心，因此万周迎老师和许多侠友自掏腰包，甚至变卖了珍藏多年的古董、名瓷等来做公益。侠友书院能坚持下来，缘于他和书院老师对传统文化价值和智慧的深厚认同与热爱，有了这种理想和信念，并且经历过习武的痛苦磨砺，再经历什么困难，他都不怕。万周迎老师不仅不怕苦，反而从中感觉到了生存的真实。万周迎老师是很骄傲的人，凡事不愿意张口求人，但是为了项目，为了孩子们，他可以放弃尊严去募款，正如《存在》这首歌里写的：

> 多少次荣耀却感觉屈辱
> 多少次狂喜却倍受痛楚
> 多少次幸福却心如刀绞
> 多少次灿烂却失魂落魄

在这个层面，我们可能都是梦想者。

经过多年努力，侠友太极书院的项目，惠及全国近三十个省市地区，为那里千千万万的孩子们圆国学梦、功夫梦，且书院也成为传承传播中华文化的平台。

关于侠友的媒体报道非常多，我也曾经为万周迎老师的经历写过一部小说，就是《太极·侠》，书中的故事九转回肠、跌宕起伏。主人公穿越回古代带回的上面刻"侠友"字的宝剑，成为侠友命名的由来，而事实上确实有这样一把真实存在的古剑。包括项目筹款的经历、盲人孩子的笑脸、现代版杨志卖刀等，小说中都有记载。现实比故事精彩，无论怎样的报道，都无法完全展现现实世界的波澜壮阔、瑰丽宏大的精神画面。

近百年来，中华武学逐渐没落，与人们的生活渐行渐远。系列报道——《致我们正在消逝的文化印记：中国功夫》，非常令人心痛。当今人以习瑜伽、跆拳道等为荣，无人愿意了解中华武学的历史、传承，更难深入了解其背后的文化内涵。现在武术处于十分尴尬的境地，变得像体操不如体操，像杂技不如杂技，像戏曲又不是戏曲。有时候我也扪心自问，现在社会没有龙，学会了这种屠龙的功夫，有用么？有用。这是一种文化的传承和复兴。传承，是一种使命。复兴，也是一种责任。传统武学的复兴可能需要几代人的不懈努力，但至少，我们应该保留下来一些种子。瑜伽的盛行、跆拳道的称霸，并不能掩盖中华武术的光辉和博大精深。只是我们当下还缺乏包装、运营，不懂得市场运作。因此，传统文化、传统武学的复兴，还需要汇聚更多的力量，需要持久的努力。

历史上的贤达才华横溢，都不是只在一个领域中才能突出，而是对多个领域均有研究，只是因某一个领域的成就而为世人所知。一个有智慧、有才华的人，也从来不会停留在某一方面，而是在方方面面都有深入研究。不管是经由太极的道路，还是经由科学的道路，不管是采用中医还是西医的方式，人们对宇宙和人体奥秘的探索是不会停止的。

若　存

# 自　序

　　太极概念来自上古，自人与天地交流而生，此后流传数千年，成为传统文化中重要的核心概念。而传统武艺，各种搏杀之术中或多或少也有太极阴阳变化的影子。太极拳以完整形式示人，虽不过几百年历史，但这几百年却是中国面临重大变革的时期。太极拳以其柔韧而坚强的适应能力在这个时代成为国人主要的健身运动。百年前，国人体弱，倡传统武艺为国术，以强身健体为强国之基石。而今，温饱已无忧，人们生存环境日益远离自然，太极拳亦可为修养身心之选。太极拳，内而化之，为兰生幽谷之境；外而用之，则有仁侠勇毅之气概。

　　当今世界是科学昌明的世界，太极拳要真正融入现代社会之中，变革是不可避免的。这种变革体现在：首先，要将太极拳原理分析清楚明白，让现代人有机会理解圣贤的良苦用心；其次，尝试将太极拳的效果纳入定量说明的轨道，用清楚明白的数据告诉人们为何要练习太极拳；再次，将练习太极拳的风险分析清楚，并找到对应的解决方案，尽可能地防止运动伤害的发生。

　　太极拳是中国传统文化的精粹。将太极拳原理讲明白，可以让现代人有机会在练习太极拳时体验以身证道，去印证传统文化经典所说的方法，让传统文化经典真正从思维演绎层面的学习落到实践检验的实证方法上。而现代多数人练习太极拳的目的在于养生和健身。对于健康，现代医学的认识和传统认知是有共同点的，那么我们可以充分利用这种共同点，用现代检测的定量数据来衡量健康水平的变化。近年来，国际上有很多正规的医学健康刊物发表了大量的有关太极拳疗效的研究论文，说明太极拳的效果已经被主流医学界认可，并纳入正规科研范畴，这对有志于太极拳发展的人来说是一个很好的时机。现代科学的数据检验，是一种很好的纠错和筛选机制。随着数据的积累，我们会明确太极拳练习的强度和适用人群。这有助于让大众根据自己身体状况有针对性地选择练习内容和练习强度，真正让太极拳作为运动处方为人们的身体健康和快乐生活发挥独特的作用。

我学理工出身，并且有一点在大学从事教学科研的经验，机缘巧合下，进入太极拳爱好者的行列，有幸在明师指导下修习多年，并有机会长期从事太极拳的教学实践工作。学生中有部分是视觉障碍群体，非视觉太极的概念就是由此而来的。将太极拳讲述得清楚明白，让没有视力的学生能够知道太极拳要领并能较为准确地用身体表达出来是我经常要面对的问题。在解决这个问题的过程中，我慢慢体会到太极拳是一种平等的运动方式，几乎所有的人群，无论年龄长幼，体弱还是强壮，贫穷还是富有，视力、听力障碍还是肢体残障，都可以从太极拳中获得平静、喜悦和健康。

这套书是想给初学太极的朋友们一个入门参考，尽可能地消除感官的障碍，让所有喜欢太极拳的人们都可以入手去学习和感受。

感恩浙江敦和慈善基金会对我们的大力资助，让这一想法能够落实。感谢中华少年儿童慈善救助基金会和书院中国文化发展基金会一直以来的支持。感谢资深的武术编辑王跃平女士和常学刚先生在本书体例和内容编排上的指导，感谢为这本书的插图呕心沥血的若存女士。感谢为本书无障碍化辛苦录制音频的CCTV2家庭理财频道主持人马清芮先生、北京人民广播电台主持人小丹女士。另外，特别感谢传授我武艺、指导我成长的两位恩师：太极拳明师杨文笏先生，祁家通臂拳明师张生先生。

万周迎

# 非视觉太极的故事

的故事

# 缘起

人人都有自己的"盲区"。

佛经中常说"盲无慧目"，大概就是说若没有心灵的智慧，我们跟盲人并没有区别。

我从小生活在一个江南的农村，那个村子东面有条小河，叫做白沙溪，溪水蜿蜒向北，注入村北一公里左右的婺江中。婺江是条特别的江，在我家附近这一段是向西沉的，所以我从小对那句"一江春水向东流"没有任何感觉，我们村附近的两江春水，不是向北就是向西。

爸爸话不多，人很聪明，是个不错的木匠。妈妈是个很要强的人，希望我和弟弟能好好读书，以后能有大的成就。为此，她付出了比普

侠友心舍里清代铁马镫上一盏酥油灯

通农村女子多得多的努力。从我很小的时候，她就教我认字，学算数，在我6岁时就想让我破格去上小学。20世纪80年代初期，我们这里的孩子一般都要到8岁才能上小学，而我6岁的时候就可以跟上二年级的课程了，但是最终却因为没有我的课本而不得不再等一年才入学。上学以后，随着我父母为生活奋斗的脚步，我也不断地转学，五年小学期间转过三次学。因为识字早，我很早就开始看各种书籍。记得最早看到的一本武侠小说是梁羽生先生的《冰川天女传》。从此，除了古诗词和科学，我又有了一个武侠梦。河边堤坝下有大片的天然草皮，正好适合练筋斗、倒立和鲤鱼打挺等基本功。中学的操场也有大片的草皮适合练习。直到高考前，我课外除了去图书馆看自己喜欢的科学读物，大部分时间都是在操场踢球，在草地上练鲤鱼打挺、乌龙绞柱等看起来很武侠的基本武术动作，有时候也会去找武术杂志，这些杂志里面有基本的武术套路和小功法练习，我按着图谱说明自己比画着练，颇有几分研究秘籍的神秘感。但是我一直没有机会遇上心目中的隐士高人，徒仰侠客之豪情，终不得入武术之门，常引为憾事。中学阶段还算顺利，那是个多梦的季节，梦想以后在科学领域探索宇宙和粒子的奥秘，梦想以后文武兼修，有浪迹天涯的逍

遥。在梦醒的时候，高考也就结束了。20世纪90年代初，我来到北京，进了自己在失去进北京大学物理系的机会后有些随意的选择——北京航空航天大学。大学生活似乎和原先设想的不太一样，机械制造工程是一个几乎没有梦想空间的现实世界，所幸的是体育课可以选修气功。通过了必需的身体素质测验后，我经常用站桩来替代别的活动。有以前武术的基本功，站桩也就不是一件太难的事，坚持到大学毕业，体育课的站桩、气功我得到了优秀的成绩。毕业后，我留在北航的工程热物理专业从事科研和教学工作。

# 传承

## ● 初遇太极

对于小说中以柔克刚、以弱胜强的"顶级神功"太极拳，我心中一直是有好奇的。正好学校有老师要做太极拳培训，教授四十二式竞赛套路，于是我就去报名学习了，这是我正式跟老师学的第一套太极拳，也是自己第一次试着将"顺势借力，以柔克刚"这些书面的描述与身体真实的运动方式简单结合起来。记得快学完的时候，正好有朋友从外地来，他体格非常健壮，听说我在学太极拳，就想试试，在他用力先撞我的时候，被我下意识的一个引化，将他整个身体在空中横过来面朝下平拍在地上。这是我第一次将太极拳原则用于实际对抗。但从那次以后，有意地想再找到那种状态，却再也找不到了。

陈式太极拳第九代宗师陈发科先生像

后来有一位田老师来北京航空航天大学教陈式太极拳。北京的陈式太极拳传自陈发科先生。陈发科先生自1928年以后就定居北京。田老师从学于冯志强先生和田秀臣先生，而两位老师都是陈发科先生的弟子。田老师待人和善，善于言谈，能从大学生易于理解的速度、力量、技巧等角度来分析太极拳的原理。所以，田老师的太极拳课在大学里很受师生的欢迎，北京大学、清华大学、北京航空航天大学都有他的班。田老师每周来北航5次，大约1个月的时间教完一路八十三式。学完套路后，接着练推手，推手包括单推、双推、活步和散推。

在老师没来的时候，我们一些同学在早上聚在一起晨练，验证老师讲的方法在实践中的应用。有一些方法还是很管用的，特别是对一些不熟悉的对手，在推手中用一些练熟了的招式，往往能起到明显的效果，比如在对方进步前推的时候，在对方前进脚刚沾地的瞬间，我用前腿之膝内侧领劲向里合，横打对方前进之膝内侧，同时转体，用两臂分

陈式太极拳第十代传人陈照奎先生与弟子演示陈式推手套路，拍摄于20世纪60年代

别接对方前臂上掤下採，很容易使对方在没有防备时失去重心摔倒。当时大家的兴致都比较高，几乎每天早上都在北航荷花池边练习。有时还会去清华的小树林，或者北大西门附近，和北大清华的同学交流拳艺和推手。

慢慢地一个问题越来越困扰我："太极拳是什么？"这个问题其实在接触太极拳之前我就在思考，但是，没有身体力行的实践，是不可能有明确的答案的。在无意中把朋友放倒那一瞬间，我好像有了答案。但后来，又渐渐模糊了。问田老师，他说是"速度、力量、技巧"加上"时机把握"。初一听很有道理，但是，细想又不是，很多体育运动都是这些要素，比如乒乓球、篮球、足球等大多数对抗运动，都是这样。那么太极拳，又有什么不同呢？在和同学的交流中，我也在找这个答案。太极拳的拳论和拳谱讲的大多是境界和感悟上的，并没有讲切实的练法。只有真正实践到了才能知道切实的结果。但是，如果不知道太极拳是什么、太极拳该怎么练是对的，也就不能保证正确的太极实践体会。一般传统武术，破解这个理解上的怪圈，都是用相信自己老师说的、按老师说的去练来强行截断这个逻辑链条。但我们从小习惯的科学思维方法和这个体系之间是有矛盾的，于是，信还是不信似乎成了一个根本的问题。

## ● 大道太极

偶然的机会，我遇到了吴氏太极的传人黄震寰老师，黄震寰老师是田兆麟、吴图南、石明等几位先生的弟子。黄老师特别愿意有年轻人能传承他体悟到的东西，虽然我没有拜师入门，他也会经常指导我练功。从黄老师这里我学到了一套独特的放松养生功法。黄老师传授的这套放松功很有特点，有静立的无极桩，有撑拔筋骨的探海桩，还有一些包括抖手腕、松活胳膊、转腰拍打、松胯悬腿画圈、悠腿等看起来平淡无奇但却很吃功夫的小功法。那段时间，每次练拳之前，我都要做这套放松功。黄老师非常注重松柔，练功站桩时，多用膝不打弯的高架子，首先放松肢体、然后放松意识，最后达到物我两忘的境界。黄老师传的太极拳体系是以《道德经》为指导，体证有无相生、道法自然的奥秘，从练法上让人归于空无，合于大道。因此，黄老师所传这支后来也叫"大道太极"。

值得一提的是，我在后来学习通臂拳的过程中发现，通臂拳的活臂法与黄老师所传的放松功有很多相似的地方。这使我产生了好奇心，从师父那里查找了通臂拳传承的谱系，得知吴图南先生曾经拜过"臂圣"张策前辈为师，是祁家通臂拳的第五代传人，在通臂拳的传承谱系中能看到他的名字。而黄老师也曾师从吴图南先生，不知这套放松功是否与通臂拳有些渊源。

## ● 形意明师

在练拳的过程中，我认识了不少朋友。离太极拳比较近的拳种有形意拳和八卦掌，在跟这些朋友的交流过程中我也了解了一些形意拳八卦拳的练习方法，太极拳在拳理和练法上都比较复杂，于是，我就想从相对简单直接的形意拳来理解传统内家拳的关键点。

比较幸运的是，跟我很投缘的陈建海大哥就是练形意八卦的，他的形意拳师父李克仁老师是名家骆兴武先生的弟子。骆兴武先生得民国武术名师李存义先生真传，是张学良的侍卫官。在陈建海大哥的引荐下，李克仁老师答应

作者演示形意十二形之龙形定势，拍摄于 2017 年

来北京航空航天大学教我和几个学生形意拳。从三体式桩，到劈、崩、钻、炮、横五行拳，李克仁老师手把手、一丝不苟地给我们调身形、讲劲路。形意拳入门拳理并不复杂，五行拳练起来也是很传统的一趟一趟循环的单式。但我从这简单的重复里找到细微的松紧变化、整体的协同一致，慢慢地对整劲儿和松沉有了些初步的体会。形意拳是化枪为拳，练五行拳时手中虽然无枪，但要借这个"枪"的意去找拳的合劲和整劲。这个好像手中拿着枪的意境，就如我们解几何问题时用的辅助线，虽然看起来不存在，但却是解决问题的关键。在李克仁老师教的形意拳里，我初步体会到了在速度、力量、技巧之外的传统武艺的功力。这个松沉和整劲儿，是不能简单地用各种基本成分的叠加来获得的。所谓的功力是在掌握基本要领的基础上，不断地重复、持续地体悟，然后才沉淀下来的一种身心状态。

## ● 太极真传

　　用了近半年的时间，学习了形意拳的基本内容后，我还是回到了太极拳，并在师兄的引领下，有缘见到了杨文笏师父。

　　杨文笏师父诚心向佛，是虔诚的佛教徒，其太极拳得陈发科先生儿子陈照奎先生真传。20世纪60年代，陈照奎先生辞去工作专职教拳，杨老师和一帮师兄弟就一直跟陈照奎先生学。杨老师原来有功夫底子，练拳刻苦，在陈照奎先生的

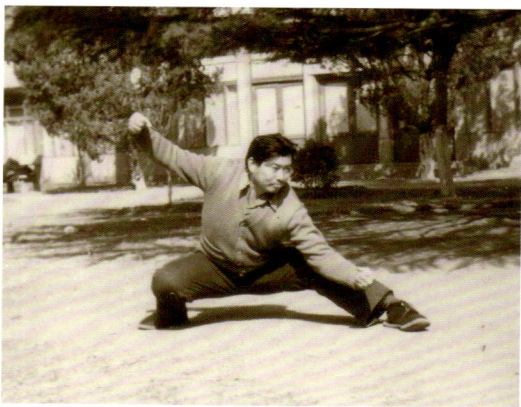

陈式太极拳第十一代传人杨文笏先生在石家庄练习陈式太极拳一路之雀地龙势，拍摄于 1985 年

学生中威信很高，也是得照奎先生传太极功夫最完整的弟子之一。杨老师教拳最大的特点就是严格和认真。从基本的无极桩、磨盘桩开始，每个动作定势，从头到脚，从外到内，从外形到劲路，务求精细和准确，然后就是定桩调整。往往一个定势就能到汗出如雨，双腿颤抖的极限状态，却还需继续坚持。这样的好处是一方面可以让要领形成肌肉记忆，另一方面也可以通过定桩增长功力。这时我才真正感受到前人所说的练功之苦。冬日三九，夏日三伏，数度严寒酷暑下锤炼筋骨。我每天凌晨起床练功，从无间断，常常在极限状态下痛苦磨炼。在杨文笏师父的兄弟，也

就是我三师叔的见证下，我在练功的平房给杨师磕了头，成为杨师正式的弟子。除了太极拳的拳架定势，师父还传给我一些辅助功法（如单式拆练、推手技法、转脚步、散手、十八罗汉桩、九宫要转、掌太极等）和器械（如大杆子拦拿扎基本功、十三枪、太极剑等）。梨花枪加白猿棍套路因为很久不练，师父说串不下来了。他带着我去天坛附近找一些以前他的师兄弟，算是正式跟师叔们介绍我，另外也想把梨花枪的套路给找回来。后来遇到他的一位

作者在北京南池子普渡寺前演武场练习陈式太极十三枪之童子拜观音势，拍摄于 2012 年

姓李的师弟，还记得这趟梨花枪，杨师就让我把整趟梨花枪学下来。把套子串下来以后，我练给他看，他说跟师爷传的不一样了，不是很满意。后来，为了将这趟枪找地道，我们爷俩很是下了功夫。我去找了一些明清的老枪谱，仔细推敲，经过一段时间的研究，基本上可以确定陈式梨花枪加白猿棍套路是明末的二十四势基本枪势练法中的一种。我对着师父找出来的师爷留下的枪谱，一势一势推敲印证，最后得出了一套比较接近杨师印象中师爷教的枪法。当时我按谱子练熟以后就教给了另一个师兄，以免以后再丢了。

在研究和印证枪谱的过程中，我也有机会拜见了几位别的门派的前辈，有太极的，也有少林的和形意八卦的，从老前辈的枪里，我感受到了传统武艺独特的味道。那种举重若轻、以静待动、虚实莫测的独特魅力让我印象深刻。太极拳练到一定程度，招式动作已经没有太大的意义，更多的是一种个性化的感悟和实践。"太极拳是什么？"这个问题再一次浮现在我胸中。太极拳在拳理上有太极拳谱和拳论，在练法上有师父

杨文笏在北京航空航天大学绿苑给学员纠正拳架细节，拍摄于 2009 年

的传承，在功夫上有自身的实践和印证，这样初步看来太极拳体系似乎已经比较完整。接下来的时间我在自己练拳的同时也帮师父维护在北航的太极拳班，并作为他的助教，给同学纠正动作和讲解拳理，也带同学们练拳架和推手。私下里我跟杨师在北航平房的小院里，练一些太极的散手用法。他把拳架子拆开，跟我喂劲对练，让我从身法、步法和时机上感受太极拳的技击应用。这个时候，对于太极拳，我能体会到书上说的身肢放长的弹性、节节贯串的协调、蓄发转换的灵活。在和练别的武术的同学切磋交流的时候，我也能用自己的太极功力去克制对方的能力。但是，总体而言，我觉得自己还是缺点儿什么，虽然身上具备了很多素材，但是，却不能组织成一个前后一致的体系，还没有形成一种太极拳在体系上的逻辑一致的美感，这里面还有着不少规定和例外需要用前辈的话或者师爷的话强制把逻辑截断。对于这样的体系，我总感到不够完美。因为，这样的太极拳体系太复杂，复杂到有永远学不完的东西。

## ● 拳遇通臂

在这种情况下，我遇见了我的第二位师父张生老师。遇到张生老师，是我的一个机缘。张师少时曾拜李尧臣先生为师，习练三皇炮捶，后遇通臂明师魏庆祥先生习祁家通臂拳。张师热爱通臂拳，并与通臂拳有缘，得通臂散手精髓，艺成后曾仿效前贤胡悦昙先生寻师访艺，将散居各地的祁家通臂前辈名人之后串联起来，在各家讨教学习，融祁家通臂拳老少两门六脉之精髓于一身。他又遍访各地名师，切磋、交流、印证武学。通臂拳艺在他身上已臻化境，是罕见的得传统武艺实战技击精髓的明师。记得第一次见先生，他就问了我一个问题："太极练得不错，得着了没有？"当时我没明白，什么叫"得着了"？是练法，还是功力？

越女斗猿公

为说明这个"得着没有"，他给我演示了传统武艺的实战。当时他只是虚虚地伸出食指和中指，让我以最严密的防御势站好，他要用指尖点我咽喉。我经常和同学对练，也和现代散打、搏击者有过一些擂台交流，算是有一些实战能力和实战经验，觉得护住自己咽喉要害问题不大，就依言站好，两手看住自己上盘中线，两脚分虚实，微微晃动着变化上半身，做了个相对稳妥又能左右上下变化的防御的架势。这时我的正面应该是没有能让对手直接突破中线防守的破绽了。先生瞟了一眼我的架势，随意地左脚向左前方走了一步，随着上步，右手向左前一领，然后变向，手指自然指向我咽喉位置，我下意识调整身形向左。这个意识从防御上讲是对的，因为我最严密的防守是在中线。而在我向左时先生左前上步闪开中线，从斜前方进手，所以我随着向

祁家通臂拳第七代传人张生先生演示通臂拳单操手，拍摄于 1998 年

左调整身形，将最强防御的中线调整到对方的进攻路线上。当我调好身形的时候，他右手食、中二指领劲已到我前手防御位置；我前手微伸欲接他右肘（因肘部是手臂中节，变化不如梢节的手腕手指等部位灵活，又能通过肘部控制整条手臂的变化，所以，接手的时候我习惯封对方的肘部），眼看就要挨上的时候，先生的手忽然如飘空的带子一样不受力地变了方向，同时身形也闪回到了未上步之前的方位，右手直伸，从我左转落空留下的正面空当钻入，食指、中指轻轻地点在了我的咽喉位置。这一去一回，一进一闪再一进，显得自然而又从容，调开我的重兵布防，寻得漏洞，一击而中。他收回手后，问我要不要再来，我当然还想再试，于是我再次做好防守之势，结果，他又轻松突破我的防守，点在咽喉。如是者多次，结果依然都是如此，而且每次进手方式都有所不同，且只用了两根手指，掌和拳都没有用。观先生真是手如枪尖，臂如藤条，信步闲庭，莫测虚实。让我心中佩服不已。问其中奥妙，先生笑着说："这就是兵法所谓'诡诈虚实，逗引埋伏'，我用手法演示出来而已。"当下心中恍然，所谓"自古拳术通兵法，不知兵法莫习拳"，今天终于见识到了。我好像看见眼前有一扇门打开了，且里面风光大好。都说传统武艺是传统文化的精粹，和传统文化经典一脉相承，那个时候，我感受到了传统文化这座大山里的一角风光。那次从张生老师那里回来，我觉得要重新梳理一下对传统太极拳的认知和理解。于是又回想到前面"得着了吗？"这个问题。

张生老师对敌时所用的身法手法，明显不是练熟了的套子，每次的应对和变

化，似乎都是由我的状态自然激发出来的。太极拳有"舍己从人"的原则，我看到了他在散手中身体力行的演示，没有事先的预设，没有先入为主的成算，一切都是那么自然，就如水流渠中，随宽窄高低，自然相应。这不就是太极拳的前辈们描述的神明的境界吗？

作者演示陈式太极拳之演手红捶，拍摄于 2014 年

这证明从通臂拳入手，经过身证心悟，也能达到太极拳论形容的境界。也就是说，某一些看上去不同的练法最终得到的是同一个东西。那么所谓门派，所谓秘传，只是得到这个东西的不同路径。用一个比喻，就如种一棵苹果树，在不同的地方会有不同的方法，但无非是把不利于苹果生长的各种因素去掉，创造一个有利于它生长和结果的环境。最终大家得到的果子，都是苹果的味道。就如我在张生老师那里感受到的是在他身体里生长的通臂拳果子的味道，要得到这个果子，我需要自己培养一颗通臂拳的幼苗，这颗幼苗于我而言，是在太极拳基础上种植的，因为我的内部环境和资源是唯一的，所以，这两种方式在一定的时候必然会合二为一。而我感觉到，通臂拳里正好有我这棵太极拳之树开花结果所缺少的营养。于是，第二次拜访张生老师时，我就想了解一下通臂拳基本的习练方法。他说，作为朋友，交流心得，切磋拳法是没有问题的，但是要学习基本练法，是需要拜师才可以的，这也是对通臂拳前辈的尊重。他问我愿不愿意拜师学，我说需要得到杨师的同意才可以。我回去后征求了杨师意见，结果杨师也同意我去学一些新的东西。于是我正式拜师张生老师，开始系统学习通臂拳艺。

在练习通臂拳基本功的时候，我是将原有的东西完全放下的，虽然有时会不自觉的带出一些身形，但师父一提醒，我会马上觉察到。在初步掌握通臂拳基本的活背法以后，在练习太极拳的时候我会有意识地将其中的一些通臂拳和太极拳一致的东西揉到其中。对于太极拳，我已经习惯成自然。这种习惯，其中有一些还是刻意做出来的，但是练习多了就成了习惯。而通过通臂拳的练习，我觉察到原来习惯的太极拳中的那些刻意之举，并慢慢地去纠正过来。而对于通臂拳，我是初学。初学不能带着先入为主的成见，只能按照通臂拳的基本要求去练习，去改造自己的身心状态。这样，随着通臂拳的积累，太极拳上一些原有的障碍也慢慢消融了。在拜师的时候，师父问我，以后是想学通臂拳套路为主还是散手为主，我没有犹豫地选了散手。我感觉通臂拳的精华都在散手的身法、步法的千锤百炼之中，套路练习还是有刻意表演的痕迹。我在太极中已经找到内功，人的精力是有限的，我不能再去学一些新的套路，然后花大量的时间去炼化在身上。不炼化到身上的套路大多是没有意义的花法。而用单势里相对简单的规矩去纠正自身那些习惯了的刻意，应该会有效得多。看得出来师父对我选择散手为主也很欣慰，散手单操也是他得到通臂拳功夫的主要途径。

从此，我就在一边消化吸收着通臂拳的基本单势，一边完善着自身的太极拳。比如在太极拳练习时也要求身肢放长，具体到上肢的放长，原来我的理解是打开肩关节的骨缝，从而达到放长的目的；但在通臂拳的活背法里是通过让整个膀子，包括肩胛骨部分，参与上臂的运动，使手臂前伸时多出一段膀子的长度，或在侧伸时让肩胛骨的舒张更多

猿猴探臂

地参与到上臂的运动，从而使上肢更长一些。比较着两种方式，前者也是可以达到放长的要求的，但是这种放长有一个限度，肩关节的骨缝能伸长的极限就是关节开到将近脱臼的程度，开到最大宽度的骨缝大约是几个厘米。而第二种方式，前伸时最大可以增加大约半个肩膀的长度，放长长度可达10厘米以上。侧伸时因肩胛骨变得更灵活了，也可以多伸长肩胛骨的活动范围，伸长的长度大约为几个厘米。从实战意义上讲，前伸的长度对实战的意义更大一些，毕竟双方正面相对的机会比较多，而膀子活开了，能在身肢变长的同时，让两臂的可活动关节又增加了一个根节，更有利于灵活的变化。另外，因为膀子的前伸，让两臂之间的距离减少了约一个膀子的宽度，这样更有利于双臂对自身中线要害部位的防守。因此，简单地从技击功能分析，通过活开膀子来放长上肢的方式不但能增加手臂长度，加大攻击范围，而且减小了双臂之间的距离，更有利于对身体中线的防守。这种变化更符合武艺的攻防的要求。因此，通过对比分析，对于太极拳的"身肢放长的弹性运动"的说法，我有了更为全面的认识。

这样，经过几年的学习和实践体证，我感觉自己对传统太极拳体系的脉络的认识渐渐清晰了。

# 路在何方

## ● 云游寻访

　　2009年我有机会去拜访一些老前辈，看到传统武艺在民间不容乐观的现状和前景。很多老前辈的后人都不想继承自己父辈的东西，宁可出去当木匠、泥瓦匠，或者去工厂打工，却不愿练老辈留下来的家传武艺。理由也很充分，这玩意儿不能指着吃饭，不能养家糊口。所以，老人看到有对武艺感兴趣的年轻人来拜访，都很高兴。他们会不断地跟我说他们习练一辈子的体悟，希望自己传承的东西能有机会得到社会的承认，并且能继续传承下去。

作者演示陈式太极拳之雀地龙势，拍摄于2013年

　　各种民间项目都在申请非物质文化遗产的保护，从国家级到地方级都有。但是，当一种文化现象对当下和未来的人们都没有必须存在的理由时，那么，不管怎么保护，消亡是不可避免的。

　　于是我有了探寻传统武艺和传统太极拳在现代社会是否必需的想法，也就是探寻有没有一群人需要传统武艺来起到雪中送炭的作用，传统武术到底有没有存在的意义。平日里，公园、广场随处可见练太极健身的人们。事实上，太极拳对于他们的生活大多是锦上添花，是众多选择里的一种。没有太极拳，也许他们可以选择散步、慢跑、踢毽子，或者广场舞。一种文化现象的续存和发展，归根到底是由社会需求来推动的，如果没有现代人们切身的需求，那么传统武艺的消逝难以避免。

　　一次偶然的机会，有一个跟我学太极拳的学生问我，有没有可能去教盲人练习太极拳。我问他为什么要教盲人？他跟我说了自己去盲校的感受，觉得盲人平时没有适合的体育运动来强身。一些特殊的运动项目都需要有场地、特定器械的支持，特定人员的引导和教学，在没有这些条件的时候，盲人大多不能自主地做运动，长期下来，身心健康很难保证。我告诉他，从直觉上，盲人练传统太极拳应该是可以的，但我需要做个系统的可行性分析，要先了解盲人的学习能力、运动特点，然后才能知道针对盲人的传统太极拳需要做哪些修改。

接下来的近半年时间里，我去了一些盲人按摩院，去观察和体会盲人按摩时候的动作和劲路特点。几次下来，我感觉盲人是可以学太极拳的，只是针对盲人这个特殊群体，还没有现成的教学方法。而盲人这个群体，可能是我找到的第一个对太极拳有迫切需求的人群。他们可以在自己比较熟悉的生活场地里做缓慢柔和的太极拳练习，来主动地达到健身的需求。太极拳可以改善他们的平衡能力、柔韧性和肌肉力量，改善他们身体的盲态，缓和心中的焦虑和急躁。太极拳是他们有可能长期坚持的社会成本最低的健康运动方式。而传统太极拳又可以很好地改善他们用劲发力的习惯，对盲人就业面最广的按摩工作也有很好的提高和促进作用。

成都特教的盲人孩子在教室上课，拍摄于 2015 年

盲人是我发现的第一个真正需要太极拳的群体，也就是说，传统太极拳在现代社会是可以有生命力的，这个发现让我很振奋。但是我知道，要做好这件事需要付出大量的时间和精力。我的本职工作主要是科研，科学研究也是我从小的兴趣所在。但在接触了传统文化和传统武艺以后，我更希望能将科学方法和传统文化的精髓有机结合起来，让优秀传统文化能在现代社会被更多的人所了解和需要，重新焕发生命力。于是经过激烈的思想斗争，我在2009年底，递交了自己的辞职信，开始了新的生活。

那个时候，我身上有较为完整的太极拳艺，还有通臂拳的技艺，也掌握一些形意拳八卦掌的内容。辞职后，我做的第一件事就是去各地寻访传统武艺的老前辈，去印证和学习，开阔眼界，以对自己的见识和武艺有一个客观的定位。这样，我用了近半年时间，去各地参学。从南方的福建、江西到北方的河北、山西、陕西等地，有幸得遇太极、八卦、形意、通臂、戴氏心意、关中红拳等各门里德高望重的老先生的传授。感受到许多地道的传统武艺练法、用法和技击法，获益良多，也慢慢理清楚了传统武艺的大致脉络、理论和实操体系。至此，我具备了自己设计太极拳课程的信心。

## ● 盲人学太极

经过大半年时间的准备，我觉得可以试试去教盲人学习传统太极拳了。杨师也鼓励我，让我去将太极拳艺发扬光大。通过多方努力，我联系上了河北省三河市一所民办盲人学校。这所学校条件比较艰苦，学生来自全国各地，校长本人也是盲人，学生在那里学习一些文化知识和推拿按摩技术。

作者在河北三河盲校指导盲人学生习练太极拳，拍摄于2010年

记得第一次去那里是8月的一个大雨天，我到燕郊以后一路留意路边是否有盲人学校，一直到穿过三河市区，到一个叫黄土庄镇的地方，才在路边看见一个很不显眼的牌子，进去以后，见到了校长和他的学生们。

学校里一共有3个年级，70余名学生。高年级的学生平时多在三河市里的按摩院实习，平时可以学拳的有40多名学生，其中差不多一半是没有视力的全盲学生。本想先挑10名学生做个试验，完善一下教学方法。但是在感受到全体同学的学习热情后，我还是咬咬牙，决定同时教所有的学生。

从那以后，我每周二早上5点多从北航出发，抢在路上早高峰堵车之前赶到盲校，用一个上午的时间教孩子们一到两个式子。开始的时候，教学进行得非常困难。因为孩子们对太极拳没有概念。我只能先将一个动作在线路上切分成一系列的定势，然后将一个个定势慢慢串起来，成为连续的动作，并手把手地帮没有视力的同学找太极拳连续变化的感觉。就这样，第一次课，一上午的时间过去了，大家只学了半个起势。

第一次上课回来，我有些担心，怕同学们一周以后把要领忘了。这样的话，会把大家的学习热情磨灭掉。怀着不确定的忐忑心情，又到周二，我早早就到了学校。学校的早餐很简单却做得很用心。校长的母亲，一个很和善的老太太领着几位工作人员一起做的馒头，熬的小米南瓜粥，有时还会有煮鸡蛋。这里的馒头和粥吃起来很香，比城里超市买的更有粮食本身的味道。

上午8点整，第二次太极课开始了，我心里有些没底，但是看着孩子们一板一

非视觉太极拳教学

眼的将上一次课的那半个起势做得规规矩矩的，心里一下子就踏实了。太极拳是需要用心体证的，孩子们用行动让我切实印证到了这一点。从此，视觉将不再是太极拳的障碍。有了一个良好的开始，我对以后教好这群特殊孩子充满了信心。第二次课将太极拳最重要的"掤、捋、挤、按"要领教完，下面一周时间，他们可以自己慢慢体会太极拳四正劲的味道。有了这个基础，以后的教学也会顺利很多。我们不断地总结这些特殊的经验和方法，不断地完善到教学当中去。在一套拳学到一半左右时，这学期结束了。孩子们都要放假回家过春节了。盲人孩子的寒假比较长，为了减少路途接送的麻烦，学校几乎不放暑假，把假期统一安排在寒假放。寒假期间，同学们经常会来短信请教一些练拳的细节问题，几乎每个孩子都在努力。他们也会告诉我自己练拳的感受和收获，听到他们或者说身体比以前好了，不容易感冒了，或者说回去教他们的家人练拳很快乐、很自豪，我也会很高兴。这样整个假期我都处在一种愉悦和幸福之中。同时，我也在做下一步课程的规划和设计。

好不容易等到开学，回到盲校，看到孩子们能很熟练地将去年学的拳架子走下来，我很感动。新学期的教学顺利了很多，一方面是因为孩子们已经对传统太极拳的运动规律有了一定的感受，学起动作来会快很多；另一方面是因为孩子们充分发挥了团结互助的精神，有一定视力的孩子们会努力地去帮助没有视力的同学纠正拳架子。他们还会创造性地利用简陋的自然环境，比如，盲人没有视觉的参照，很难保证出腿的方向能符合要求，他们就借着学校的马路牙子，来练习和校正出腿的方向，反反复复地做，以便让动作定型。这样的学习精神和主动的创造力，是很难在其他健全的太极拳学员身上看见的。所以在学习进度上，盲人

盲校学生练太极拳时用指尖的触觉找到相对位置，拍摄于2011年

学生已经不会比健全学员慢多少了，而在动作质量上也不比健全学员差。勤能补拙，没有视觉则用心补。通过这次特殊的太极拳教学体验，我收获很多。当我们放下得失心，用心地去做好一件事的时候，往往会有出乎意料的收获。原来一些先入为主的想法，在教学中慢慢地被净化。有些先天失明的盲人，对运动的概念是没有视觉形象参照的，他们在按自己的体会和理解打拳，拳如其人，通过纠正拳架子可理顺他们心中的障碍。有学生说，他们在郁闷的时候会练拳，随着练拳，心情慢慢地就好了。我很高兴太极拳能帮助到他们，也很高兴他们能用太极拳的体会来调整身心，与健全人平等地交流感悟，交流心得，交流拳法。

开学后2个月左右时间，第一套拳终于完整教完了。在教完最后一个收势动作以后，我让他们试着把整套拳连起来练。我在旁边静静地看着，其中有一位全盲的同学，动作非常规整，一般健全学生在刚学完一遍的时候都做不到这么规矩。这个时候我突然意识到，他从没有见过别人练拳，也从来没见过自己练拳，他的这套拳纯粹是用心练下来的，真的是他心里感受到的太极，当时我感觉自己的眼角有些湿润了。

## ● 语路问心

随后的两年里，我们成立了侠友新社，也就是后来的侠友太极书院，在传授健全人的同时，我一直带着这个学校的孩子们学习太极拳。在这个过程中，我也能明显感受到这些孩子们的变化，他们开朗健康的形象也渐渐被社会大众所认知和接受，各种主流媒体也对此有多次、全方位的报道。渐渐地我感觉到了自己的局限，我的能力只能

盲童太极

教这几十个上百个学生，有没有更有效的方式让更多需要太极拳的孩子们受益呢？在一次凤凰卫视的采访节目中，我表达了要培训一些特教学校和贫困地区老师的想法，希望用3年时间培训一批老师，让这些老师们作为传统太极拳的传播者，把健康和快乐传递给更多的孩子。正巧，2012年，有企业发起了一个"语路问行动"活

动，在全国范围内征集梦想和实现梦想的计划，并且要能"Keep Walking，一直向前走"去坚定地实现自己的梦想。我当时也是抱着试试看的想法提交了自己的梦想和计划。"侠友心·太极梦"让传统文化的精粹，在现代社会中继续发挥自己独特的作用，去帮助需要帮助的孩子们实现自己健康快乐的生活梦想。

在提交的近十万份计划里，"侠友心·太极梦"出乎意料地进入了最终的前六名，获得了广大网友和企业的认可。

有了这笔资助，当年我们的侠友太极书院就在暑期组织了第一次"'侠友心·太极梦'全国特殊教育学校和贫困中小学教师培训"。在多方朋友的热情帮助下，为期2周的培训紧张而又高效。近40位在一线教学的老师通过这次学习，初步具备了侠友太极拳的教学能力，能够将太极拳和中医经典结合，将健康和快乐带给处于困难环境里的少年儿童。

8月份培训结束后，老师们带着极大的热情回到各地。9月份开学后，各地的教学开展得很顺利。侠友每月都能收到来自广西、云南、贵州、四川、陕西、青海、甘肃、江西、安徽、山东、辽宁、河南、河北、北京延庆等各地特教学校、留守儿童学校和打工子弟学校的师生练习实况视频和照片的反馈。我们也会根据这些资料给老师们提出具体的改进要求。

四川省大凉山俄青小学周美宏老师在指导孩子们练习侠友太极拳，拍摄于 2014 年

通过老师们的努力，孩子们的拳也渐渐有了模样，新年的各种活动，都出现了孩子们练太极拳的矫健身影。随后的2年，侠友每年暑期都安排了全国公益教师培训，师生们在京的所有吃住、学习、往返路费都由太极书院承担。太极拳是需要持续练习和纠正的，3年培训下来，老师们对太极拳有了比较完整和深入的理解。在这个过程中，老师们也通过自己身体力行地练习太极拳，感受到了自身健康状况的改善。

## ● 非视觉太极

太极拳中正，无为，不丢不顶。在教盲人学生练习的时候，我的要求是从感受自身受力状态开始，用最小的局部受力去完成太极拳动作的连续变化，而在这过程中身体会有各种或舒适或酸麻胀痛等感觉，这些感觉都是练拳过程中的正常状态，在练习的过程中不要过分关注它，只需要用心去感受自身的重力、弹性和平衡，然后把紧张的肌肉和先入为主的想法都放松下来。这样的练习，是练习太极拳最根本的方法，和太极拳流派无关，和练习者的状态也无关。

这种状态，因为没有视觉的干扰，盲人更容易感受到。就如那天在盲校，学生们首次自己完整练习时，他们没有先入为主的视觉感受，也不知道是否有人在旁边看着，他们只是单纯地在感受自己的动作、受力和平衡。这种非视觉的自然状态，正是太极拳入门的重要途径。

健全人学拳，容易去观察和模仿老师的动作路线，这种通过视觉的模仿，无疑是方便的，但却会难以避免地把老师在动作上的缺陷或者一些个性化的习惯也学到自己身上。另外，在练拳时如果感觉到旁边有观众，就会很容易进入表演状态。练习者会有意无意地强化太极拳的视觉表现，把自以为更好看的动作表现

"侠友心，太极梦"项目学校的学生表演侠友太极拳，拍摄于 2016 年

得更充分一些，这恰是背离太极拳的内在要求的，也容易引起身体气血运行的不通畅。所以，依赖视觉去学习太极拳、练习太极拳，并不是一个究竟的方法。脱离视觉的束缚，从太极拳根本上去体会和感悟，让拳和身心自然地融合，是为"非视觉太极"。

非视觉太极不是一个新的太极流派，而是最靠近传统武艺根本的一种学习和体悟方法。传统武艺有只杀敌不表演的说法。武艺非视觉、不表演的特点，更多的是为了使用效果上的突然性，出其不意，一击必胜。这种特性来源于古战场上二马错镫那一瞬间的生死立判。

而传统武艺在近代以来，近百年的时间里，更多的作用在于养生保健，以满

足人们身心健康的需求。太极拳是一种平衡方法，这个平衡体现在各个方面，包括调养身心和防身技击能力的平衡。它在通经脉、调血气、养身心的同时，又不失武艺本身的防身技击功能。因此，太极拳的练习方式就有了规矩可循，也有了判别的依据。太极拳的动作要符合人体生理特

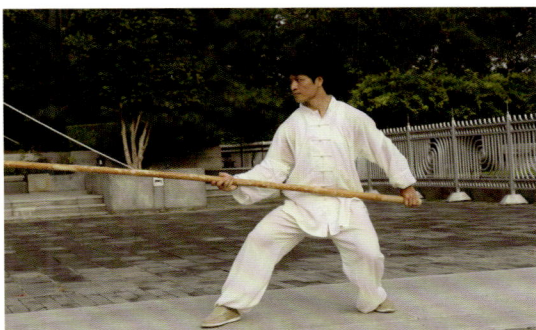

作者太极大杆演示，拍摄于 2012 年

点，不可以让正常的脏腑功能受到损伤，同时也要符合攻防技击的原理，不能影响灵活变化和要害的防护。

而现代追求视觉效果的各种花法表演，除了有透支人体功能的风险外，也很难做到在严密防护的同时保持灵活变化能力这个基本的原则。这不符合太极拳随时都给自己留下变化的余地最基本的"掤"劲原则。

# 弘扬

## ● 医武相合  以身证道

在多年传授健全人和盲人太极拳的实践中，我们渐渐明确了非视觉太极拳的概念。太极拳不仅是盲人群体所需要的，也是现代社会追求身心健康的人们所需要的一个普遍可行的锻炼方式。现代最新的研究证明，合理的运动方式可以是良医和良药，运动可以治疗和缓解很多常见的疾

侠友太极书院的学员在北航绿园晨练，拍摄于 2016 年

病，并且可以有效地降低许多疾病的发生概率。现代的健身训练包括力量、柔韧、平衡、协调、有氧能力等。而传统太极拳练习将这些要素包含其中，并且能根据人体内脏功能来自动匹配和调整。因此，现代对身体健康的统计指标也可以用来衡量太极拳练习的效果。引入科学范畴的健康数据来衡量太极拳运动对健康的作用效果，是传统太极拳融入现代社会生活非常必要而有效的途径。用人们公认的数据来评价传统武艺对健康的影响，除了可以消除人们对传统武艺健身效果的疑惑外，也是一种甄选机制。这让更多可以有效改善身体健康状况的传统武艺和传统太极拳方法能有效地为大众健康服务，去伪存真，消除大众对各种武艺门派的神秘感、质疑感，也有利于传统武艺在现代重新焕发生机，从需要保护的文化遗产转变为现代生活里不可或缺的组成部分。

自古医武不分家，学医和习武都离不开身体力行的实践印证。让身体各部分功能保持在最佳状态，医者是已病后的补救，而武者更多的是未病前的预防。其理都在人体内脏的自然功能，而人体的基本功能从远古到今天基本没有改变，所以，古中医的经典，到今天依旧可以指导诊断和治疗，同样，传统武艺的练习方法也可以指导大家强身健体、养生和保健。

也许对一个事物，大家都期待完美，就如太极拳，我们希望它能养生，能防身，还能表演。养生和一定程度的防身能力是太极拳本质具有的，而表演功能却是人们强加给太极拳的。从本质而言，所有的武艺都是非视觉、不表演的。防身技击功能也不能超过养身保健要求的限度。就如一个国家，保家卫国的能力是保障生存

作者给震后重建的都江堰天马学校师生演示侠友太极拳，拍摄于 2015 年

和发展所必需的，但不能滥用武力，不能过分。透支国力的穷兵黩武，是灾祸的根源。

以上就是我体证太极拳非视觉、不表演的历程。一步步走来，到今天，我依然是传统武艺修习路上的行路者。有无数人在我之前，比我走得更远，体证更深。但是，只要还在这条路上，我们就还有希望，前人看到的风景也许跟我们不同，但这产生风景的根源是一样的。日出日落，云起云收，春夏秋冬，生长收藏，人在自然中出生，在自然中死去，变化是自然，不变的也是自然，自然不因是否有人观察而存在，而人却必定会去观察自然。求知，寻真，上古天真便是太极拳之根。

最后，我说一下自己对练拳的认知。学拳练功，我们追求的不是某个老师的成就和模式，我们求的是身心状态回复天真，合于自然之道。就这个目标而言，非视觉的学习，非视觉的感悟，都是修行自己。传统拳艺里面的方法和规律是前人为了复归自然本源而不懈探索的结果，学者当珍之习之，而不应执之。

# 动静桩功

拳功基础篇

# 混元桩

## ● 功法简介

　　混元桩可以理解为混沌养元桩。传说天地初生之前，混沌之体如一蛋悬空，尚无天地、上下、四方、阴阳的概念，直到有盘古在其中生成，如人形直立，不断生长，以大斧开天辟地，从此清气上为天，浊气下为地。盘古之身化生日月星辰、山川湖海，从而使宇宙有了生机，化育生命和人类。所以，古人认为生命之机来自混沌孕养。盘古就是宇宙的生机之源，在混沌中生育、生长壮大，直到有能力开天辟地。这个寓言是一个隐喻。古人讲天人合一，天地的生机来自混沌，而人之未生之时亦如此，以一胞胎孕育于母体之中，漂浮于羊水中就如天地未生前盘古生长于混沌之中一样。此时是养先天之元气之时，没有后天多余的耗散，孕养先天自然之原始能力，是为混沌养元。而混元桩，就是要感受这未生之前混沌养元的状态，收敛后天的各种耗散，回归先天对称、各向皆同的混沌状态，以涵养一身之元气。

## ● 动作说明

　　身体自然直立，双脚平行开立，与肩同宽。头部正直，百会领起，脊柱放松，落胯微屈膝，同时两臂从体侧向前向上抬起。两手指尖相对，合抱胸前，大拇指伸直，与中指相对，手心内含，呈拿东西状。膝略向脚尖方向前扎，同时后胯向后与之平衡，腹股沟放松，会阴上提，小腹充实并放松，脚下放平，脚踝放松。大约45分钟后收功。收功时，吸气，大拇指向前向外，小指向内，翻转两手心向上，平收回心口，此过程中依然手指尖相对，到心口后两手翻转成手心向下，同时向两边拉开，呼气，顺两肋向下按，身体回到自然直立位置。两手掌心向前，两臂自然伸直，向前合抱，两掌相叠，右手掌心贴于左手手背，两手劳宫穴正对肚脐，同时左脚收回，两脚内侧相贴，两腿并住，意识在腹内从肚脐开始顺时针转圈，每圈直径都变大一些，到第九圈时过头顶和脚底，然后反向转圈，直径逐圈收小，第九圈回到肚脐内。放松，自然走动，混元桩收功毕。

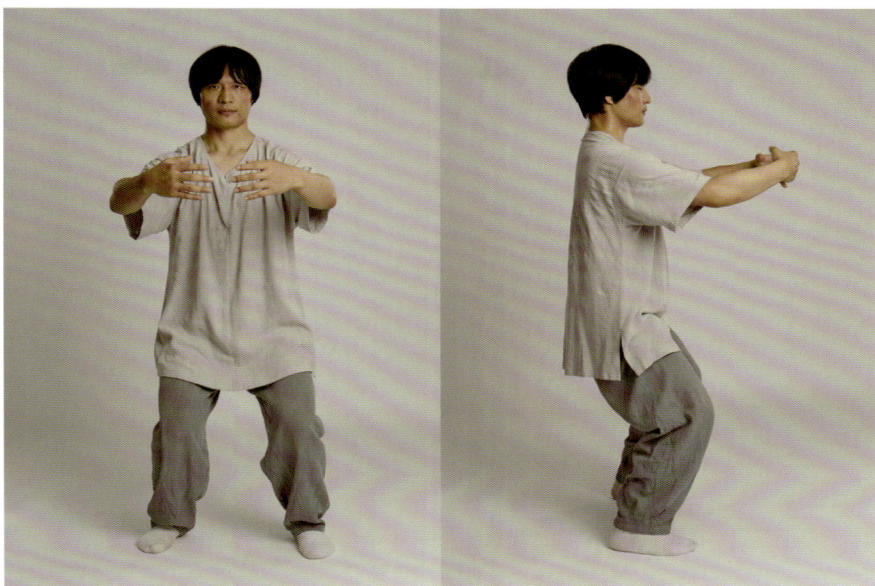

混元桩正面图                                混元桩侧面图

## ● 要领与身心感受

两手上抬时两肩放松，指尖领起，两臂如在水中向上浮起般自然放松。头顶领起，松开大椎、夹脊、腰椎两侧、髋关节前侧、膝关节、脚踝。脚心轻轻放下与地相接。松开两肩、心口、上腹、两肋。眼神收回到命门，并从命门关照全身。将全身各处在保持要领必用之劲力之外的、多余的劲力去掉。

呼吸均匀柔和，吸气时后背放松，气要吸到命门，感觉到肚脐向后背命门处贴。呼吸时尽量不出声音。

收功时意识围绕肚脐转圈要连绵不断，正转九圈时要包含全身，转换到反向时要有自然的圆弧转换方向，不要突然变

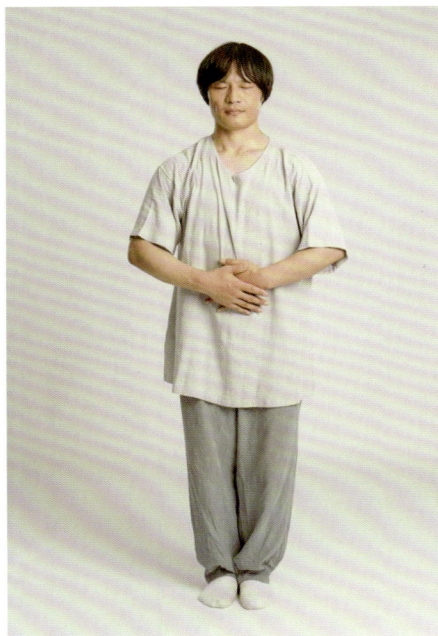

混元桩收功图

向。整个站桩过程中，精神不可散漫，头顶的上领和肌肉气血的沉降意识不能丢。

混元桩站桩强度和屈膝下坐的程度有关，每个人根据自己站桩时间来调整站桩高度，以自己能站到30分钟到45分钟为度。时间太短则效果不明显，太长又会沉迷过度，45分钟左右是比较合适的时间。

## 混元桩要领解析

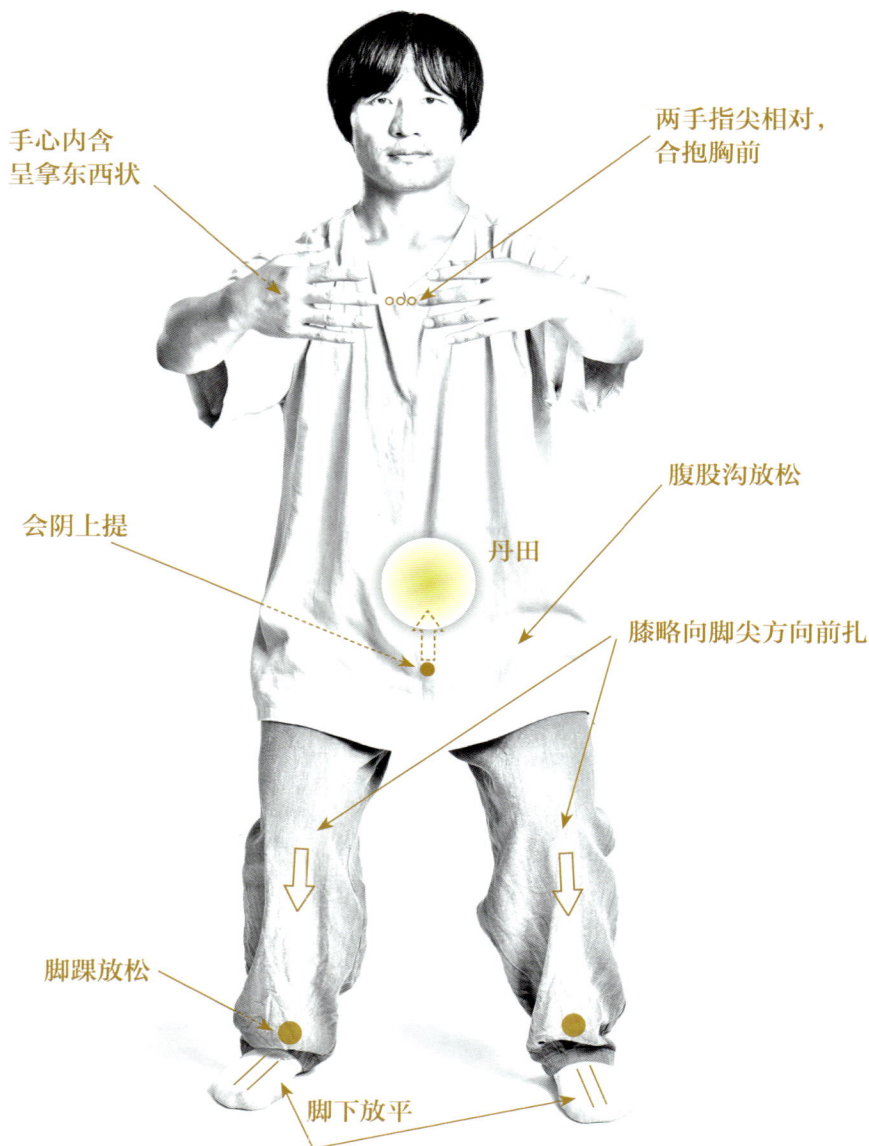

手心内含
呈拿东西状

两手指尖相对，
合抱胸前

会阴上提

丹田

腹股沟放松

膝略向脚尖方向前扎

脚踝放松

脚下放平

## 混元桩意识观想

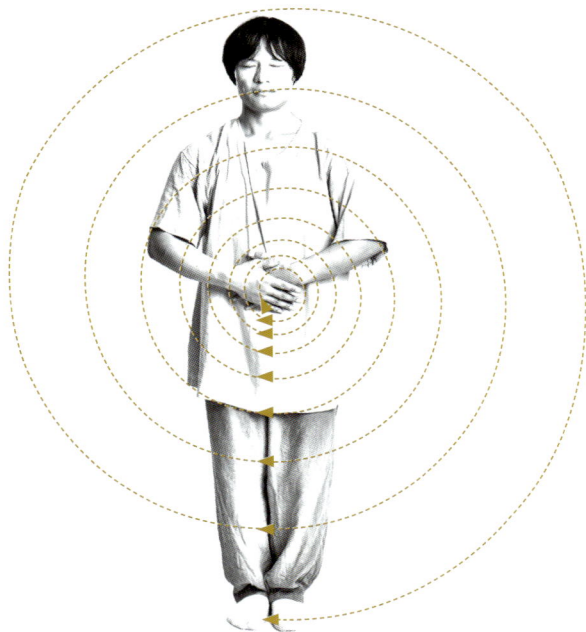

意识在腹内从肚脐开始顺时针转圈，每圈直径慢慢变大，到第九圈时过头顶和脚底。

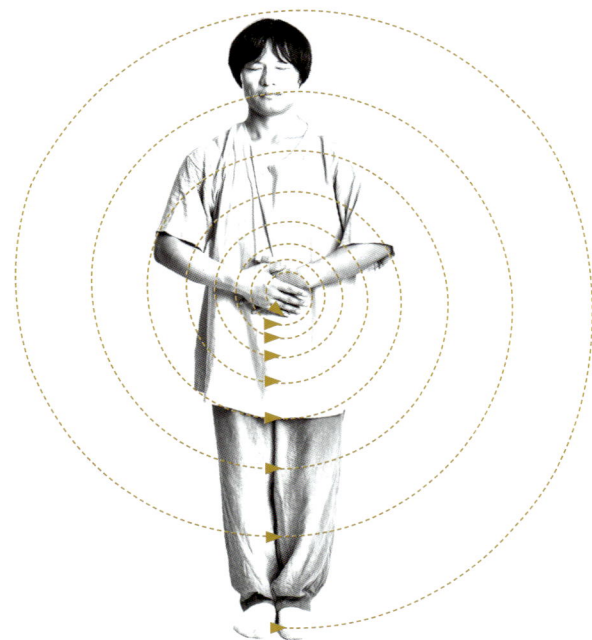

然后反向转圈，直径逐圈收小，第九圈回到肚脐内。放松，自然走动，混元桩收功毕。

# 开合桩功

## ● 功法简介

在初步学会太极拳架动作路线后，就需要体会身体的开合。虽在学习路线时，手脚四肢必然有开有合，但是如果没有躯干的配合，这样的开合与身体内在的脏腑、经脉、气血的运行之间就缺少了一个重要的联结环节。所以，丹田运动与四肢开合、躯干开合相协调，再与呼吸相一致，这样经过长期练习，才能真正将动作、呼吸和内在的气血运行协同起来，才能真正体会到内外相合、刚柔相济的太极拳门径。

## ● 动作说明

两脚平行开立，相距两倍半肩宽左右，头顶虚灵顶劲，坐胯屈膝成马步。两臂手背向内，饱满圆撑，合抱成圆，两手齐心高，指尖距约一尺，沉肩坠肘，后背充分展开成弓形，如锅底圆，胸腹内含，提肛收腹，两膝内扣前扎，可略超过脚尖一寸左右。两脚五趾抓地，脚心含空，同时深吸气到丹田。此为开合桩之合式。

### 开合示意

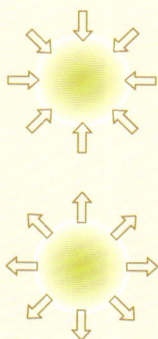

合

压缩

旋拧

收

开

舒展

反弹

放

劲力如弹簧

头顶领劲不丢，于呼气同时脚心贴地踩平，松腰落胯，胸腹展开，后背内合，两手翻开成手心向上，两手高度齐肩，在身体两侧与正前方成45°角方位。略抬头，眼看斜上方，保持膝内扣的劲不变。此为开合桩之开式。

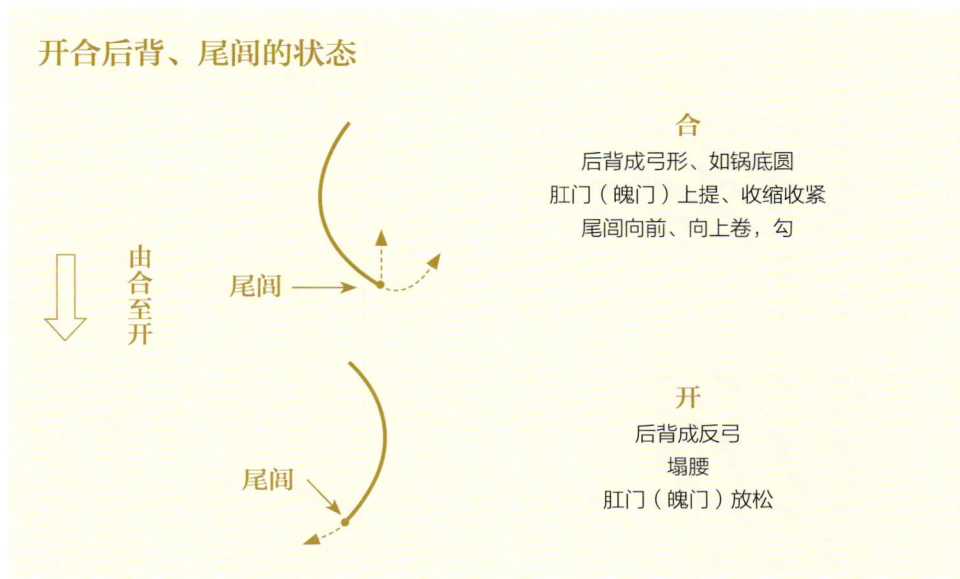

## 开合后背、尾闾的状态

由合至开

尾闾 →

**合**
后背成弓形、如锅底圆
肛门（魄门）上提、收缩收紧
尾闾向前、向上卷，勾

尾闾 →

**开**
后背成反弓
塌腰
肛门（魄门）放松

合式、开式可循环练习，与呼吸相合，一吸一呼对应一合一开。初练时动作应缓慢柔和，速度均匀，吸到头时合势成，呼到头时开势成。此为太极拳呼吸开合之单式练习，对略有基础的太极拳练习者来说非常重要。

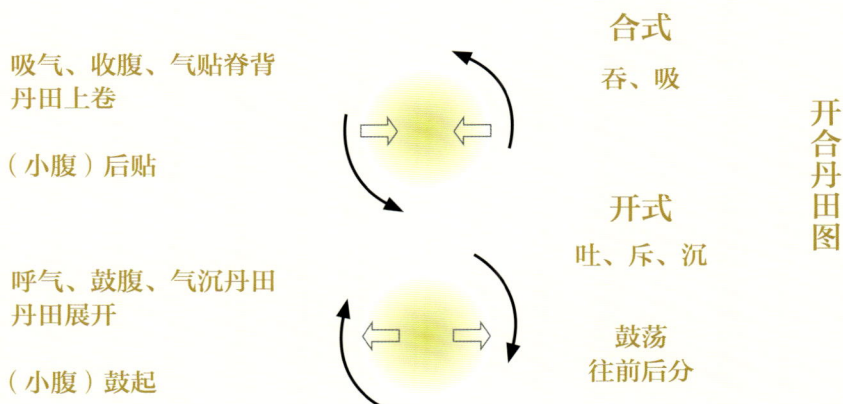

吸气、收腹、气贴脊背
丹田上卷

（小腹）后贴

**合式**
吞、吸

**开式**
吐、斥、沉

鼓荡
往前后分

呼气、鼓腹、气沉丹田
丹田展开

（小腹）鼓起

开合丹田图

## ● 要领与身心感受

　　开合桩功之关键在不用多余的劲上。合式吸气，开式呼气，初练阶段务必要慢，要节奏与呼吸相合，循序渐进，动作劲路做到无有断续凹凸时，方能逐渐加快，虽快却不能丢要领。熟练后可先加快呼气，在开势时发挒劲。所谓发劲，贵在自然，不要努气拙力。蓄发转换如开弓放箭，松活惊弹周身一家，气力须直达四梢，方为功成。

开合桩之合式图　　　　　　　　　　　　开合桩之开式图

开合演示

## 开合桩功劲力解析

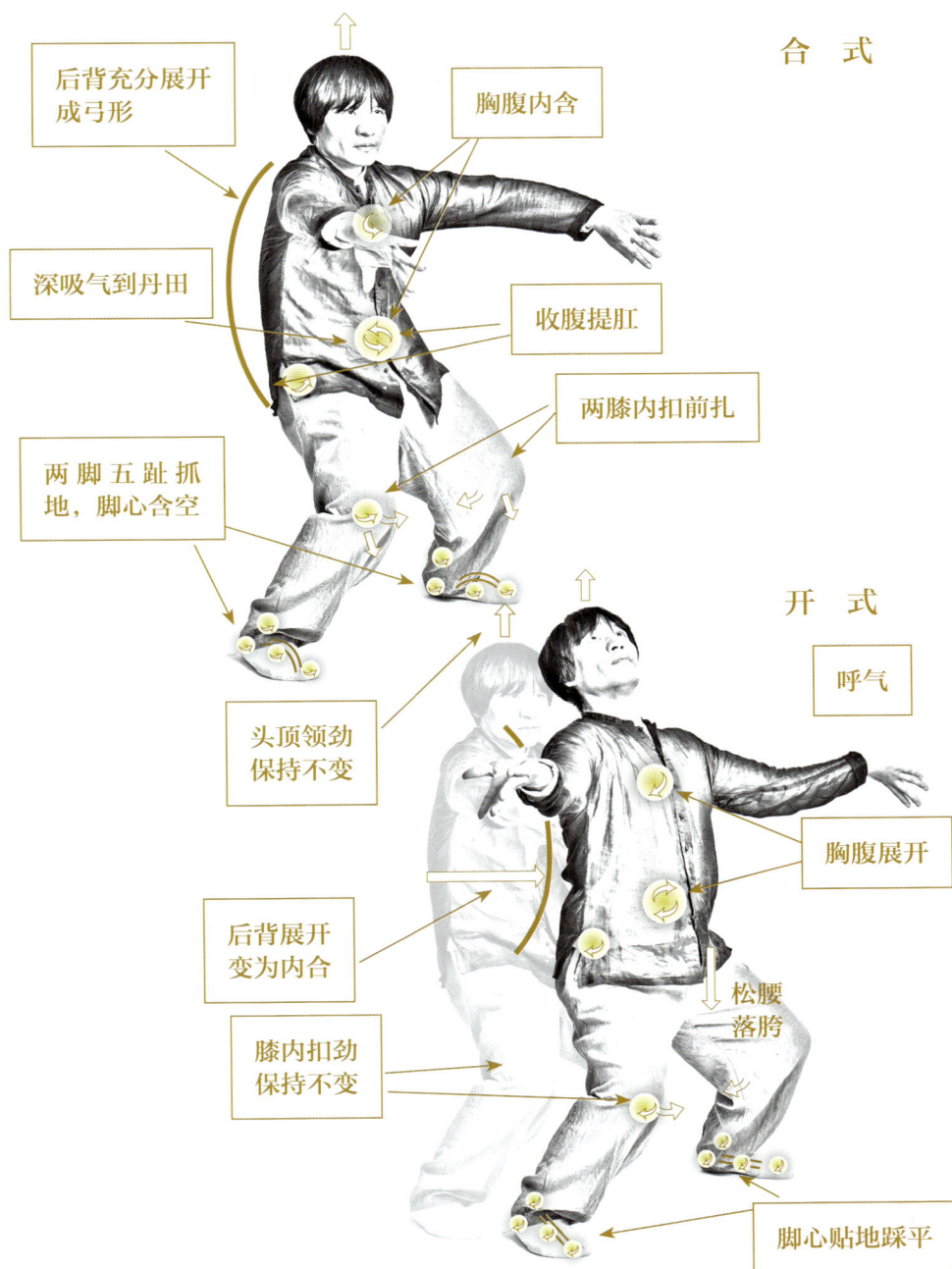

合 式

后背充分展开成弓形

胸腹内含

深吸气到丹田

收腹提肛

两膝内扣前扎

两脚五趾抓地，脚心含空

头顶领劲保持不变

开 式

呼气

胸腹展开

后背展开变为内合

松腰落胯

膝内扣劲保持不变

脚心贴地踩平

## 连续变化过程

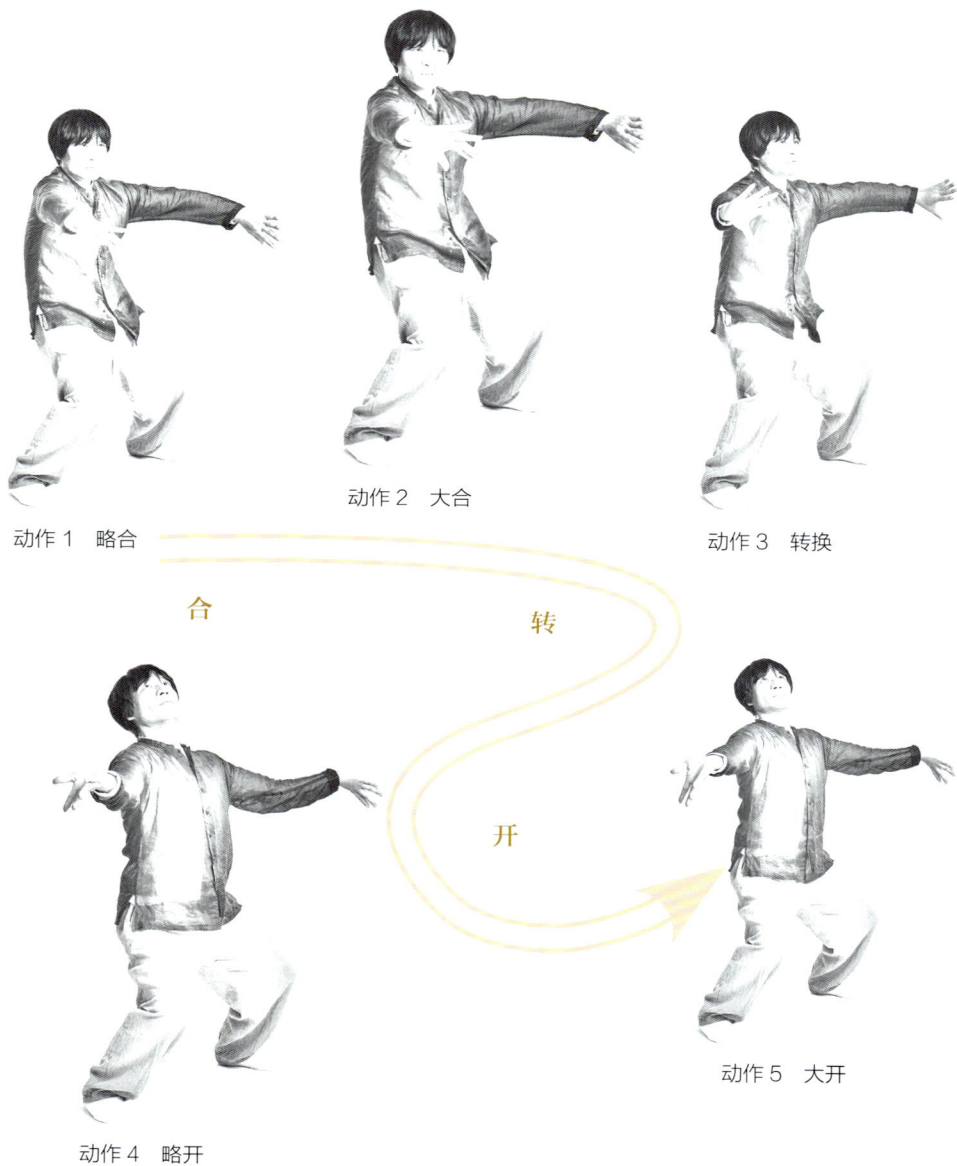

动作 1　略合

动作 2　大合

动作 3　转换

合　　　　转

开

动作 4　略开

动作 5　大开

# 磨盘桩

## ● 功法简介

磨盘桩是陈式太极拳的一个最基础也是最重要的动桩。磨盘桩练习的是腰、腿、胯在受力情况下的灵活变化能力。用磨盘来比喻胯部的运动是因为其运动是在水平面上的，就如磨盘的转动一样没有上下起伏一样。磨盘沉重平稳而不失灵活的形象，可对应太极拳对中下盘腰腿胯部状态的要求，即下盘的沉稳，中盘的松活，可以从此桩练习中单独领悟出来。

另外，磨盘桩还能初步练习太极拳拳架要求的身法开合、丹田滚动和两肋虚实的变化，以后的拳法套路里很多动作都有磨盘桩的影子。所以，从磨盘桩突破，不仅能锻炼人的身体状态和意志力，也是太极拳入门非常有效的方法。

练习磨盘桩时，通过丹田滚动，通过膝、胯带动腰背、胸腹的全方位运动，是对人体内脏一种很好的自我按摩，能促进脾胃消化吸收功能的发挥，提高心肺功能，改善人的有氧能力，增强肝肾循环，促进新陈代谢进程。

磨盘桩可以单独用作养生保健的功法，是力量、柔韧、协调、平衡、有氧能力的综合体现，可以有效提高人的身体素质。

丹田滚动

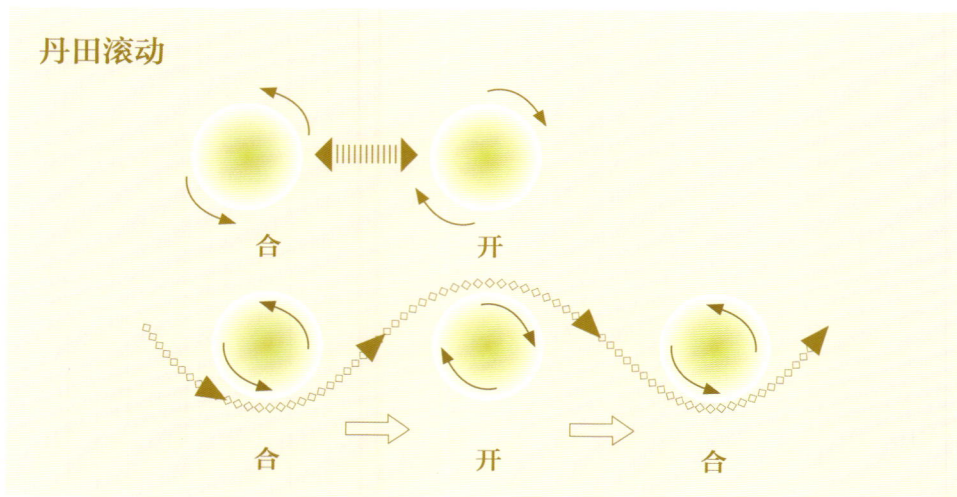

合　　开

合　　开　　合

## ● 动作说明

两脚平行开立，脚心相距约两倍肩宽，头顶百会穴向上，略向前领劲，收下颌，坐胯屈膝，两手掌心向下，指尖相对，掌根按于两膝外侧，略用力将两膝向内侧推，两肘自然外掤，两肩松沉，目光平视，脚底放平，圆裆松腰，心平气和。初学时，因下盘功力不足，可以步子略收小些，相距一倍半肩宽左右，马步也可高一些，这样两掌跟就不能够到膝盖外侧，可以提高到大腿中部外侧，掌根向内略用力推，使两膝内扣合住劲，后胯放松，有外开之意，足底放平。

右膝领劲，沿向前、向右、向后、向左、再向前走圆形路径，左膝跟随，同步走圆。两膝向前时，含胸提肛收腹，胯随膝向前，肩向前下与胯相合，脚趾抓地，脚心涌泉穴含空，后背成弓形。脚趾抓地，脚心上提的劲与肩向前下合的劲在后腰命门（脊柱上正对肚脐之两节脊椎骨接缝）处相合。

膝向右运动时，右肋合左肋开，胯随膝走圆弧向右，保持两胯水平，脊柱从上到下弧形向右。膝向后运动时，后背合胸腹开，胯走水平圆弧向后，脚心涌泉穴贴地，脚底放平。膝向左运动时，左肋合右肋开，胯随膝走圆弧向左，保持两胯水平，脊柱从上到下弧形向左。

## 磨盘桩丹田滚动示意

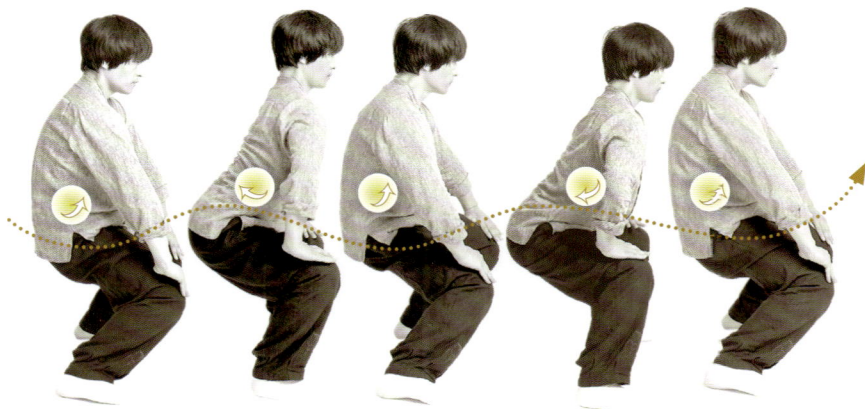

　　膝从左向前运动并回到胸腹合、腰背开的状态。重复以上过程，以力尽为度。略休息，再做反方向磨盘，数量与正向相同。

　　膝胯向前运动过程是吸气过程，胯到最前方时气吸满，从前向后运动时呼气，到最后方时呼气结束，再转为吸气。如此循环，一个完整的循环正好配合一个呼吸。

## 磨盘桩典型位置状态图

动作 3　膝向后、后背合胸腹开

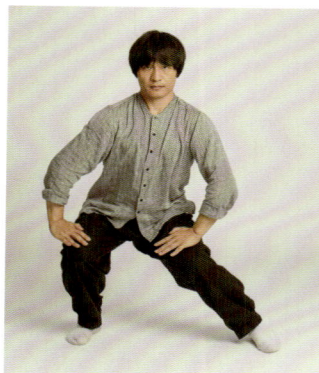

动作 2　膝向右、右肋合左肋开　　　　动作 1　初始状态　　　　动作 4　膝向左、左肋合右肋开

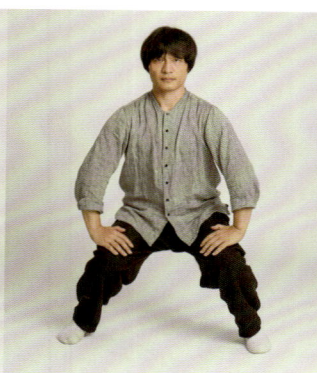

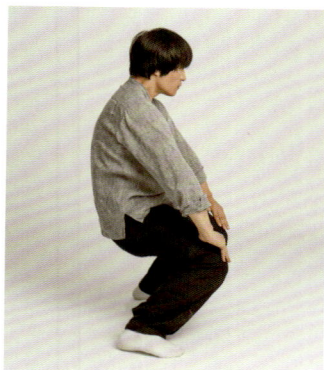

动作 5　膝向前、回到胸腹合腰背开

● **要领与身心感受**

　　膝胯走圆过程中伴随脊柱的前后左右弯曲摆动，腰部要有明显的弓腰、塌腰和两肋的开合虚实变化。转动过程中脚踝要放松，脚底不能翻起，除脚心涌泉穴的上提和下沉运动之外，脚后跟和前脚掌不能局部离开地面。胯转到正后方时，头顶百会穴的领劲和胯沉坠的劲要有意识地加强，要坐住胯，以免在转动过程中出现上下起伏。胸腹和腰背的开合变化，两肋的虚实转换，膝、胯和脚踝的灵活转动共同保证了磨盘桩的完整运行。另外，在练习过程中要注意呼吸均匀自然，即使在身体感觉累的时候也要保持呼吸畅通，切勿努气或者憋气。初学时务必多加体会，在数量上可以循序渐进。从经验而言，初学者在要领正确的前提下能一气做够10个，就相当不容易了，切记量力而行。练习的数量和强度可随着功力增长逐渐增加。

## 反方向磨盘正面图

动作 4　　　　　动作 3

动作 5

动作 2

动作 1

## 侧面连续变化

## 磨盘桩解析之一

### 开合解析

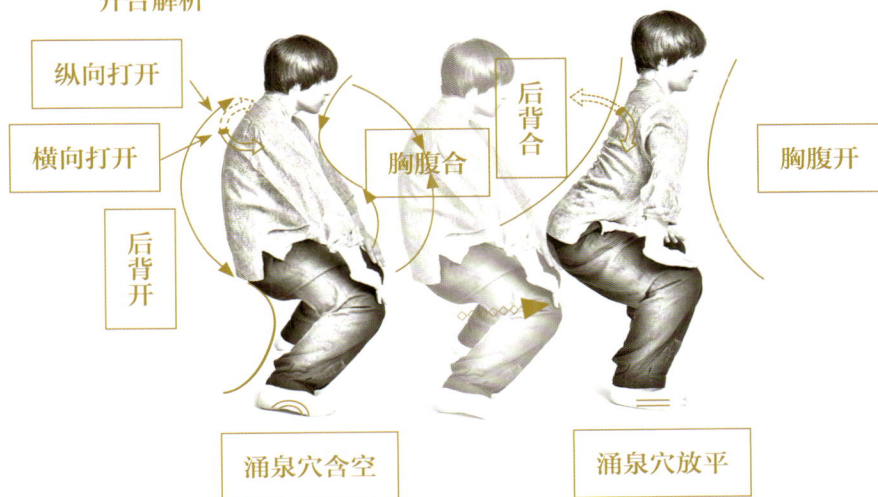

纵向打开

横向打开

后背开

胸腹合

后背合

胸腹开

涌泉穴含空

涌泉穴放平

> **提示**
>
> 　　太极腰的练法，前后开合，左右旋转，两肋变换虚实，胸腹折叠。按这个练，功夫自己就长，慢慢地就能体会到内部的变化。全身都是一个球形发出来的劲。

## 磨盘桩解析之二

### 螺旋解析

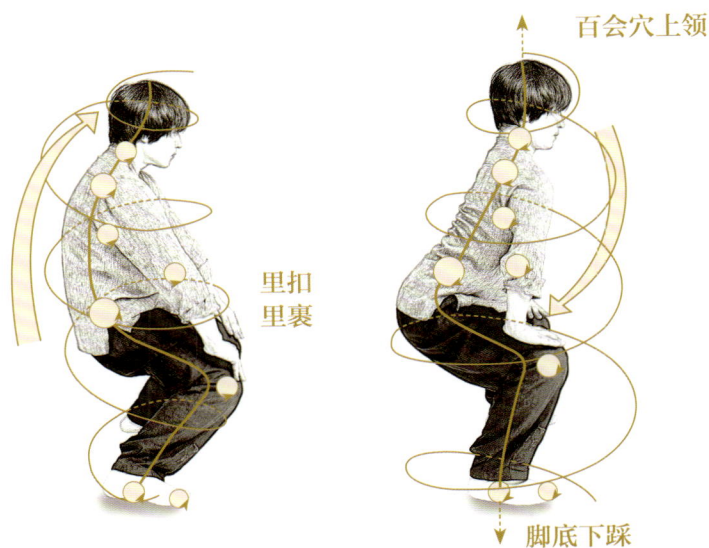

百会穴上领

里扣
里裹

脚底下踩

## 磨盘桩解析之三

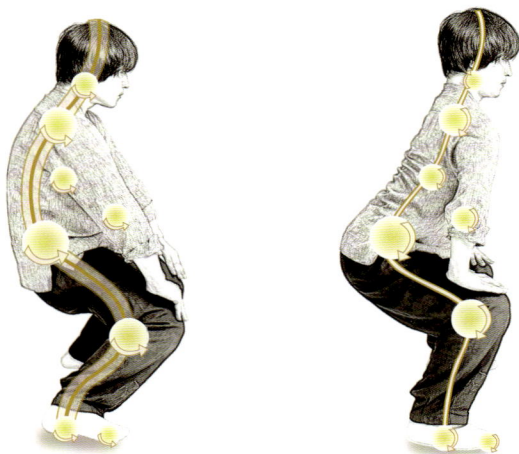

# 二郎担山桩

## ● 功法简介

二郎担山本是象形取意，名字来源于二郎神担山逐日的传说。以两臂平伸前后一线为扁担，以前弓后箭之大步应前行之象，以双目凝神平视为逐日之意。从头到脚，从四梢到脊骨，肌肉筋膜无不拧转牵拉，松紧合度。力量、柔韧、平衡等各种身体功能锻炼比例恰当，精神意志、呼吸气血协调一致方合此桩法度。

## ● 动作说明

两脚内侧并拢，脚尖并行向前，头顶向上领劲，松开脊柱，落胯松肩。右脚前跨一大步，右膝前弓，左腿蹬直，两脚内侧在一条直线上。拧转腰背，左肩向前，右肩向后，沉肩抬手，左臂向前伸直，右臂向后伸直，两臂与肩同高，五指并拢，掌心向右伸直。两臂两肩成一直线，如担山状。右膝和右脚尖竖直对齐，左脚脚跟蹬地，左腿挺直。两髋关节转轴连线与两脚内侧连线垂直。头向正前方，下颌与左肩对齐，目光平视，松腰落胯，头顶、颈椎、腰椎、尾椎保持竖直，全身放松。胯要正，腰要拧，肩要平。做到位后，自然呼吸，以坚持3分钟左右为度。另一侧动作与以上为镜像对称不再赘述。

二郎担山图

## ● 要领与身心感受

两腿弓箭步须将相应的肌肉和筋膜充分撑开，要能感受到弓拉开以后的弹性劲，两腿的形状正好是拉满的弓从搭箭位置分开后的一半，前腿为弓的上半部，后腿为弦的一半，两足内侧连线所处正好是欲发射的羽箭。而拧转的脊柱和前后如担山扁担的两臂，正好给两腿弹性拉开导致的胯的转动趋势一个平衡，让胯横轴能保持在自然直立的位置。

头顶的上领和胯下沉的坠劲相平衡，脊柱在拧转的同时沿轴向的拉伸，有助于矫正日常生活工作习惯导致的腰椎、颈椎的劳损和错位。两臂前后伸展和两腿前弓后蹬劲是一对矛盾体，在练习时要细细体会。

初练时，尽量先保证两腿的正确位置和受力状态，前腿的膝关节对正脚尖，后腿蹬直并保证两脚底内侧、外侧、脚掌前部和脚后跟受力均匀。为保证其他要领和身体的平衡，初学时，后脚可以脚跟为轴外开30°左右。腰背拧转的角度可以循序渐进，两臂做不到一条线，也可适当错开。必须保证呼吸通畅，不要憋气。

# 鹤形桩

## ● 功法简介

鹤形桩亦是象形取意。禽类大多有独立之能，白鹤腿细长，却能卓然独立，神清气雅。此桩仿白鹤独立之形，精神凝聚，气定神和。以独立下坐之势，练下盘沉稳；以鹤立鸡群之意，练神气之清。

## ● 动作说明

头顶竖直虚领，自然站立，左脚尖略外摆，重心移到左腿，落左胯，屈左膝，右腿向前抬起，右膝微屈内扣，右脚尖回扣，脚底和地面平行，右脚高度和左膝相平。抬右腿的同时，右手瓦垄掌，掌心向左，指尖斜向前上方，放长右肩和右臂，令右手与右脚上下相对，右肘掩于中线，与右膝上下相合，屈左臂，抱于胸前，左手掌心向内，合于右肘内侧，手指方向顺右小臂，斜向前上方。松左胯，令左大腿中轴线与左脚中线在同一竖直平面上，左脚与地面均匀着力。呼吸放松，匀和细长，默数9个呼吸后，右脚外摆与左脚成90°落于左脚前半步位置，移重心到右腿，快速抬左腿，伸左臂，屈右臂，定势动作与前定势呈镜像对称。

## ● 要领及身心感受

鹤形桩独立要有白鹤之形神，头顶精神要领起，松腰落胯，意识要收敛到身体中线，腿屈之势如弓，受力均匀而有弹性。眼神收于目内眦，从前手中指间处向远处放出，不可散漫。呼吸不可急促，9次呼吸看似不多，

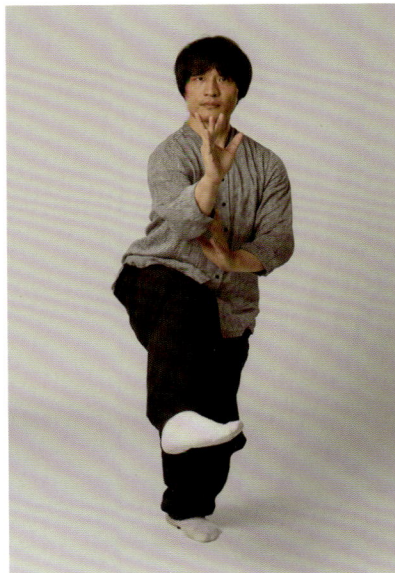

鹤形桩图

## 鹤形桩要领解析

立身中正，虚领顶劲，鼻尖、左右手小指
指尖、两膝盖和脚掌中心均在中线上

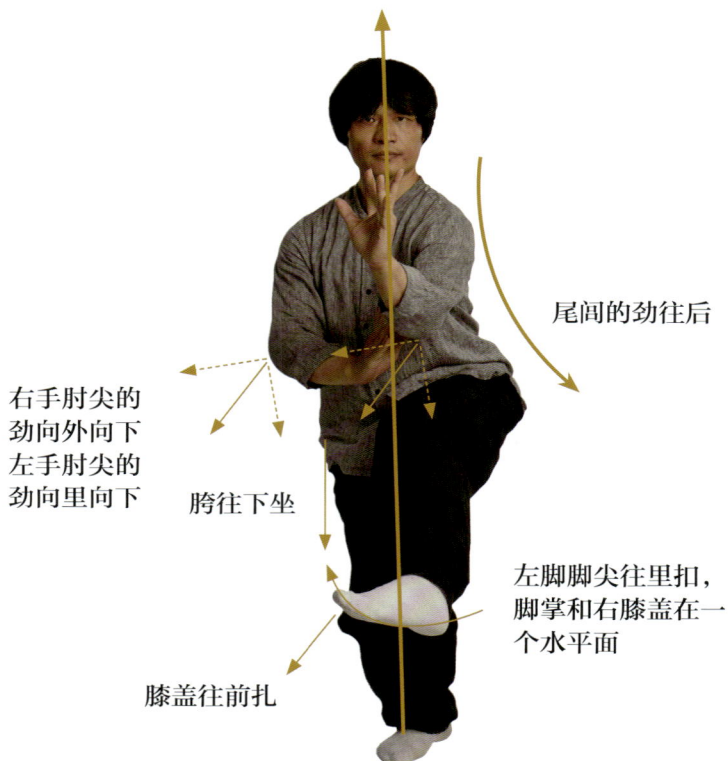

尾闾的劲往后

右手肘尖的
劲向外向下
左手肘尖的
劲向里向下

胯往下坐

左脚脚尖往里扣，
脚掌和右膝盖在一
个水平面

膝盖往前扎

如要领基本做到位，亦可令支撑腿发热如被火烧，此时务必要定住心神，保持外形
安颐、清净平和。身体各部感觉酸麻胀痛之类时，皆平常心处之，并在保持住外形
要领前提下尽可能松开肌肉僵力。

# 缠丝

## 拳功基础篇

# 瓦垄手

## ● 动作简介

瓦垄手也叫瓦垄掌，是陈式太极拳的基本手型，以全掌纵向呈瓦垄状拱起而得名。此手型在行拳过程中可自然引领梢节之顺逆缠丝变化，是太极缠丝劲路源头之一。所以，瓦垄手是太极拳手型之母。拳架子中变拳、变掌、变勾手都是基于这个手型配合缠丝变化才能做到转换手型而不断劲。

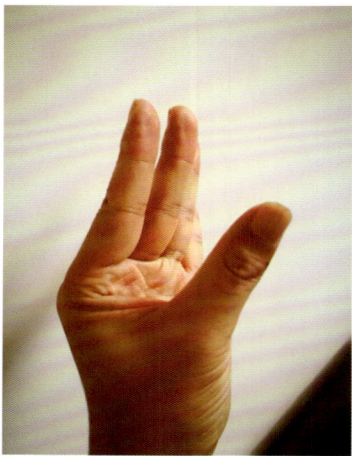
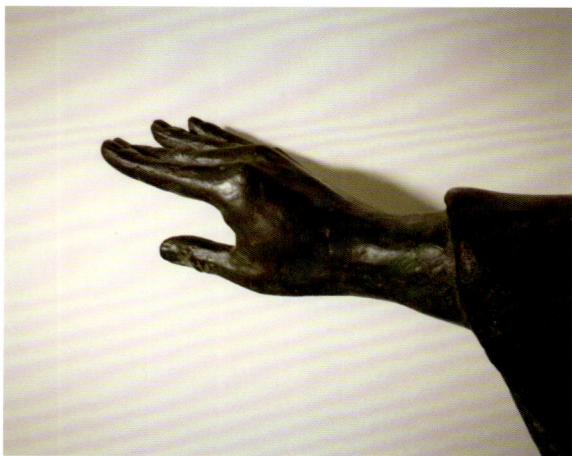

瓦垄手图 1    瓦垄手图 2

## ● 动作说明

掌心内含，食指、中指、无名指、小指指尖领劲，向前伸展并微上挑，成反弓形。大拇指伸直，虎口充分撑圆，令拇指指面与中指正面相对。中指略下按，与拇指有对合之意，小指指尖领劲略上挑，将小臂的小鱼际侧到肘部的筋充分撑开。

大拇指伸直
大拇指外侧与小指
外侧合抱

大拇指与中指有
相合之意

大拇指与小指有
相寓相吸之意

缠丝运动

虎口充分撑圆

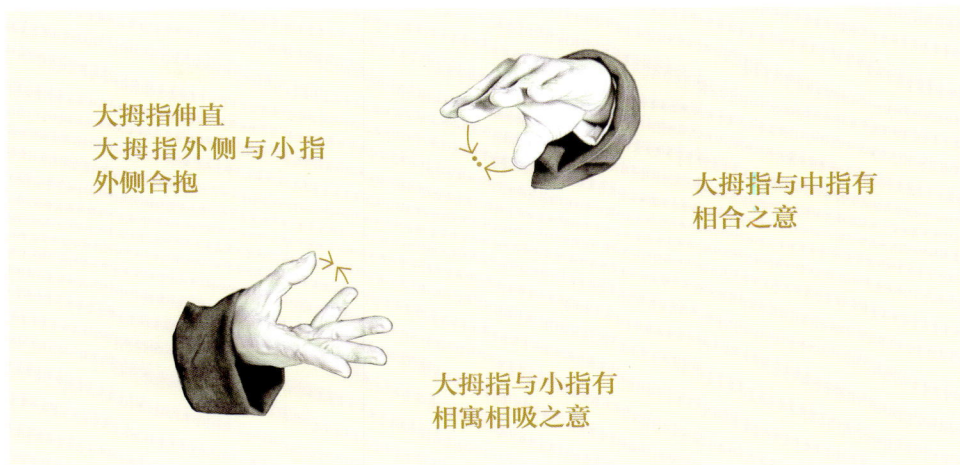

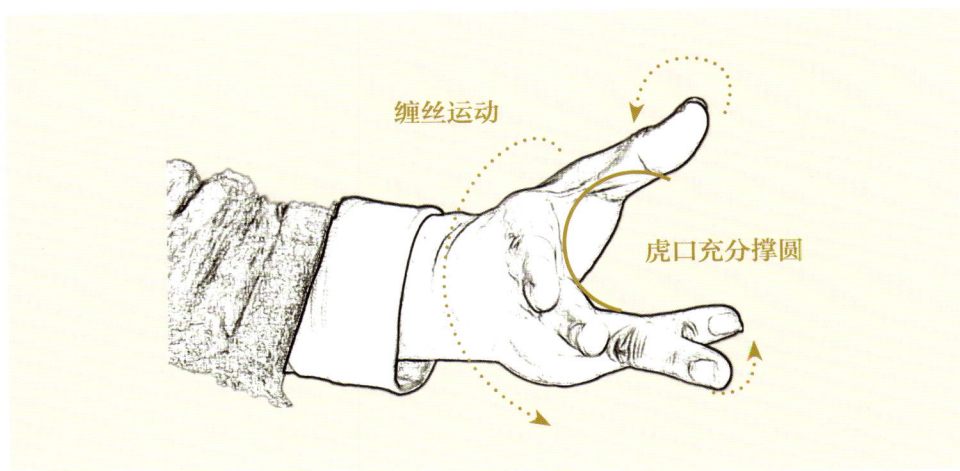

## ● 要领和身心感受

在保持瓦垄手外形要领的基础上，将多余的劲放松，也就是说，要保持手部各关节的灵活变化能力。这个手型初学者不是太容易做，那么，为什么要做出这样一个手型呢？太极拳在练习时，要求各部分均匀受力。大家知道，在对身形各部分的要求中有一个很重要的要求，即"圆裆开胯"。圆裆开胯，是保持裆胯部位关节周围的筋骨肌肉张力和韧性的必要要求。这个要求好像大部分人都认为是理所当然的。但是，对于瓦垄手的要领，很多人却会认为其把手变僵了，是没有必要的。现在我们把各手指根之间的关节和筋骨、肌肉看成一个个小的裆胯，那么，裆胯开圆的要求是不是也适用于手指之间？只有将手型拱起来，各手指根节的弹性联结才能体现出来。除大拇指之外其他四指的反弓角张是将这种弹性延展到每个手指尖的关键，也就是将气血传递到每个手指尖十宣穴位的关键。大拇指伸直，大拇指外侧与小指外侧合抱，是保持虎口穴位的弹性张开的基础；而大拇指不能反张，也保证了劲路能顺畅延伸到大拇指尖。四指的反张，就如同古代建筑的斗拱末端的飞檐，是弓梢部位的反张，与头顶一样，统领全身虚灵变化。

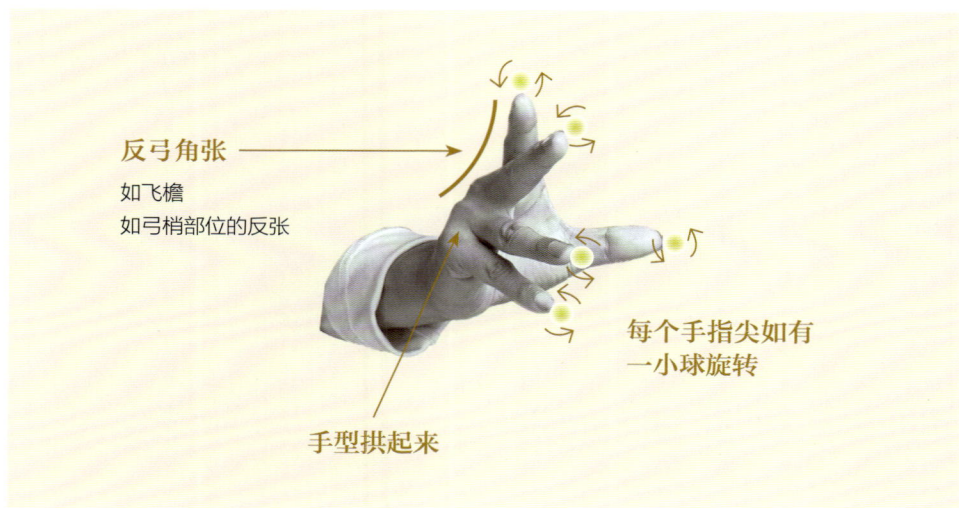

反弓角张

如飞檐
如弓梢部位的反张

每个手指尖如有
一小球旋转

手型拱起来

# 顺逆缠丝

● **功法简介**

　　所谓缠丝，就是伴随太极拳动作的里裹外翻而形成的劲路螺旋缠绕式的运行和传递。是在熟练掌握太极拳开合虚实基础上的劲力连续变化的基础。太极拳的缠丝劲是全身筋骨、肌肉、脏腑、气血乃至精神意识协同作用的结果，但从拳架练习而言，是头、手和足等梢节部位顺逆缠拧运动延展到全身的结果。

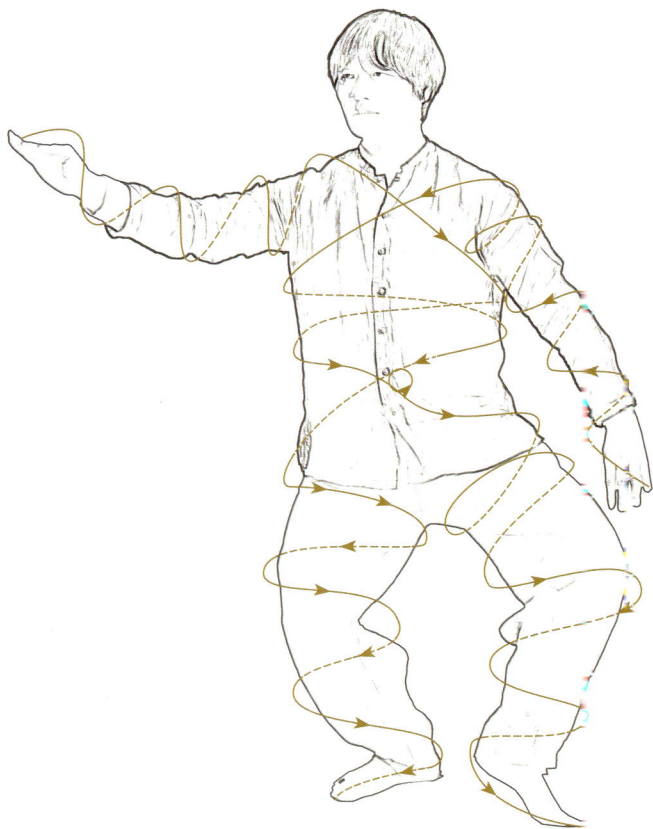

缠丝图

## ● 动作说明

　　手部缠丝的顺逆，我们知道，手的基本型是瓦垄手。在瓦垄手基础上，大拇指尖领劲反挑，小指跟上，和大拇指间保持原来的相对位置，然后顺次无名指、中指、食指跟随，大指继续顺次领小指、无名指、中指、食指带动整个手掌的拧转，这样的拧转叫做"顺缠丝运动"，简称"顺缠"。动作次第不可搞错。

　　反过来，如果小指尖领劲反挑，大拇指、食指、中指、无名指再到小指次第运转带动整个手做拧转，叫做"逆缠丝运动"，简称"逆缠"。

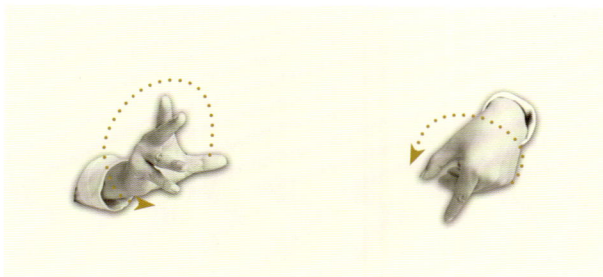 

双手缠丝 1　　　　　　　　　　　　　双手缠丝 2

　　为方便大家记忆，做一个形象的比喻。以前古代的大门，一般有两扇，人站在门外，面向大门，两手掌心分别贴在一扇门上向里推，保持手掌在门上的位置不变，这时，手的运动就是逆缠。而人要出门时，站在门外双手拉门，将门关上时，手的旋转就是顺缠。也可以理解为出门时将门顺上，就是顺缠。

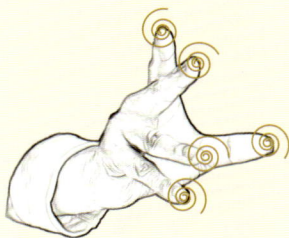 

顺次拧转

意识由指尖
放出、收回

　　脚趾领劲的腿部缠丝相比上肢而言，要更难一些，这是因为腿脚不仅要有劲力的变化，还要有支撑全身重力的作用，但劲力螺旋运行的规律和手指领劲的臂部缠丝是一致的。大脚趾领劲向内的螺旋运动为顺缠丝，小脚趾领劲向外的螺旋运动为逆缠丝。

## ● 要领与身心感受

　　一般而言，伴随大指领劲的顺缠丝，在动作上是里合的趋势，劲力由梢节向中心运行；而伴随小指领劲的逆缠丝，在动作上是外开的趋势，劲力由中心向梢节运行。在顺、逆缠丝转换时要注意整体劲力的对称性，不能断，不能丢。做到外形正确容易，而体会内在劲路的关联性却很难，需用心仔细体会，假以时日，方能有所感悟。顺逆缠丝动作的好处是可由手三阴三阳经络的次第转动、变化引领全身的经络运动变化，锻炼内脏、养生。

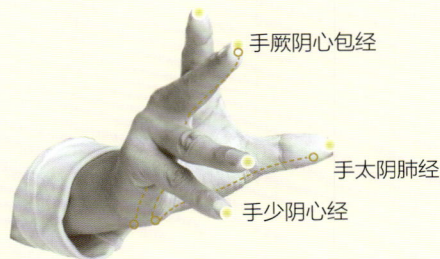

手三阴经络

手厥阴心包经
手太阴肺经
手少阴心经

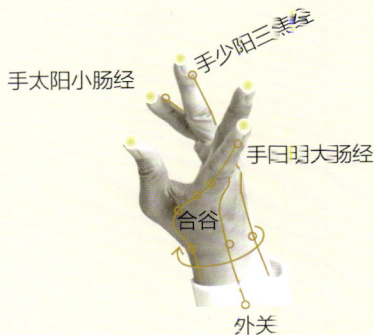

手三阳经络

手少阳三焦经
手太阳小肠经
手阳明大肠经
合谷
外关

# 太极七势问道

# 侠友太极问道拳概述

　　一直以来，我们都在尝试寻找一种方法，让太极拳能有效地融入现代生活，为现代人的健康需求服务。而传统太极拳学习有"十年不出门"的说法，需要的时间太长了，在生活、工作节奏紧张而快速的今天，很难大规模地普及和推广。而一些简化的太极拳，又缺少传统太极拳的功效和内涵，很难让年轻人认可。太极拳的功效与锻炼强度、锻炼时间之间的关系如何用量化的方式让大家一目了然，让练习者知道自己该练什么，该怎么练，对效果可以有一个什么样的预期，是我们尝试要解决的问题。只有解决了这些问题，传统太极拳才能和现代健身方法一样被现代主流社会所接受，为提高人们的身体素质、身体适应能力发挥其独特的作用。

　　侠友太极问道拳包含了传统太极拳的所有基本要素，可以用现代可定量的方式确定运动强度和运动时间，并可以用数据来衡量锻炼效果，调整锻炼方案。这一套太极拳的基础练法是太极拳可量化的最基本的单元，在这一套拳的基础上我们可以用不同的强度和练习数量的组合来设计运动方案，适合不同体质的人群习练。本拳的问世让太极拳走出神秘和玄学的领域，更好地为现代人的健康生活服务。拳的动作式子虽然不多，但是要领、功力都没有减少。

**侠友太极问道歌**

无极养生主，四正阴阳出。

更有懒扎衣，蕃秀火意足。

封闭固中土，肺金镇白虎。

少阴藏精亟，单鞭变化出。

捣碓金刚势，厥阴生风木。

再接懒扎衣，五行相生复。

莫嫌七势少，问道太极图。

# 动作详解

## ● 混元桩

> 混沌一体养真元，阴阳不见心自安。（详见前文拳功基础篇）

## ● 磨盘桩

> 上领下坠如秤准，腰活胯转似车轮。（详见前文拳功基础篇）

## ● 第一势 无极势

面向正南方，自然站立，两眼平视前方，耳听身后。双手自然垂于两胯侧，两脚开立，脚内侧与肩同宽。头顶百会穴上领，下颌微收，同时沉肩坠肘，胯往下如坐高凳，膝盖微弯曲，两手中指肚和大拇指尖轻轻接触裤子中缝，胯下坐，两肘向身体两侧弯曲并撑开，两手提至胯侧，除中指肚和拇指尖外其他三指悬空，手型为瓦垄掌状。下颌微收，含胸拔背（注：深吸一口气之后慢慢呼出时的状态）。两膝略内扣，同时，两胯后下方分别向两边微微打开，圆裆，使两脚的脚掌和脚跟、脚底内外侧受力均匀，体会圆裆开胯后下盘如桥拱一般的圆撑和稳定。两膝对准脚尖并有前扎之意，尾骨向下坠同时略向后坐，使其与膝的前扎之劲平衡，意识从远处沿地面轻轻回收至两脚之间，分开至两脚心涌泉穴，到脚后跟沿里后侧中线上行，至胯骨后上行同时向脊椎靠近，收于命门（肚脐正对脊柱上两节椎骨之间）并轻轻看住，所谓主宰在腰，以后练拳的所有动作，都由命门观照全身，呼吸均匀自然，切忌憋气，在保持要领的前提下，把多余的劲去掉，全身在保持外形要领的情况下尽量放松。身背五张弓，拉满。（图无极势-1、无极势-2）

无极势 -1

无极势 -2

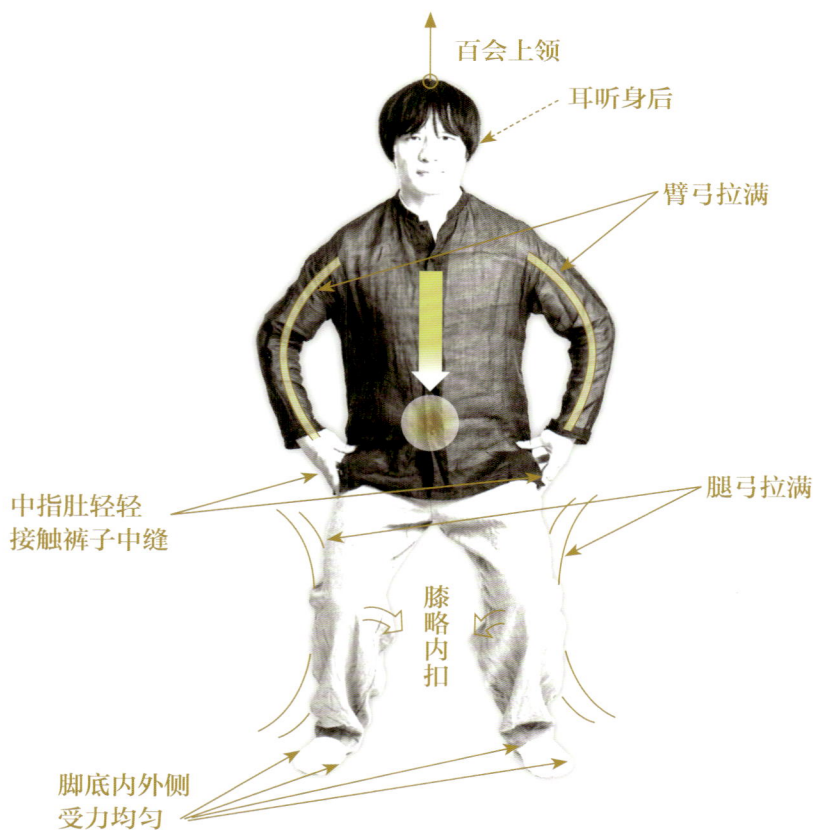

百会上领

耳听身后

臂弓拉满

中指肚轻轻
接触裤子中缝

腿弓拉满

膝略内扣

脚底内外侧
受力均匀

无极势解析

## 无极势养生说明

无极势形体端正，松静安舒，以半坐半立之势统身心之中正，本表处处合乎规矩，内气清升浊降，精神内守，静中寓动。将日常散漫之心神体态，尽日于规矩合度之方。外静内活，外寒里热，收敛神气，运转气血，不忮不求，勿忘勿助，养六经太阳之气。（太阳之上，寒气治之，中见少阴。——《素问·六微旨大论》）

## ● 第二势 太极起势

### 正向动作

由无极桩定势到定势一过渡，保持两脚不动，身体转向西南方。身体同时双手腕领劲向上提起，并向身体正前方放长，随后展开，与身体一同转向西南。

### ○ 定势1（掤）

面与胸向西南，两手掌心向身体右前下方，手掌和小臂自然顺直，肘部自然弯曲，手高与腰齐，沉肩坠肘，两腋下含空，能放置下自己的拳头。开裆松胯，膝盖对准脚尖方向且不超过脚尖。左膝向外掤，右膝向里扣，将两脚底踩平。重心略偏左脚，呼吸自然。（图起势–1）

> **过渡**
>
> 身体重心下沉，由面向西南转向东南45°角方向，左手逆缠，转成掌心向下，左臂向前向上掤出。同时右手顺缠，转成手心向上，跟随左手并位于左手正下方一尺处，身体重心由偏左腿走后弧移到右腿。

### ○ 定势2（掤）

立身中正，面向东南方向，身体重心完全在右腿。沉肩坠肘，左手与肩平，虎口位置位于身体前后正中截面上，手掌放水平，手指方向与小臂基本一致，左肘下沉略低于肩的高度并向前放长，把肩关节放开，肘关节内侧夹角为120°。右手位于左手正下方，掌心向上，两掌心相距一尺远，手指指向左前下方，右腋下含空，能容一拳，右肘向下向外，将右肩关节放开。左膝内扣，右膝外掤，右膝方向与右脚尖方向一致，重心完全在右腿，两脚底内外侧受力均匀，自然呼吸。做到：虚灵顶劲，沉肩坠肘，含胸拔背，气沉丹田。（图起势–2）

起势－1

起势－2

起势－1 缠丝

起势－2 缠丝

**过渡**

　　身体重心往下沉，左臂略向左前方掤出，保持手臂弧度，右臂沉肩坠肘，右手手指向上，指尖领劲，顺缠螺旋上升到与左手同高位置，位于身体正中方位。右肩右肘有前挤之意，保持左手掤劲不丢。

## ○ 定势3（挤）

立身中正，面向东南方向，重心偏右腿。沉肩坠肘，左手与肩司肩位于正前方略偏左，虎口正对左肩井方位，掌心向下。右手竖直向上，小指正对身体中线，右肘尖内侧亦对正中，位于身体正前方一尺左右，右手指根与左手同高，两手离身体距离基本相同。屈膝松胯，脚底踩平，敛臀含胸，后背成弓形。（图起势-3）

> **过渡**
>
> 左手顺缠，同时左肘保持向前的掤劲并下沉，使左臂与左手由横变竖。右手逆缠，右肘向外向上，右臂右手由竖变横。同时腰为枢纽，保持脚后不动，身体向右转，右肘领劲，两手相距约一尺，随身体右转捋向西边。

## ○ 定势4（捋）

立身中正，面与胸向正西（可略偏南）。左手指竖直向上，左肘口侧和左手虎口外侧位于正前方中截面上，左手虎口与下颔等高，左肘尖与心窝齐。向前放长，腋下含空。右手与肩同高，右掌心向下，小指尖位于西北角方位，右手略低于肩，两手相距约一尺，右肘下坠并放长，保持掤劲不丢。右膝内扣，左膝外非，保持两膝对正足尖方向，脚底内外侧受力一致，重心略偏左腿，保持脊主竖直，圆裆开胯，沉肩坠肘，含胸拔背，气沉丹田。（图起势-4）

起势-3　　　　　　　　　　起势-4

起势 -3　缠丝

起势 -4　缠丝

**过渡**

上身以腰为轴转回面向正南方向，身体重心由偏左走后弧向两脚正中移动。同时双手由掌根领劲与身体同步向小腹前按下。

○ **定势5（按）**

沉肩坠肘，两手虎口撑圆，两手掌心向下，指尖相对，略向上翘起，手掌根按劲，位于小腹前一拳处。其他要领与预备式同。（图起势-5）

起势 -5

## 反向动作（与正向左右对称）

### 过渡

接上势，由劲按定势以后，保持两脚不动，身体转向东南方45°角，重心偏
于右脚。转体同时双手腕领劲向上提，并向身体正前方放长，随后展开，与身体一
同转向东南。

## ○ 定势1（掤）

面与胸向东南，两手掌心向身体左前下方，手掌和小臂自然顺直，肘部自然弯
曲，手高于腰齐，沉肩坠肘，两腋下含空，能放置下自己的拳头。屈膝松胯，膝盖
对准脚尖方向且不超过脚尖。右膝向外掤，左膝向里扣，将两脚踩平，重心略偏
右脚，呼吸自然。（图起势反向-1）

起势反向-1

### 过渡

身体重心下沉，由面向东南方向转为面向西南方向，双手随身本转向同时右手
转成手心向下，左手手心向上，右手高度与肩平，右肘略低于肩，左手在右手正下
方一尺，两手皆位于身体纵向中轴面上。身体重心由右腿移向左腿。

○ 定势2（掤）

　　立身中正，面向身体右边45°角方向，身体重心分布在左腿。沉肩坠肘，两腋下含空，右手与肩同高，掌心向下，在面向身体右边45°角方向向外掤出。左手置于小腹前与右手掌心相对，两掌心相距一尺远，左手指尖方向向前向下。右肘在右膝上方，右膝内扣，左膝外掤，两脚底踩平，呼吸自然。（图起势反向-2）

起势反向 -2

过渡

　　身体重心往下沉，左手螺旋上升到与右手同高位置。同时右手向外翻，沉肩坠肘。

○ 定势3（挤）

　　立身中正，面向身体右边45°角方向，重心分布在两腿中间。沉肩坠肘，右手与肩同高在右边45°角方向向外掤出，右手掌心向外向下。左手掩护在身体的中线，肘尖对着自己的心窝，左手与右手同高，指尖向上，两手之间一肘之距。屈膝松胯，脚底踩平，呼气放松。（图起势反向-3）

起势反向 -3

### 过渡 1

两手翻转为右手掌心向上，左手掌心向下。腰部由面向身体右边45°角方向转到面向身体左边90°角方向的位置，同时两手由左肘领劲捋向身体左边方向。

### 过渡 2

右手顺缠，同时右肘保持向前的掤劲并下沉，使右臂与右手由横转竖。左手逆缠，左肘向外向上，左臂左手由竖变横。同时腰为枢纽，保持脚底不动，身体向左转，左肘领劲，两手相距约一尺，随身体左转捋向东边。体会全身上下的拧转弹簧劲。

## 弹簧劲

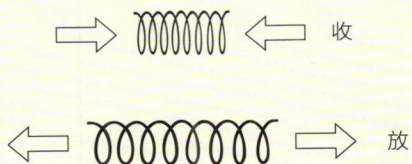

收

放

## ○ 定势4（捋）

立身中正，面与胸向正东（可略偏南）。右手指竖直向上，右肘内侧和右手虎口外侧位于正前方中截面上，右手虎口与下颌等高，右肘尖与心窝齐，向前放长，腋下含空。左手与肩同高，左掌心向下，小指尖位于东北角方位，左肘略低于肩，两手相距约一尺，左肘下坠并放长，保持掤劲不丢。左膝内扣，右膝外掤，保持两膝对正足尖方向，脚底内外侧受力一致，重心略偏右腿，保持脊柱竖直，圆裆开胯，沉肩坠肘，含胸拔背，气沉丹田。（图起势反向–4）

起势反向 –4

### 太极起势养生说明

掤、挤、捋、按四正劲为太极劲法之经纬，肌肉筋骨节节拧转，周身掤圆，协调运转，开合虚实，变换有度，消化水谷，汗出溱溱，为阳明运化之象。久练可强阳明之气，增强胃与大肠的功能。（阳明之上，燥气治之，中见太阴。——《素问·六微旨大论》）

## ● 第三势　懒扎衣

由面向东转向正南，左手随转体下压至胯高度，右手逆缠变手心向下并外掤与肩同高，两臂分别向身体两侧前45°角方向展开，身肢放长，重心由左后转回两脚正中，面向正南。

### ○ 定势1

立身中正，面向正南，两臂向身体两侧斜前展开，左手掌心向下位于左胯斜前方。右手掌心亦向下高与肩平，两腋下含空，身肢放长，沉肩坠肘，呼气放松。（图懒扎衣–1）

过渡

重心下沉走后弧移到左腿。左手由下走上弧保持掤劲不丢，到中线后立掌至右肩前，同时右手由上向下走下弧当右肘到最下方时顺前弧向上，重心完全移到左腿，提右腿，右肘与右膝相合于身体正前方中线位置，右手外、左手内，交叉合于胸前。

### ○ 定势2

重心完全在左腿，屈左膝，右肘与右膝相合在身体正前方中线位置。右手右小臂指向左前上方，右手掌心向上，小指对准自己的嘴和鼻尖。左手立掌护在右肩前，左肘下沉并外掤，左臂饱满圆撑，环抱胸前。右脚脚尖向上勾，左胯部放松，脚底踩平。（图懒扎衣–2、懒扎衣–3）

懒扎衣 -1                懒扎衣 -2                懒扎衣 -3

懒扎衣 -2　手部缠丝

懒扎衣 -3　手部缠丝

懒扎衣 -2　腿部缠丝

懒扎衣 -3　腿部缠丝

**过渡**

　　身体重心下沉，右脚跟内侧着地（两脚间相距一尺远），两胯平行，右胯向右铲出（出腿如履薄冰），重心保持在左腿，并随右脚铲出而下沉。保持右膝微曲，头向右转，同时右手向左前上方45°角方向放长，右肘对准膻中穴，视线向右下方。

## ○ 定势3

　　重心完全在左腿，右脚跟内侧着地，向西伸出，屈膝外扒，脚尖向里扣。右臂向左前上方45°角放长，右肘里合下沉在膻中穴前方一尺左右，左手位于右肩前方，立掌，掌心向右，护住右腮。左膝对准左脚尖方向。此定势右手向左前上方放长和右脚跟向西铲出对称，势如张弓，体会拳中身肢放长的螺旋劲。身体螺旋伸展，螺旋收缩，如拧弹簧一般。（图懒扎衣-4）

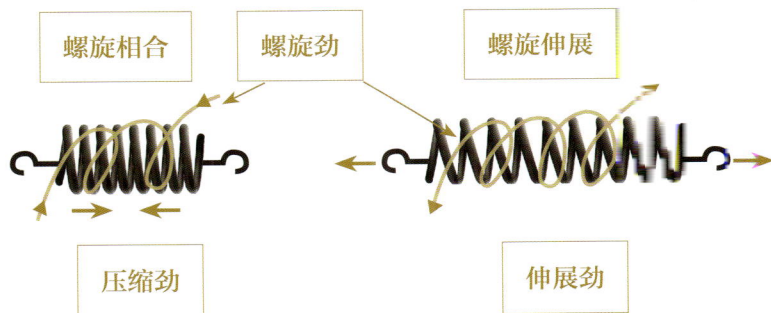

| 螺旋相合 | 螺旋劲 | 螺旋伸展 |
| 压缩劲 | | 伸展劲 |

身肢放长螺旋劲示意图

**过渡**

　　身体下沉，右脚落实，重心移向右腿，同时右手继续向左前上方放长，右肩向东转，保持右手绝对空间位置不变（图懒扎衣-5）。重心移到右腿后，左手螺旋下沉到小腹前，手心向上，手指向上，右肘领劲，以腰为轴向左边展开，重心走后弧。

○ **定势4**

立身中正，身体重心分布左腿四成劲，右腿六成劲。沉肩坠肘，右手与肩平，掌心向下置于右前方45°方向，右肘略低于肩。左手置于小腹前，五指竖直向上，左腋下含空，左肘外掤，意识从右手中指向远处放长。右膝里扣，左膝外掤，含胸拔背，气沉丹田，耳听身后，呼气放松。（图懒扎衣-6）

懒扎衣-4　　　　　　　懒扎衣-5　　　　　　　懒扎衣-6

**开合示意**

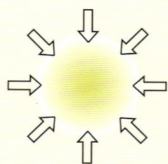

**合**

收缩、压缩
提肛、收腹
五趾抓地
涌泉穴含空
后背成弓形
旋拧

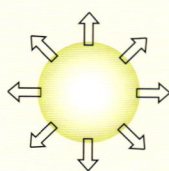

**开**

舒展、反弹
开胸、泛臀
五趾放松
涌泉穴放平
塌腰、后背
成反弓

懒扎衣连续动作

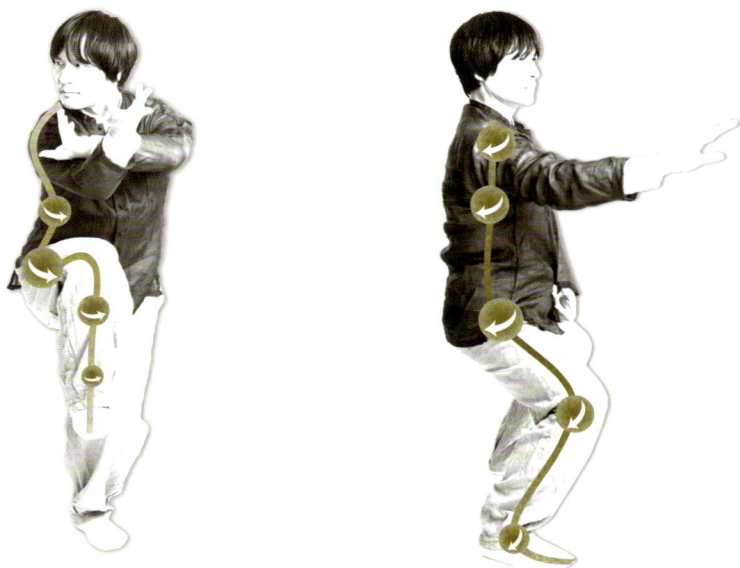

**懒扎衣势养生说明**

懒扎衣收放转换，架子变化过程中或左下右上、或左屈右伸，人体右为表，左为里，表开展而里收敛，表为阳，里为阴，是为离卦之象。进退左右，虚实转换，少火之气壮。懒扎衣一势，可养少阳之火以奉身生。（少阳之上，火气治之，中见厥阴。——《素问·六微旨大论》）

## ● 第四势 六封四闭

**过渡**

右掌心向外，右臂掤圆，左肘里合与右臂之圆弧相应，并使后背掤圆，重心略向右引（图六封四闭-1）。身体重心走后弧移到左腿，同时右臂走下弧，小臂水平，右手掌心向左，右手和右肘移到身体中线，右腋下含空能容一拳，身体面南（图六封四闭-2）。

六封四闭 -1

六封四闭 -2

## ○ 定势1

立身中正，身体重心在左腿，眼睛平视前方。左手折叠与右手合于身体中线，右手腕与左肘相合，右手掌心方向向左，虎口向上。沉肩坠肘，含胸拔背，提肛收腹，左膝外掤，右膝内扣，脚底踩平。（图六封四闭–3）

**过渡**

身体下沉，重心走前弧移到右腿。随重心右移，以腰为轴，两臂合抱掤圆，向正西方向掤出，同时右手掌心转向外。

六封四闭 -3

## ○ 定势2

立身中正，重心偏于右腿，腰以上向右拧转90°，面向正西。两臂合抱胸前，向西掤圆，左前臂在内，掌心向里。右前臂在外，掌心向外，右膝有内扣劲，左膝有外掤劲，保持两脚与地之间的作用力为正压力。沉肩坠肘，含胸拔背，气沉丹田，脚底踩平。（图六封四闭–4、六封四闭–5）

六封四闭 -4

六封四闭 -5

**提示**

　　小腹、胸腰前后开合、左右旋转，此动作可连续重复练习。体会丹田运转，前后开合。

**过渡**

　　左肘向下，左手腕领劲向下、向前、向上成U形运动，右手保持和左手相距一尺左右距离，跟随左手运动，身体重心由右腿移到两腿中间，腰以上部分由向正西转回到正南。

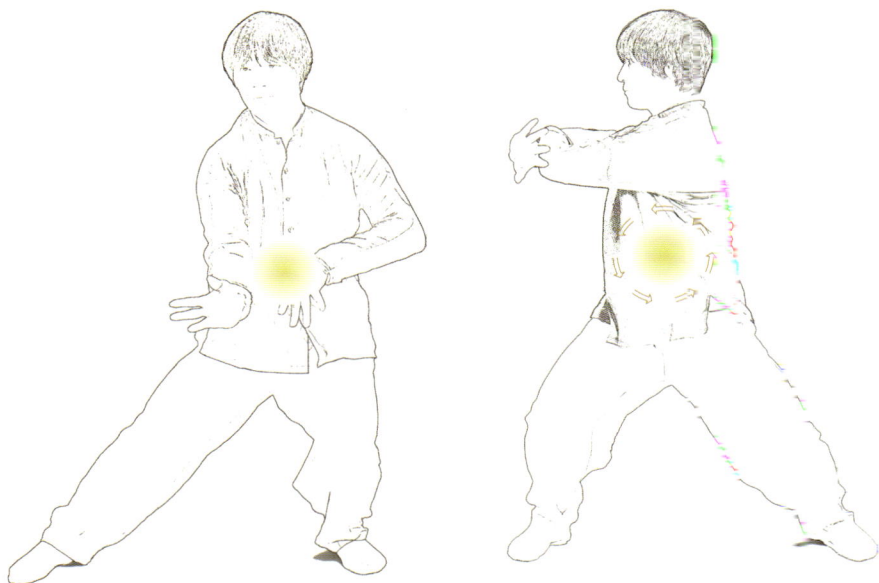

丹田连续动作示意

丹田转动

## ○ 定势3

立身中正，重心在两腿中间，下盘为正马步。左手手心和手指正对自己的口鼻位置，左肘对准膻中位置。右手手心向上，位于右前方45°，小指对准右外眼角方位。两手相平，距离约一尺，两肘距离身体约一尺远。沉肩坠肘，含胸拔背，气沉丹田。（图六封四闭-6）

### 过渡

身体重心不变，左手展开，与右手掌心相对，两肘里合，同时两手往回置于两耳侧下方，手心向内，在两手向回运动过程中两肘尖继续里合相触并向上挑向外打开，头顶领劲不丢，脊柱节节放松，胯微下沉。

六封四闭-6

○ **定势4**

立身中正，正马步。两掌心相对位于耳根下方，两肘尖位于两侧上方，略高于肩，前胸开后背合，头顶领劲，松腰落胯，两膝内扣，脚底放平，眼睛平视前方。（图六封四闭−7）

六封四闭−7

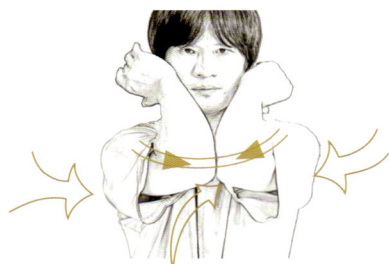

胸合背开

合劲示意图

挑劲

胸开背合

开劲示意图

**过渡**

　　身体重心走后弧完全移到右腿，左脚由脚后跟领劲弧形收回到右脚内侧前掌着地，脚后跟离地。在转移重心的同时两手由耳根向下按并略向前推，虎口相对掌圆，如京剧老生捋长髯状。

## ○ 定势5

　　立身中正，身体重心完全在右腿，右胯、右膝与右脚尖在同一个竖直平面上。左脚后跟对准右脚内侧中间，两脚垂直，呈丁字步，两脚间距约一拳。左脚前脚掌着地，脚后跟提起。左膝上提，对准左脚尖方向领劲掤圆，两腋下含空，两臂掤圆，虎口相对，掌心向下，两手在右胯前方。沉肩坠肘，提膝落胯，气沉丹田。（图六封四闭-8、六封四闭-9）

六封四闭-8　　　　　　　　　　　六封四闭-9

动作 1

动作 2

动作 3

动作 4

动作 5

动作 6

动作 7

动作 8

动作 9

六封四闭开合虚实缠丝连续变化图

## 六封四闭势养生说明

六封四闭由懒扎衣之开展而收束，由阳而入阴。先有稳固承之十定，象押二承托四方，再有开胸挑肘，束身下按之敛收，应肺金之宣发肃降。故六封四闭之势，由脾土而肺金，应五行"土生金"之象而养太阴之湿气。（二阳之上，湿气治之，中见阳明。——《素问·六微旨大论》）

## ● 第五势 单鞭

**过渡**

身体下沉，由面向正南转向西南45°角方向，重心完全分在左右腿。同时左手螺旋上升，左肘里合，掩在身体中线。右手螺旋下沉，右掌跟与左肘内侧相合，右手指顺左前臂方向。同时左腿以左前脚掌为支点，左膝里扣，与右膝内后侧相合。

### ○ 定势1

立身中正，面向西南方向，重心在右腿。左膝内扣与右膝窝内侧手合。左脚前脚掌着地，脚跟提起向外微摆。左肘掩在身体中线，对准自己心窝方向。左手掌心向上，小指对准自己嘴和鼻尖。右手掌心贴在左肘内侧，指尖顺左手方向。沉肩坠肘，含胸拔背，屈膝松胯，呼气放松。（图单鞭–1正面、单鞭–侧面

**过渡**

身体由面向西南转回正南。右手在左肘下方做勾手，手腕领劲顺着左手指尖方向向身体右边45°角方向掤出，右手与右肩同高。同时左脚以前脚掌为支点，转回呈丁字步。

单鞭 -1　正面

单鞭 -1　侧面

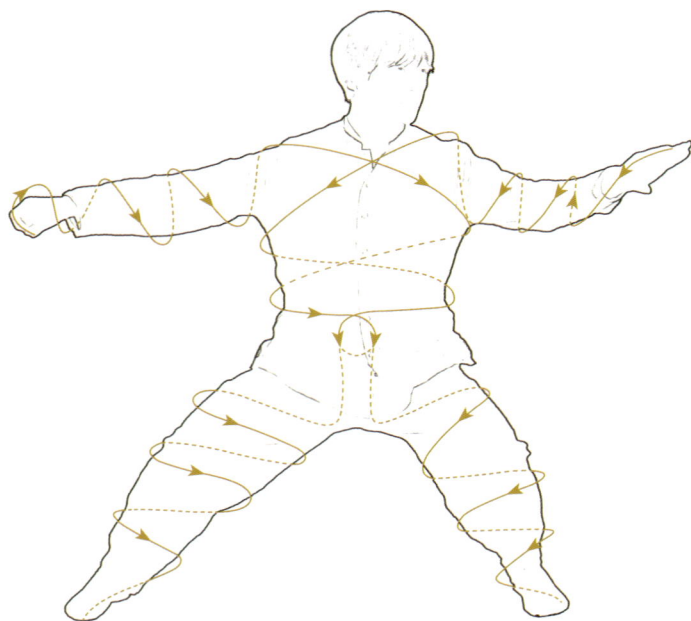

缠丝图

## ○ 定势2

立身中正，面向身体正南，重心在右腿。左脚后跟对准右膝内侧中间呈丁字步，两脚间一拳之距。右勾手折腕，掌心向内，位于右前，与肩同高，右肘略下坠，低于肩。左手沉肩坠肘，腋下含空，小臂水平置于小腹前，手指与掌心竖直向上。虚灵顶劲，沉肩坠肘，圆裆开胯，呼气放松。（图单鞭-2）

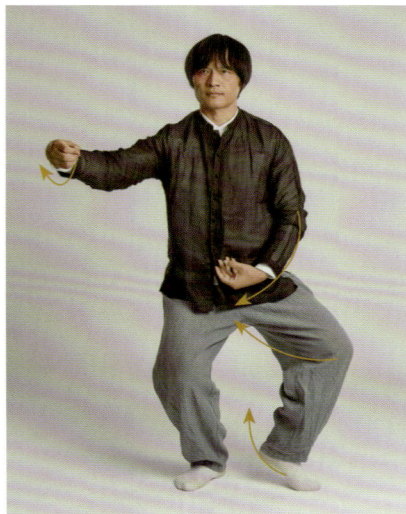

单鞭 -2

**过渡**

身体重心微下沉，右手勾手由向左翻转为斜向右下，同时左脚提膝与左肘相合在身体正前方中线。

## ○ 定势3

头顶向上领住劲，右腿弯曲，右胯下坐，重心稳定在右腿。右手勾手斜向外，在身体右前方45°角方位，略低于肩，右肘下沉同时向外掤圆，各低于手。左肘与左膝相合在身体正前方，左手位于小腹前，手心向上，手指竖直向上，左脚尖勾起。胸腹里合，后背掤圆，提肛收腹，右胯、右膝与右足在同一竖直平面内。（图单鞭-3）

过渡

　　身体重心下沉，左脚后跟内侧着地，两脚平行，距一尺远，脚尖内扣，向左贴地铲出。

## ○ 定势4

　　立身中正，重心在右腿。左手置于小腹前，五指竖直向上。右手在右前方，保持上一个定势位置，左脚跟内侧着地，脚尖回扣，和右脚平行，两脚间距离略大于两倍肩宽，左膝微屈并内扣。（图单鞭-4）

单鞭-3

单鞭-4

**过渡**

　　身体重心由右腿走后弧换到左腿，右手勾手转成手心向下，保持空间位置不动，右肩放长，左手保持在小腹前（图单鞭-5）。重心再由左腿走前弧换回到右腿。同时左手由小腹前的位置螺旋上升同时向前放长，沉肩坠肘，右手勾手外旋，保持空间位置不动。

## ○ 定势5

　　立身中正，重心在右腿。右勾手位置与定势4同。左手沉肩坠肘，小臂竖直向

上在身体中线位置，小指尖对鼻尖。左手与右手相平，两手相距一天。沉肩坠肘，屈膝松胯，脚底踩平。（图单鞭–6）

单鞭–5　　　　　　　　　　　单鞭–6

**过渡**

重心由右腿走下弧左移，同时左肘领劲向外放长并展开，右手腕向外侧翻扣。勾手手指由凤眼形变圆形。

○ **定势6**

立身中正，重心位于左腿七成劲，右腿三成劲。左手与肩平，肘尖坠下，掌心向下，向东偏南方向放长，右手位于右肩西略偏南方位，两手对称放长伸展。左膝里扣，右膝外掤，圆裆开胯，两脚底受力均匀。意识顺着左手中指方向向远处放长。（图单鞭–7）

单鞭 –7

## 单鞭势养生说明

单鞭一势，裹束闪展，变化虚实，顾盼开合，有坎水之象，五行属水，五脏为肾，为作强之官，造化生成，可养少阴之气。（少阴之上，热气治之，中见太阳。——《素问·六微旨大论》）

## ● 第六势  金刚捣碓

> **过渡**
>
> 两手变掌，左手向左下方，右手向右上方放长蓄劲。同时身体重心右移。重心走后弧移向左腿，左手走上弧，右手走下弧，两手交叉合于左前。重心走下弧回到正中，两手成十字手向前掤出，右手腕内侧和左手腕外侧相接，两手立掌，手背相对，位于胸口正前方，两臂外掤。

## ○ 定势1

立身中正，下盘为正马步，两手在胸前交叉向外掤出。左手在内，右手在外，两手背相对，立掌向外掤，后背与两臂劲要圆。两膝略往里扣，脚底踩平。虚灵顶劲，含胸拔背，气沉丹田，呼气放松。（图金刚捣碓–1）

**过渡**

顺上势两臂外掤劲，左手向左下，右手向右上打开，掌心转为向下，重心右移（图金刚捣碓-2）。到左右肘分别与左右膝竖直相对的方位，身体重心在后胯向左腿转换。重心完全换到左腿时，右肘与右膝相合，右脚前脚掌内侧着地，自左经左脚内侧后向前略向外走弧线，沉肩坠肘，右小臂保持水平，右肘与右膝同时走向弧向前，右手转成掌心向上，右肘内侧和右手小指连线正对心口。同时左手走外展然后向上向内，手指经过耳根下方，向前走弧形并自然转成掌心向下，中指前径触右前臂中点。右脚前脚掌着地，右膝内扣，右脚跟略向外展。

金刚捣碓 -1

金刚捣碓 -2

## ○ 定势2

立身中正，重心完全在左腿。右脚在右前方约一尺，前脚掌着地，脚踝放松，脚后跟向外微摆。右手与肩平，掌心向上，中指领劲指向前下，右肘抱于身本中线，肘尖对准自己的心窝方向。左肘下塌外碾，小臂水平，掌心向下，中指置于右手的肘与手腕中间。虚灵顶劲，耳听身后。（图金刚捣碓-3、金刚捣碓-4）

金刚捣碓 -3

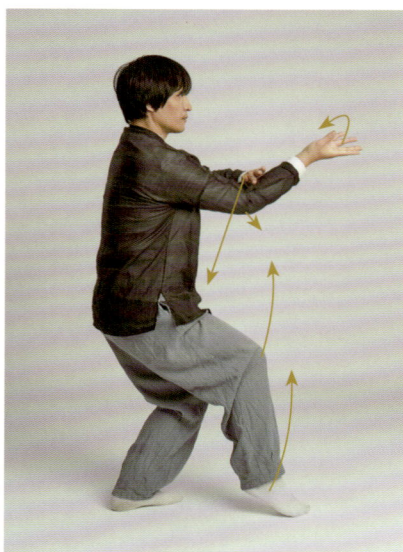

金刚捣碓 -4

过渡

　　身体重心向下沉，左手螺旋下沉到小腹前，掌心向上，右手由掌变拳。右脚尖
上勾，提起。

○ 定势3

　　左腿独立支撑，右肘放长与右膝合在身体中线，右脚尖向上勾起，右手成拳与
肩同高。左手掌心向上置于小腹前。（图金刚捣碓-5、金刚捣碓-6）

金刚捣碓 -5

金刚捣碓 -5

**过渡**

　　保持重心高度不变，右脚走上弧收回，脚底放平，右腿所有肌肉放松，右脚自由下落震脚在左脚旁，两脚跟相距约一拳，同时右肘向右下横开，右拳落于左掌右拳背与左掌心合击与右脚落地同时（出一个声音）。

○ **定势4**

　　立身中正，重心完全在左腿，右脚与左脚平齐，脚后跟之间距离约为自己的一拳。左手掌心向上，右拳落于左掌心，左手内劳宫穴与右手外劳宫穴相合。两前臂成一直线，两腋下含空，沉肩坠肘，呼气放松。（图金刚捣碓–7）

金刚捣碓 -7

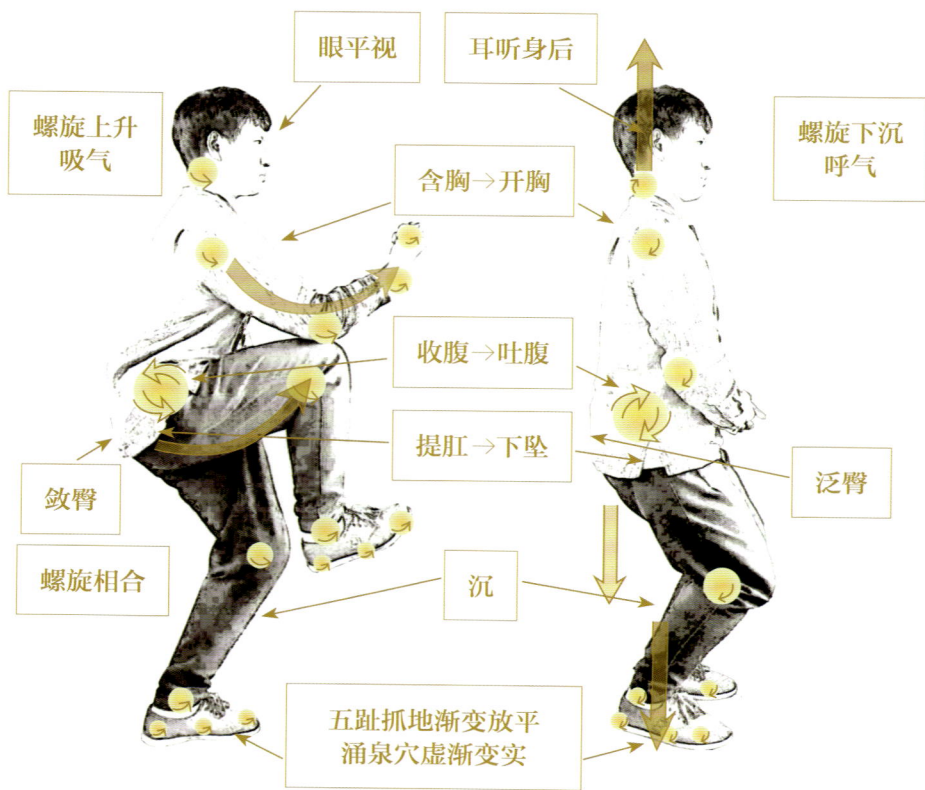

眼平视

耳听身后

螺旋上升
吸气

螺旋下沉
呼气

含胸→开胸

收腹→吐腹

提肛→下坠

泛臀

敛臀

螺旋相合

沉

五趾抓地渐变放平
涌泉穴虚渐变实

金刚捣碓劲力解析

**提示**

　　抬腿时注意身体下沉，全身有上升部位必有下沉部位。升沉劲是升中有沉，沉中有升。腰以上螺旋上升，腰以下螺旋下沉。

　　外形的动作，都要与丹田转动协调一致，才能出整劲。

　　行拳中气血流于梢节、皮肤、四肢百骸，不瘀滞。

　　眼神向前平视，耳听身后，内固精神，外示安逸。练拳中"眼不旁视，足证心不二用"。

　　意念一动，眼神先动，"百拳之法，眼为先锋"。

　　此式进中有退，惊雷落地，生机萌发，应东方震卦。

　　上虚下实，可对治人身之疾病。现代人多为上实下虚，如高血压，糖尿病。要持之以恒锻炼，方可改变身心。

**金刚捣碓势养生说明**

金刚捣碓势进中有退，惊雷落地，生机萌发，乃春气之应，气害之象，应东方震卦，五行属木，五脏为肝。捣碓势本为太极之终，又为五行之首，终而又始，阴收阳长，可养厥阴之气。（厥阴之上，风气治之，中见少阳。——《素问·六微旨大论》）

## ● 第七势 收势

立身中正，重心换到两脚中间。右拳变掌，吸气，两手掌心向上呈弧左右分开，手指相对到与心口相平，注意松肩。两掌平拉开到两肋上方变翻掌向下，呼气同时两手顺两肋向下按，身体站直，意识随之向下，至脚底涌泉穴延伸至地底深处。全身放松，止语，自然呼吸并随意散步休息。（图收势-1、收势-2、收势-3）

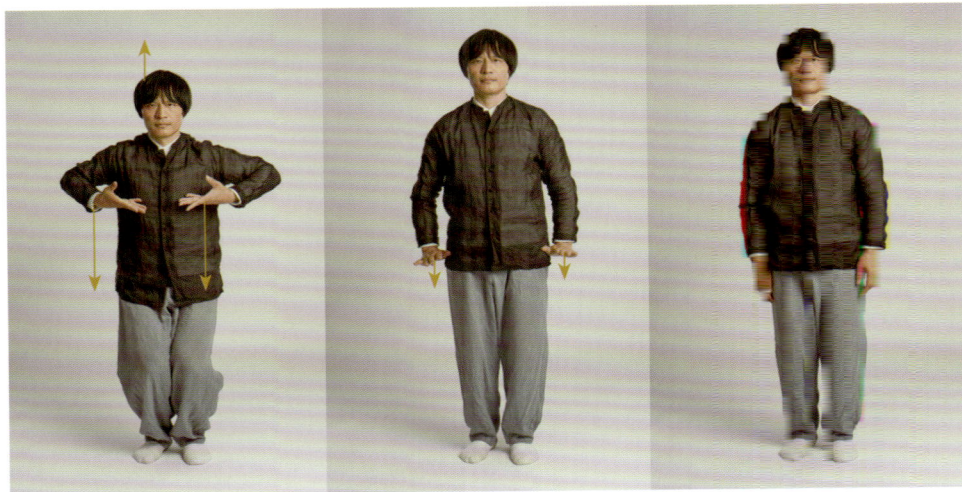

收势-1　　　　　　　收势-2　　　　　　　收势-3

至此，侠友问道太极拳的基本动作就讲解完了，这套基本动作包括：壹，预备式（无极桩）；贰，太极起势；叁，懒扎衣势；肆，六封四闭势；伍，单鞭势；陆，金刚捣碓势；柒，收势，共七个单独的动作单元。这套拳暗合人体六经转化，应六经之象。

## 收势养生说明

收势回归无极，外形端拱，心静神凝，再回太阳。（太阳之右，厥阴治之。——《素问·六微旨大论》）

# 三种练法

## ● 医武合太极

### 问道拳练习目标

修身练功，体会传统武术，掌握传统太极拳要领，初步本会节节贯串，动静、虚实、刚柔，学会炼养中气，枢布四梢之方法。

### 拳势与经络

侠友问道太极拳暗合人体的六条经络，可体会医武相合，以身正道之妙要。

1. 无极势（骑马式）外紧内松，八面支撑，外寒为本，内热之标。卫外而固内，是为太阳经。

2. 太极四正（掤、挤、捋、按）螺旋而起，节节贯串，张弛有度，太极之源。燥湿运化，消谷去积，是为阳明经。

3. 懒扎衣（张弓、懒扎衣、掤挤）外动内静，虚实得宜，火得风助，气布四梢。阴阳枢转，是为少阳经。

4. 六封四闭（举案、挑肘、封闭）空胸实腹，引气回中，劲走缓缓，上引下渗。精微归元，是为太阴经。

5. 单鞭（献果、挤靠、单鞭）虚实变换，常山蛇行，首尾相应。机巧暗藏，劲力内换，内外相随，疾若鞭闪，是为少阴经。

6. 金刚捣碓（十字手、挑扎、捣碓）阴阳枢机，潜龙欲腾，气至足底，接地上行，蓄势欲发。风行水面，是为厥阴经。

7. 收势（收）动极而静，复归无极，终而又始，亦为太阳经。

以上问道拳的拳法动作就阐释完了，在具体的练习方法上可以有三种选择。

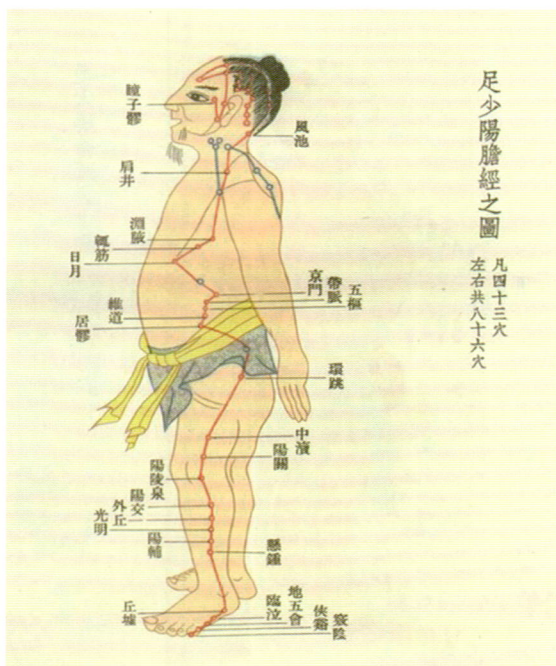

摘自朱琏《新针灸学》

## ● 第一种 基础练法

以上七势顺序练完，然后再从头开始练第二遍，第三遍……直到达到需要的锻炼效果为止。

## ● 第二种 五行相生练法

按基础练法顺序练到金刚捣碓以后，可以接懒扎衣，然后六封四闭、单鞭、金刚捣碓、收势，这种练法叫做五行相生法。

何为五行相生？

五行是古人对自身和生存环境中相关事物的一种分类关联方法。内含事物本质的阴阳消长变化，表现出来就是时空方位的变化，这种变化又与内含的生命阴阳规律相关联，用五种常见的典型元素来表征——"木、火、土、金、水"，是为五行。五行元素离开人的生命规律是没有意义的。五行相生是阴阳消长对应生命的生长收藏的基本过程，在中原地区，也可以向外化成春夏秋冬四季以及土正对生机的运化和承载。脱离生命过程，单纯谈木生火，火生土，土生金，金生水，水生木，是一种牵强附会，学者须明辨之。而在人身上，五行可对应于五脏五能。这个五脏，不是人体具象的解剖学上的五脏，而是对应人对营养物质吸收和其转化成能量于生命活动的各个功能组成及其间的关联和转化关系。

五行相生

本拳五行相生具体练法如下。

**懒扎衣：** 自东向西开展变化，草木繁盛有离卦之象，应南方，五行属火，为夏天之生长，五脏中应心。

**六封四闭前半式：** 马步承托，厚德载物有坤卦之象，应中央，五行属土，为四季之根本，五脏中应脾。

**六封四闭后半式：** 收束下沉，宣发肃降有兑卦之象，应西方，五行属金，为秋天之收敛，五脏中应肺。

**单鞭：** 见一字长蛇之势自西回东，藏精而起呕有坎卦之象，应北方，五行属水，为冬天之收藏，五脏中应肾。

**金刚捣碓：** 落地而上行，天雷击地有震卦之象，应东方，五行属木，为春天之生发，五脏中应肝。

五行相生练法是在基础七势练法基础上，加上从金刚捣碓到懒扎衣的过渡，然后以五行相生的规律让式子循环起来。

具体方法如下。

上接金刚捣碓定势，重心保持在左腿，注意胯保持正前方向不变，以腰为轴拧转上半身到右前方45°方位，同时左掌心托右拳保持在身体中线，随身体转动两肘内合，左掌和右拳向前向上挤出，左掌水平、掌心向上，右拳拳心向上，到高度与口鼻相平位置（图过势–1）。

身和手原路返回，重心随之走后弧回到两脚中间，身体中正，面向正前方（图过势–2）。

身和手顺势继续左转，重心走后弧到右腿，注意胯保持正前方向不变，以腰为轴拧转上半身到左前方45°方位，同时左掌心托右拳保持在身体中线，随身体转动两肘内合，左掌和右拳向前向上挤出，左掌水平掌心向上，右拳拳心向上，到高度与口鼻相平位置（图过势–3）。

过势–1　　　　　　　　　过势–2　　　　　　　　　过势–3

右拳变掌，两手背相对右手腕外侧与左手腕内侧相接，右手在内，左手在外，手背相对，成十字手（图过势–4）。左右臂展开，身体右转到正方向，重心回到两脚中间。右手在转体同时展开到右前方，高度与肩平，右肘略坠下，低于手。左手下按，在左前方与胯相平，左臂弯曲，左肘下坠（图过势–5）。

过势-4                          过势-5

以下与懒扎衣势同。五行相生循环次数可根据自己运动量要求增减调整，运动量的标准可参考有氧运动对心率的要求。

## ● 第三种 四向五行相生法

基础练法到单鞭后向左转体90°接金刚捣碓，此后用五行相生的练法循环练习，每到单鞭就左转90°接金刚捣碓，第四次金刚捣碓回初始方向后接收势。

### 动作要领

上接单鞭定势，右手变掌，右臂向右前方掤圆引劲，右掌心斜向外，重心略向右。右臂向下向左走下弧到身体中线，右小臂水平，右掌心向左，右肘正对心口，重心走后弧到左腿，左臂向左前掤圆（图五行相生过势-1）。

两臂掤劲不丢，左肘下沉，右肘外掤，同时两手顺势向右将，重心随之走前弧到右腿，左肘到身体中线，左手虎口外侧正对口鼻，立掌掌心向右，左腋下含空，能容一拳。右手在右前方，高度与左手同，掌心向下，与左手相距一尺左右，右肘略低于手，右臂掤圆在右前方（图五行相生过势-2）。

五行相生过势－1

五行相生过势－2

五行相生过势－1　手部缠丝

五行相生过势－2　手部缠丝

五行相生过势－1　腿部缠丝

五行相生过势－2　腿部缠丝

　　左脚以脚跟为轴，向外展开90°，左腿随之外展，左膝对准左足尖，同时左肘外掤，左手下压，左小臂水平向外展开，重心走下弧向左腿转换，身体随之略向左转，左肘到左膝正上方，保持左小臂水平并与左大臂成直角。右肘随着下沉，到右胯侧，小臂水平，右掌心向左（图五行相生过势－3）。

左小臂以左肘为轴向前上方翻起，放长左肩，左手心向上，食中二指领劲弹出，重心到左腿，左手指尖、左肩、右胯、右脚跟节节贯串，匀走顺畅（图五行相生过势-4）。左臂伸展到极限后左手弹回，成瓦垄掌，掌心向下，右肘向外侧掤圆引劲，然后坠肘向下，与右膝相对时右腿和右臂同时向前，右脚掌内侧着地走内弧上步，内侧踝骨凸起处与左踝相蹭，右脚前脚掌内侧着地，在正前方一尺略偏右位置，右脚跟悬起，离地一寸。右膝里扣，重心完全在左腿，左腿坐胯屈膝。右小臂水平横扫向前，右肘和右手小指一线位于身体中线方位，右手正心口，小指对鼻尖。右掌心向上，指尖指向前下方。左手中指指尖落于右小臂一半处，左小臂水平，左肘外掤，略低于左手，目光平视前方。呼气放松，气沉丹田，右腿落胯、提膝、松脚踝，左脚内外侧受力均匀（图五行相生过势-5）。

五行相生过势-3　　　　　五行相生过势-4　　　　　五行相生过势-5

以下右掌变拳，抬腿震脚动作要领与前金刚捣碓相应动作同，不赘述。

后两种练法都在五行相生基础上回到金刚捣碓然后收势，正是因金刚捣碓是春天、是生发、是开始，木为五行之始，却位于架子最后。《大学》有言："物有本末，事有终始，知所先后，则近道矣。"一个阶段的结束，正是另一个阶段的开始。终始是一种动态的发展变化过程，是有生命、有活力的过程。而前一个过程有始与终的始终，是讲一个发展到结束的独立过程，不包含动态循环的生命力。

太极拳对人身的作用也是终始循环的进程，以拳问道，生生不息，是为太极问道之由来。

# 太极十三势

功法篇

# 太极十三势解

## ● 八卦五行简述

### 八卦

八卦最原始的来源是人类对事物的一种分类方法，将与人有关的世间万物，按特性分成八类，将这八类按阴阳分布规律，分别放到八个方位上，就得到乾、坎、艮、震、巽、离、坤、兑，八种体现阴阳消长变化的分类方式。落实到具体的图形表示上，八卦的八个方位正好对应东、南、西、北四正方和东南、东北、西南、西北四隅角，卦象本身通常用三条表示阴阳的虚线或实线在上中下位置上的排列组合来表示。八卦中既包含空间方位的概念，又有阴阳消长的变化，有阴阳变化意味着时间的概念也在其中。所以，八卦是一种包含时空的事物演化规律，也是事物与周

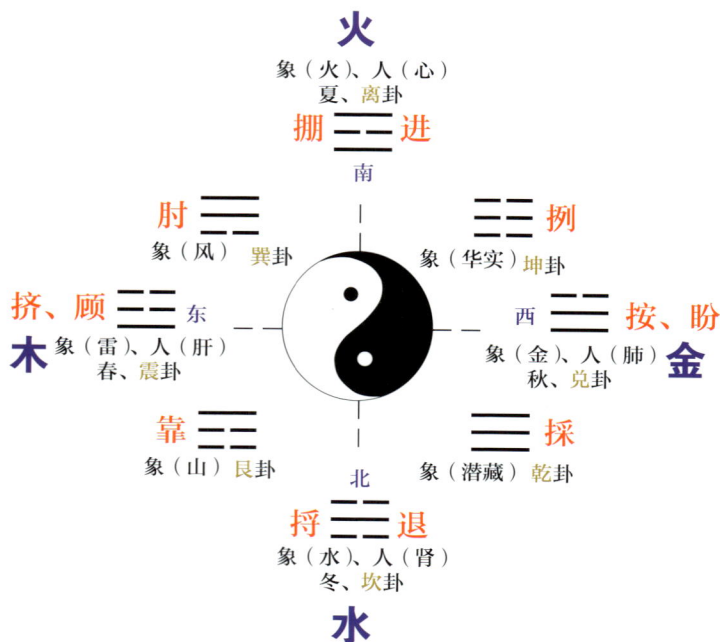

太极十三势五行八卦合脏腑取象定位图

围环境或与其他事物之间的相互作用的描述方法。以事物阴阳之长演化规律的八卦为基础，太极拳基本劲法也就有了对应于八卦的基本八门劲：掤、捋、挤、按、採、挒、肘、靠。

## 五行

从与人类生命相关的过程中提取基本特征，用五种典型元素来表达这种特征。这五种基本元素分别是：木、火、土、金、水。其中同样包含时空特性。木：表征生发，位在东方，为春天。火：表征繁茂，位在南方，为夏天。土：表征运化，立在中央，在四季。金：表征收摄，位在西方，为秋天。水：表征收藏，位在北方，为冬天。五行相生规律是春天木生发之机发展的结果就是夏天的生长，夏天的生长在土的运化和支持下有秋天金的收获，秋天的收获经过冬天之封存收藏，生机大蕴，又有来年春天生发之木。五行相生的规律可对应人体内生长收藏的功能。于是，五行应五脏，是为肝、心、脾、肺、肾，对应人体元气生发、正布、运化、收敛、收藏的规律。人体内的脏腑功能和太极表达相应，构成了太极拳在身法步法上的五行应象：进、退、顾、盼、定。

至此有了对应八卦五行的太极十三势：掤、捋、挤、按、採、挒、肘、靠、进、退、顾、盼、定。

其中：掤、捋、挤、按四个劲法立太极拳劲之纲领，称为四正劲。採、挒、肘、靠四个劲法为太极正劲之典型变化，以补正劲之不足，称为四隅劲。四正四隅，合起来则成八卦之形，也称"八门"。进、退、顾、盼、定，正是太极拳身法和步法的总纲，应之以五行，也称"五步"。以上八门、五步与八卦、五行相应，构成太极拳的基本要素合称"十三势"。

掤是太极八门劲法里的第一个，从广义讲，掤劲是太极八门劲法中的共同基础，这个意义的掤可以放在八门劲的中央，八卦就成了九宫。如果把四正劲形象成东、西、南、北四个方向，那么，广义的掤就是太极的中心。"掤"从原始的字来说读"bing，一声"，原意是箭壶的盖子，可以撑起一个空间保护容易受伤的箭羽，保证箭的稳定性和可靠性。在太极拳上用这个字，习惯读成"peng，二声"。其含义从原文字意义假借到人身上，意为在对抗中，保持一个劲路变化不受外力干扰的空间，这个空间不能太大而"过"，也不能太小而"不及"，要恰到好处。所以，从这个含义讲，掤，是其他劲法的基础，只有在掤的前提下，别的劲法才能运用自如。另外，作为四正劲之一，还有一个狭义的掤劲。下面就分别解读一下这八门五步十三势。

## ● 十三势解

### ■ 掤

掤劲是一种由中心向外的劲路，是对称向外伸展的劲。其作用是用身体去感知和探测对方的状态，给自己后续的变化留出合适的时间和空间。有点类似于现代战争中的预警雷达，或者古代的侦察轻骑，在尽可能不暴露自己实力和动向的基础上尽可能地了解对方的实力和动向。是一种从中心向外的轻柔的弹性的灵活渗透式的试探和感知的劲。在练拳时身体用放松、对称的伸展或拧转来体现和表达。从八卦取象来讲是"离"卦，从方位看是南方。

掤势应象图

> **歌诀**
>
> 掤劲义何解？如水负舟行。先实丹田气，次要顶头悬。
> 全体弹簧力，开合一定间。任尔身力大，飘浮亦不难。

### ■ 捋

捋劲是一种顺对方来势而动的劲路，用疏导的方式避免正面堵截和对抗，就如捋动物之毛，顺着皮毛之长势而下。在劲路用法上为让开正面，顺势而动。如挖沟渠引水，顺流而下，以免泛滥成灾，并可借水势而为我所用。取象为"坎"卦，位在北方。

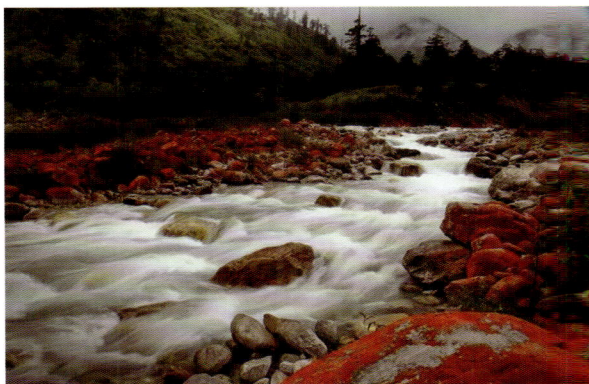

将势应象图

**歌诀**

将劲义何解？引导使之前。顺其来势力，轻灵不丢顶。

力尽自然空，丢击任自然。重心自维持，莫被他人乘。

## ■ 挤

挤劲是感知到对方劲路中薄弱处，收束己方劲路从薄弱处切于对方的整体，让对方各部分劲路失去联系，而成散劲。就如斧劈硬柴，顺木纹而入，以最小的力分开对方。又如春芽萌发，在重重压制下，破土而出，取象为"震"，立在东方。

挤势应象图

歌诀

挤劲义何解？用时有两方。直接单纯意，迎合一动中。

间接反心力，如球撞壁还。又如钱投鼓，跃跃声铿然。

## ■ 按

按劲是垂直对方来劲，用己方的小力，调整自己，改变对方，用侧面迂回，约束和控制对方劲路的运行方向，避免正面的直接对抗，现实应用如：船只航行时舵手操纵舵面控制航行的方向，飞机在空中用舵面控制飞行姿态等。取象为"兑"，位在西方。

按势应象图

歌诀

按劲义何解？运用似水行。柔中寓刚强，急流势难当。

遇高则澎满，逢洼向下潜。波浪有起伏，有空无不入。

## ■ 採

採劲是挒劲到按劲的变化，如树上摘果，劲力从顺到横的突然变化，容易将果子从有弹性的枝头采摘下来。关键在变化的位置和时机，取象纯阳为"乾"，位在西北。

採势应象图

**歌诀**

採劲义何解？如权之引衡。任尔力巨细，权后知轻重。

转移只四两，千斤亦可称。若问理何在，杠杆之作用。

## ■ 挒

挒劲取意为裂，是从中间向外围分开破裂的劲路，是按劲和挒劲的变化，在用挒劲感知到对方劲路的薄弱处突然变为双分的按劲，令对方劲路左右破裂开手，是约束收敛的按劲和离心的挒劲的有机组合，取象为"坤"，位在西南。

挒势应象图

**歌诀**

> 挒劲义何解？旋转若飞轮。投物于其上，脱然掷丈寻。
>
> 急流成漩涡，卷浪若螺纹。落叶堕其上，倏尔便沉沦。

## ■ 肘

肘劲借人肘这个部位的特性而言劲法，是挤和掤的结合，屈肘如枪头，顺对方来劲薄弱处破入，用枪扎之势代斧劈，以中节之稳固与灵活并用，迅速破开对方来势，弩箭枪矛，短剑匕首，一扎破防，皆为肘劲之应象。取象为"巽"，位在东南。

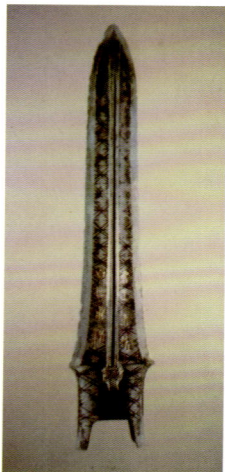

肘势应象图

**歌诀**

> 肘劲义何解？方法有五行。阴阳分上下，虚实宜辨清。
>
> 连环势莫挡，开花捶更凶。六劲融通后，运用始无穷。

## ■ 靠

靠劲用根节之本体，在对方劲力贴身时我在顺其来势，感知其主力未成，在其薄弱处用我本身稳固之处截其来势，令其碰壁而回。其要点在顺势而成，以实击虚，如巍巍高山，取稳固险峻之势。取象为"艮"，位在东北。

至此，太极八门劲取象八卦以定方位，加上广义的"掤"在其中统摄八方，九宫八卦和太极劲法对应已成。这种对应，我们可以理解为现代人理解传统太极拳时的一种语言上的翻译，通过取象比类和劲路的对应，去感受古人在太极拳相关拳理拳法的体悟上的语言含义。并不是严格意义上的逻辑体系，以下同此。

靠势应象图

**歌诀**

> 靠劲义何解？其法分肩背。斜分势用肩，肩中还有背。
> 一旦得机势，轰然如捣碓。仔细维重心，失中徒无功。

## ■ 进

进法如山火之燎原，要点在一个"疾"字，所谓出其不意，攻其不备。非迅疾不能建功。取象为"火"，位在南方，时令为夏，五脏为心。

进势应象图

### ■ 退

退法如大潮之落，要点在一个"捷"字，最忌患得患失，迟疑流连。乱拳之下，激流之中，一退破千招。取象为水，位在北方，时令为冬，五脏为肾。

退势应象图

### ■ 顾

顾法为身法、眼法之"合"，着眼细微处，为看护照顾之意，收摄凝聚，蓄势待发。如养初生之苗，正是："生而勿杀，予而勿夺，赏而勿罚"。取象为木，位在东方，时令为春，五脏为肝。

顾势应象图

## ■ 盼

盼法为身法、眼法之"开"，观其大略，统摄全局，如迎远客，身形舒展，鹰击长空，有亲盼儿归之势。取象为金，位在西方，时令为秋，五脏为肺。

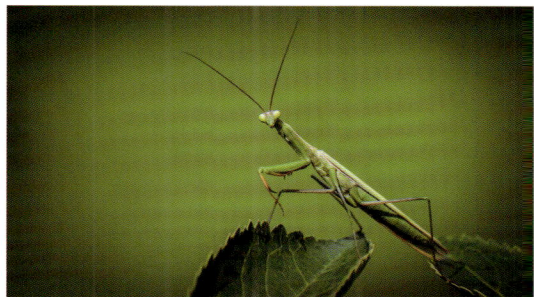

盼势应象图

## ■ 定

定在中正安舒，进退顾盼之中都不离定，如大地之厚重，如高山之沉稳。取象为土，位在中央，时令为四季，五脏为脾，所谓"四季脾王不受邪"，是说消化及收功能五脏都不能缺，是人正气的源头。应敌对阵，无论进退，中气不可失，中军之纛不可倒。

定势应象图

太极五步，对应五行，五行又可以对应人体五脏，这种对应好像没什么道理，但，这是中国传统文化里一种最基本的方法，所谓取象比类。从某类事物中提取一些本质的特征，比类于阴阳五行的某一基本元素，然后与其他同样取象这个元素的事物，建立起非理性逻辑的关联。这种关联之间的关键就是人的实践和行为是有共性和限制的。所以，阴阳五行，取象比类，离开人这个核心因素，是没有意义的。太极身法、步法的练习也对应人的五脏功能的强化。

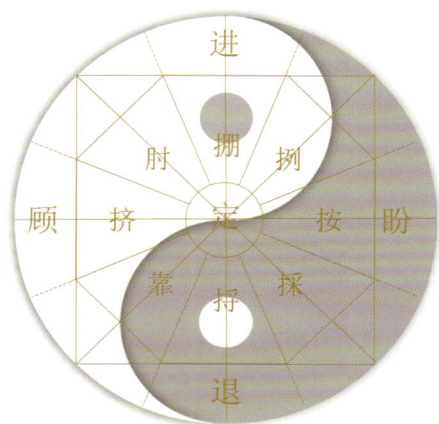

太极十三势八门五步定位图

太极本是浑然一体，在道为不可名，不可说，不落文字，不着言辞。为寻门径强为之说，故见八门五步之十三总势，由十三总势衍化桩功拳架中各式虚实开合、螺旋缠丝变化万端。故十三势拳架桩功，用之以身练拳，招熟渐至懂劲，懂劲后又用之以拳炼身，往复折叠，千锤百炼，直至身心纯净。五行八方，水火相济，乾坤合德，体内环境与自然相应相合，太极自生自长在其中，直至圆融无碍。知行合一进而天人合一，后天先天，人身人心，由有形有缺有位之法，渐至无相圆满无为之妙，可证习太极品人生之妙境。

**故曰**

十三总势细参详，五行八法炼柔刚。

浑然一体太极象，问君何处测阴阳。

掤挤捋按四方正，採挒肘靠奇兵藏。

进退顾盼须中定，舍己从人运化良。

# 图说太极十三势

## ● 无极桩（预备势）

### 动作说明

    面南而立，两脚分开，与肩同宽。头顶百会上领，如有丝线向正上方提立，下颌微收，双手拇指与中指指尖与两侧裤缝线相接触，其他三指自然伸直，双目意识从内眼角平视放远，前胸放松，小腹充实；松胯，松膝，松脚踝，劲落足底。

    目光从远处沿地面回收，至两足之间，意识分开，到足心后沿足后跟顺腿后侧中央上行，经委中、环跳，合于命门，意识轻轻看住命门并从命门观照全身。

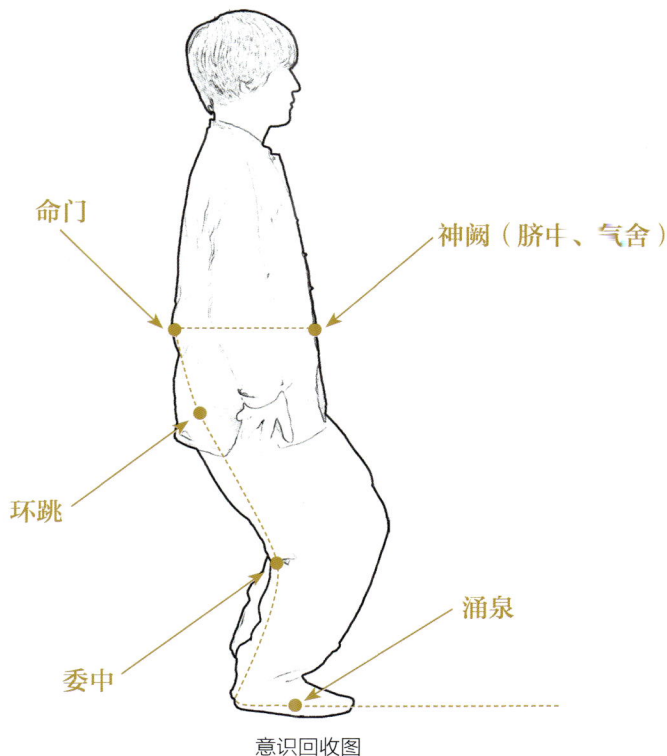

命门

神阙（脐中、气舍）

环跳

涌泉

委中

意识回收图

头顶领劲不丢，掖前胯根，并屈膝放松下坐，保持立身中正。同时两肘向身体两侧掤开，两手手型不变，随身体下坐，拇指与中指指尖沿裤缝向上到胯侧，此时腋下含空，可容下自己的拳头。两肘尖向两侧张开的同时向下沉坠，将两肩松开。圆裆开胯，两膝略里扣，两脚踝松开，膝略向脚尖方向引劲，同时，胯略向后以平衡膝向前的劲，令足底受力均匀，前胯根松开。

此时，头顶向上领劲与足底所受地面支持力相重合，并与松腰落胯感受到的身体重力为一对上下对称的劲。膝向脚尖方向的劲，和胯向后的劲为一对前后平衡对称的劲。而两肘尖外撑、两肩打开的劲，与两膝内扣、两胯外掤的劲是一对左右对称平衡的劲。

在以上三组对称劲的基础上，尽量把身体局部多余的劲松开，让全身均匀受力，并让各大关节都具有随时灵活变化的能力，这就是在掤劲不丢基础上的放松。这种放松不仅是预备势的要领，也是整套太极拳练习过程中一致的要求。（图无极桩-1、无极桩-2）

无极桩-1　　　　　　　　　　　无极桩-2

## ● 太极起势

### 动作说明

上接预备势。重心略下沉，提腕领劲，向前放长，掌心向下，十指伸直，指尖向下，同时向右转腰，两臂随转腰一起转向右前方45°，左手拇指劲顺缠，右手小指领劲逆缠，两掌心转向右，高度与腰齐。重心偏左腿，并保持胯方向正前不变。左胯、左膝与左足尖同在一个竖直平面内。两臂微屈，腋下含空，能容一拳。（图太极起势–1）

重心右移，保持胯向前不变，以腰为轴向左前方45°转体，左手小指领劲，转成掌心向下，右手拇指领劲转成掌心向上。左肘外挪，左手与肩同高，在身正中线，掌心向下，左小臂和指尖指向右前方，小指领劲略上挑，左臂如弓，挪圆到头到极限。右手在左手正下方一尺，掌心向上，指尖指向左前下方，右肘下沉并略外挪，位于右肋前，右腋下含空，能容一拳。重心完全移到右腿，左膝内扣，右胯、右膝、右足在同一竖直平面内。头顶领劲，松腰落胯，开劲。（同"太极十三势图道"起势之挪的定势）（图太极起势–2）

太极起势 -1　　　　　　　太极起势 -2

吸气，合，身体微微下沉，左手逆缠，掌心转向外，保持三层掌圆，右肩、右肘向下沉，右手领劲从中线顺缠向上到与左手相平，右手掌心向上，小指尖与鼻尖

相照，右肘正对心窝，两手相距一尺，呈右手竖、左手横之势，合劲。（同"太极七势问道"起势之挤的定势）（图太极起势–3）

两手同时左顺、右逆缠丝，左肘向下向里合到中线，右肘向外向上掤圆，右掌心向下并略向外，两手相距一尺，变成左手竖、右手横之势，身体右转，同时右腿以脚跟为轴向右展开90°。左膝保持原来的位置掤住，右胯放松下沉，与右膝和右足尖对齐，重心落于两脚中间略偏左腿。左手在中线立掌，掌心向右，左虎口撑圆，外侧正对口鼻，左肘在心窝正前一尺。右臂外掤，右手与左手相平，右掌心向下虎口外侧向内离左掌一尺左右，右肘略下坠外掤。开胸泛臀，裆胯开圆，头顶上领，松腰落胯，呼气放松，气沉丹田，开劲。眼神意在左前方。（图太极起势–4）

太极起势–3　　　　　　　　　　　太极起势–4

## 太极起势拳理应用讲解

太极拳架势中自有推手、擒拿之用，相关著述颇多，在此不再赘述。而散手技击之法，因敌变化，法无定法，在此限作者浅见，挂一漏万，以一己之得为砖，期引贤达明师之玉，如能得先贤本意之万一，则为意外之喜。另，此处所述打法，是在设定情况下的特殊应用，仅用于研究拳理，以明拳法规矩尺度之用，并不可直接用于比武竞技，更不可好勇斗狠，特此说明。

太极起手势向右转腰到右前一动可实战时应对敌正面进势，对方或直拳，或直蹬腿，或连身正面扑进，我只下盘稳定，并右转闪身，身形由正变奇，此时或可顺势进左足，亦可顺势退右足，皆由对方来势和自身状态顺势而应，不可勉强拘泥。双手随势外掤斜捋，皆为控制双方相对位置，同时腰背蓄上拧转之势，待对方来势或过或不及时翻转放劲，或用身靠，或用肘击，或起腿打。如无机会，我自中正灵动，随机变化。

而后变为第二动之身向左前之掤势，此变为上一动蓄势之正常变化，借向右拧身之蓄势，放开后继续左拧身，于腰背蓄上弹性拧转之劲，同时，左右臂螺旋拧转左横右竖，左上右下掤劲同时击出，身体左转同时左腿变虚，是为一闪，应变来势，可进可退，左手、左肘可管敌胸肩颈项与头目口鼻之要害，右手腕前下翻进中路，可管敌中路之来手并击小腹、肋、裆之要害，左腿虚蓄，可防可攻，以掤之正势，出身法之奇形，贵在顺势而为，舍己从人。

再变右臂前上之挤势，左臂圆撑放长，右肋放虚且左臂于十字放长，抱肩含胸，卸敌正面之势，拱背拧腰，右臂拧转合与腰背蓄势，或可左斜上步，或可右转捋势，顺势可用右膝，右足击其中路，或用右掌击其颈项或头部。若无机会则顺势左手护中，右手掤圆，右转侧身放开腰背左转之势，蓄左腿拉伸反腰背拧转之势。

## ● 金刚捣碓

### 动作说明

重心下沉，裆走下弧，把重心完全移到右腿，注意保持左膝外掤劲，并调整右胯、右膝，使之与右足尖处于同一个竖直平面上。头顶领住劲，借左腿与右腿之间的弹性收抬左腿，提肛收腹，左膝与左肘相遇于身体中线，左胯底与地面平行，收于右膝内侧，右腿屈膝独立，右胯放松，两臂保持掤圆放长且相对位置不变。右胯放松，后背成弓形张开，胸腹内含，吸气提肛，丹田上卷，合。全工保持虚领，重心稳定，保持平衡。（图金刚捣碓-1）

重心下沉，左脚脚后跟内侧着地，距离右脚跟一尺，两脚平行对齐。重心下沉，左脚贴地铲出，脚尖回勾，脚外侧压平，左膝保持微屈并里扣，重心仍在右腿。双手向正前上方放长，与左腿成对称劲，胸腹舒展，后背弓形放平，呼气鼓腹，气沉丹田，开。头顶领劲不丢，保持立身中正。（图金刚捣碓-2）

金刚捣碓 -1                    金刚捣碓 -2

**开合丹田**

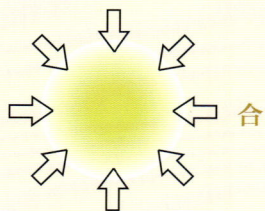
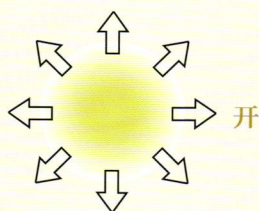

合                              开

　　放松，重心下沉，胯走后弧，重心由右腿换到左腿，左脚落实。同时两臂变左横、右竖之势，相距一尺，随重心向左平捋，右肘和右手在身体正中线上，左手在左前方，双臂保持外掤。（图金刚捣碓-3、金刚捣碓-4）

金刚捣碓 -3 金刚捣碓 -4

身体微微下沉，提肛收腹，合，转开，重心走前弧从左腿到右腿，两臂向前放长，两臂左竖右横，回到左脚贴地铲出后的定势，左脚保持齐平，清实于地。（图金刚捣碓-5）

金刚捣碓 -5

左肘外掤，左手下压，左小臂保持水平，同时左脚以脚跟为轴向外展开90°，左腿随之外展，左膝对准左足尖，重心走下弧向左腿转换，身体随之略向左转，左肘到左膝正上方（最好能挨上），肩与胯合，肘与膝合，保持左小臂水平，并与左大臂成直角。右肘随着下沉，到右胯侧，小臂水平，右掌心向左。（图金刚捣碓-6、金刚捣碓-7）

金刚捣碓 -6

金刚捣碓 -7

左小臂以肘为轴向前上方翻起，同时开胸泛臀，放长左肩，至左手心向上，食、中二指领劲弹出，劲力意识冲对方咽喉与双眼。重心到左腿，左手指尖、左肩、右胯、右脚跟节节贯串，劲路顺畅。（图金刚捣碓-8、金刚捣碓-9）

金刚捣碓 -8

金刚捣碓 -9

略合

合到位

开

干

合

金刚捣碓连续开合变化 1

**要领**

    腰活似车轴，气活似车轮。以腰为周身的运动主宰，使全身筋骨气血不涣散方能练出整劲。

    习练时先由大圈开始，动作尽量做完整、做到位，再练中圈，由中圈再到小圈，最后到一个点。由内气摧动外形，腰一动，外形的手、足马上跟上，才能练到全身关节活开，节节贯串。过程中需循序渐进，不可着急。

## 正侧面对应

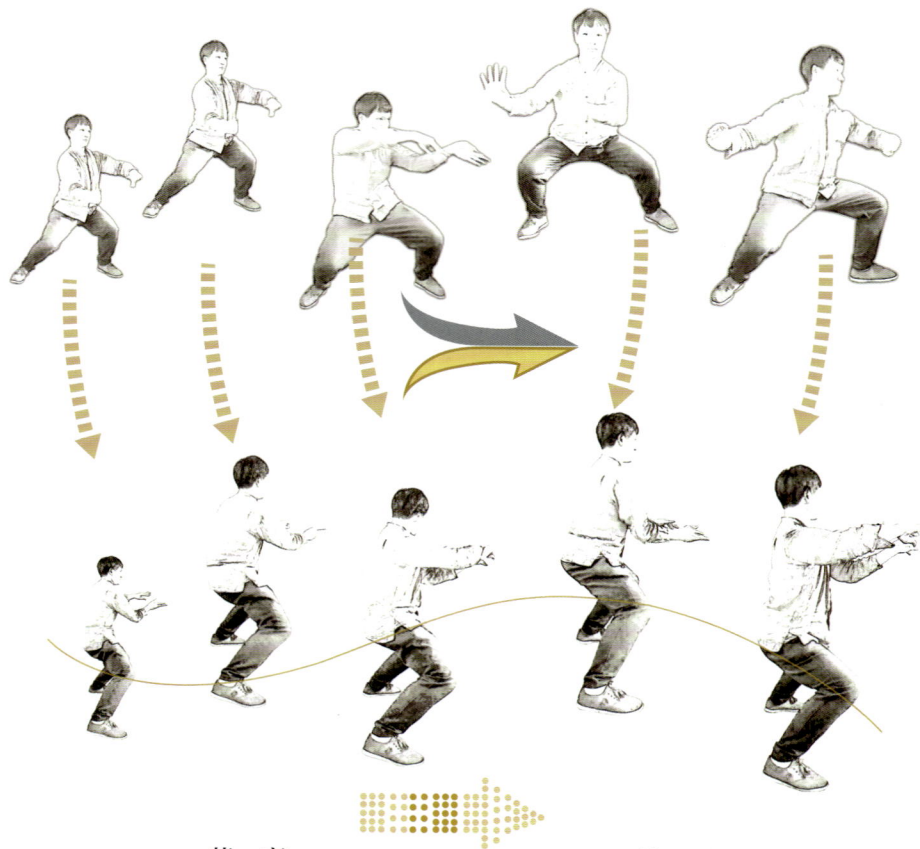

蓄、裹　　　　　　　放、展

金刚捣碓连续开合变化 2

### 要领

合劲时，以手领肘，以肘领肩，以肩领腰；开劲时，以足催腰，以腰摧肩、肘，以肘领手。如拳论说："节节要松，皮毛要攻，周身贯串，虚实在中""如长江之水，滔滔不绝"。

合到位时，身体蓄裹的要紧，展开时，要尽力打开，蓄劲时要求全身各骨关节与丹田协调运动，全身劲力不散。展开时，要气贯指峰，到达手指尖，放长击远。势如弹簧，蓄得越紧，反弹的劲越大。

左臂伸展到极限后左手弹回，成瓦垄掌，掌心向下。右肘向外侧掤劲引劲。

坠右肘向下，与右膝相对时右腿和右臂同时向前，右脚前脚掌内侧着地，走为弧上步，内侧踝骨凸起处与左踝相蹭，右脚前脚掌内侧着地，在正前方一尺略偏右位置，脚跟悬起，离地一寸。右膝里扣，重心完全在左腿，左腿合胯、屈膝。右小臂水平横扫向前，右肘和右手小指一线且位于身体中线方位，右肘正对心口，小指正对鼻尖。右掌心向上，指尖指向前下方。左手中指指尖落于右小臂中点处，左小臂水平，左肘外掤，略低于左手。目光平视前方，呼气放松，气沉丹田，右腿落胯、提膝、松脚踝，左脚内外侧受力均匀。（图金刚捣碓-10）

金刚捣碓 -10

左胯放松略下沉，右手掌变拳，位置保持不变，松右肩，沉右肘，同时吸气，提肛收腹，抬右腿，右脚尖上勾，右肘与右膝相合于身体中线，同时左手顺缠收回到小腹前，掌心向上（图金刚捣碓-11）。右脚收回至身体正下方，脚底与地面平行，放松右腿所有肌肉，在重力作用下右脚竖直落地震脚，位置与左脚相平，两脚后跟相距一拳左右，与右脚落地震脚同时，右手拳背与左掌心合击于小腹前。两臂与手成同一平面，两肘外掤，头顶上领，松腰落胯，立身中正。重心依旧全落于左腿上，呼气放松，气沉丹田。（图金刚捣碓-12）

金刚捣碓 –11

金刚捣碓 –12

提肛收腹

开胸泛臀

## 金刚捣碓势拳理应用讲解

此势接起势蓄劲，左腿提膝合在中线，是攻防一体之势。左腿为出腿，同时双手前上放长，是为蓄势，此势可进身用整劲截击对方来势，或可在进身过程中突出奇兵，下惊上取，放长左手，取敌双目、鼻梁等薄弱环节，后续进身、退身还原、再进出左手三个动作是为模拟这两种用法。

奇兵袭扰同时，蓄全身上步突进之势，是为得机得势之进击。上步拳却后腰，进而复回，放而后收，提而后落，是为乾卦之亢龙有悔，也是兵法中穷寇莫追之意。

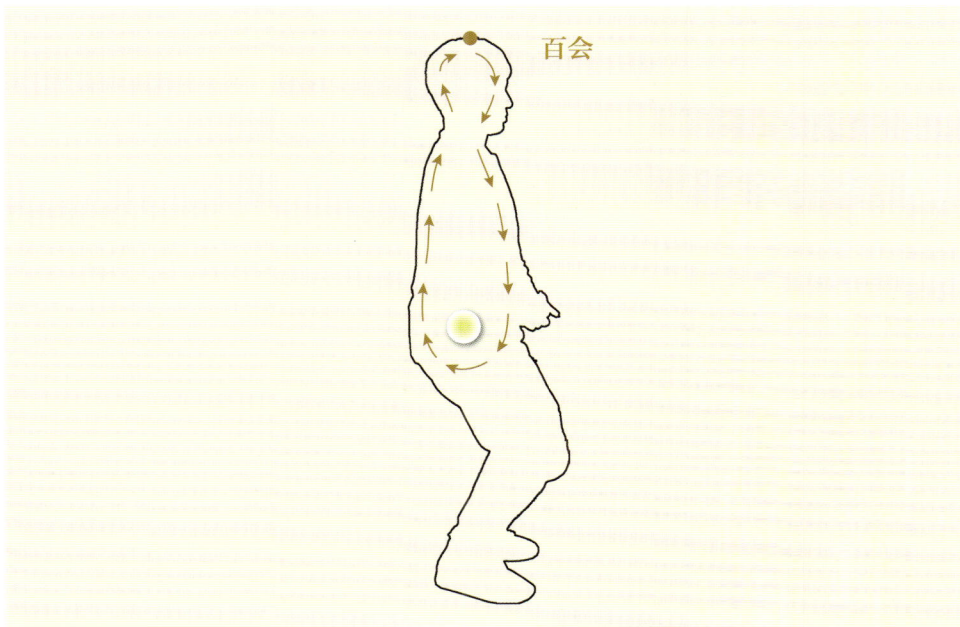

气机运转

## ● 懒扎衣

## 动作说明

重心保持在左腿，注意胯保持正向南方不变，以腰为轴右转上半身到右前方45°方向，同时左掌心托右拳保持在身体中线，随身体转动两手向合，左掌和右拳向前向上挤出，左掌水平掌心向上，右拳拳心向上，到高度与口鼻相平位置，合劲

（图懒扎衣–1）。身和手原路返回，重心随之走后弧回到两脚中间，身体中正，面向正南，开劲。（图懒扎衣–2）

懒扎衣 –1

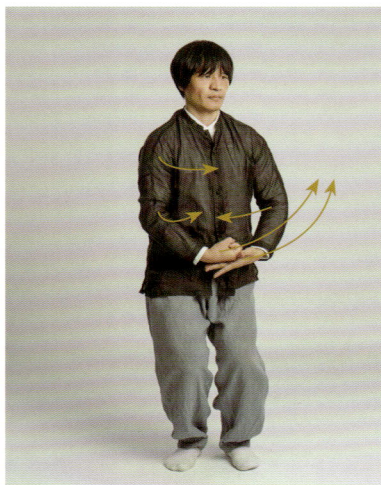

懒扎衣 –2

　　身和手顺势继续左转，重心走后弧到右腿，注意胯保持正向不变，以腰为轴拧转上半身到左前方45°方向，同时左掌心托右拳保持在身体中线，随身体转动两肘内合，左掌和右拳向前向上挤出，左掌水平掌心向上，右拳拳心向上，到高度与口鼻相平位置，合劲（图懒扎衣–3）。由合转开，右拳变掌，右手腕外侧与左手腕内侧相接，右手在内，左手在外，手背相对，成十字手（图懒扎衣–4）。左/右臂展开，身体右转到正方向，重心回到两脚中间。右手在转体同时展开到右前方，高度与肩平，右肘略坠下，低于手。左手下按，在左前方与胯相平，左臂弯曲，左肘下坠（图懒扎衣–5）。

懒扎衣 -3　　　　　　　　懒扎衣 -4　　　　　　　　懒扎衣 -5

　　身体略下沉，重心走下弧移到左腿，右臂先向下向左再向左上走弧形，左手相对向上向右走弧形，右肘和右膝在竖直方向相对时，吸气，抬右腿，肩与胯合，左手屈回并掤圆，左掌立起，掌心向右，护在右肩前，右臂保持伸展，右手斜指左前上方，右手小指和肘内侧连线对准心窝，右膝和右肘相合于身体中线，提肛收腹，合住劲。（图懒扎衣-6）

　　右脚跟内侧着地，离左脚约一尺，重心下沉，身体放开，呼气，右脚贴地铲出，脚尖回扣，右腿保持屈膝里扣，同时右手拇指领劲顺缠向左前下方放长，左臂掤圆，重心保持在左腿，左胯、左膝、左足要在一个竖直平面上。（图懒扎衣-7）

懒扎衣 -6　　　　　　　　　　　　懒扎衣 -7

重心向右移，同时向左拧腰，右臂身肢放长，保持右手空间位置不变，左肘下塌外碾，左臂掤圆，回头看右侧方。重心完全到右腿，同样要保证右胯、右膝、右足在一个竖直平面上，略合，蓄劲。（图懒扎衣-8）

右肘下沉同时领劲外掤，右臂、右手和身体同时借前面向左拧转身体的反弹力向右转动，直到身体转正，展开。右胯向左后方弧形运动，停在重心分布右腿六成劲、左腿四成劲的位置。右手在右前方45°方位，与右肩相平，右肘略低于肩，右臂微屈，右肩充分放长。左手螺旋下落，手心向上，手指竖直向上落在小腹前，左臂掤圆，左腋下含空，呼气放松。左曲右伸，重心偏右，身体中正安舒，眼神随右手中指放远，耳听身后，圆裆开胯，气沉丹田。（图懒扎衣-9）

懒扎衣-8

懒扎衣-9

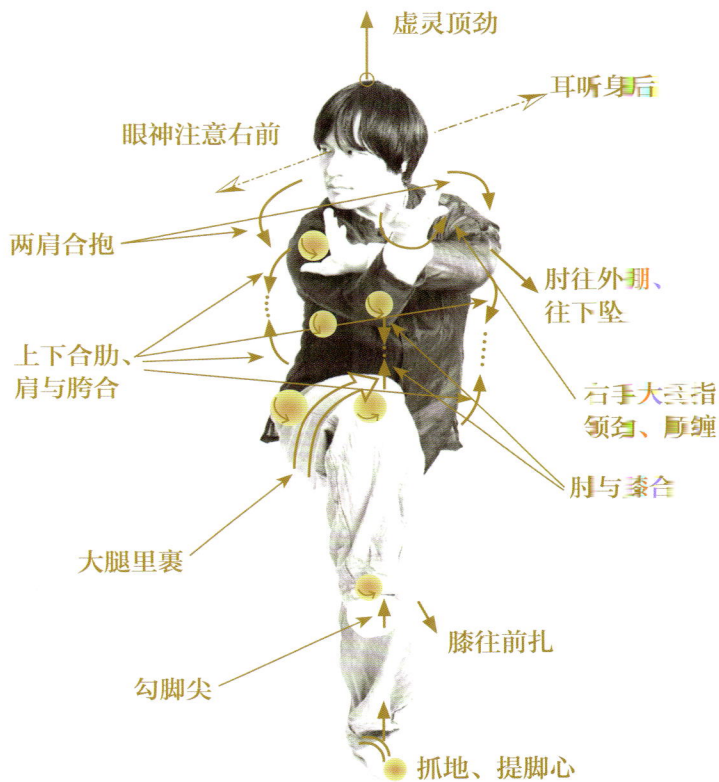

虚灵顶劲

耳听身后

眼神注意右前

两肩合抱

肘往外翻、
往下坠

上下合肋、
肩与胯合

右手大拇指
领劲、肩缠

肘与膝合

大腿里裹

膝往前扎

勾脚尖

抓地、提脚心

懒扎衣劲力解析 1

## 要领

开合相系，掤劲不丢，四肢要保持半圆形，处处做到开中有合、合中有开，于舒展之中有聚合之意，于紧凑之中有开展之意。下盘之膝、足，需常常里合。这些要领对于养生有巨大作用，达到养骨生髓的效果。同时具有技击与防卫含义。

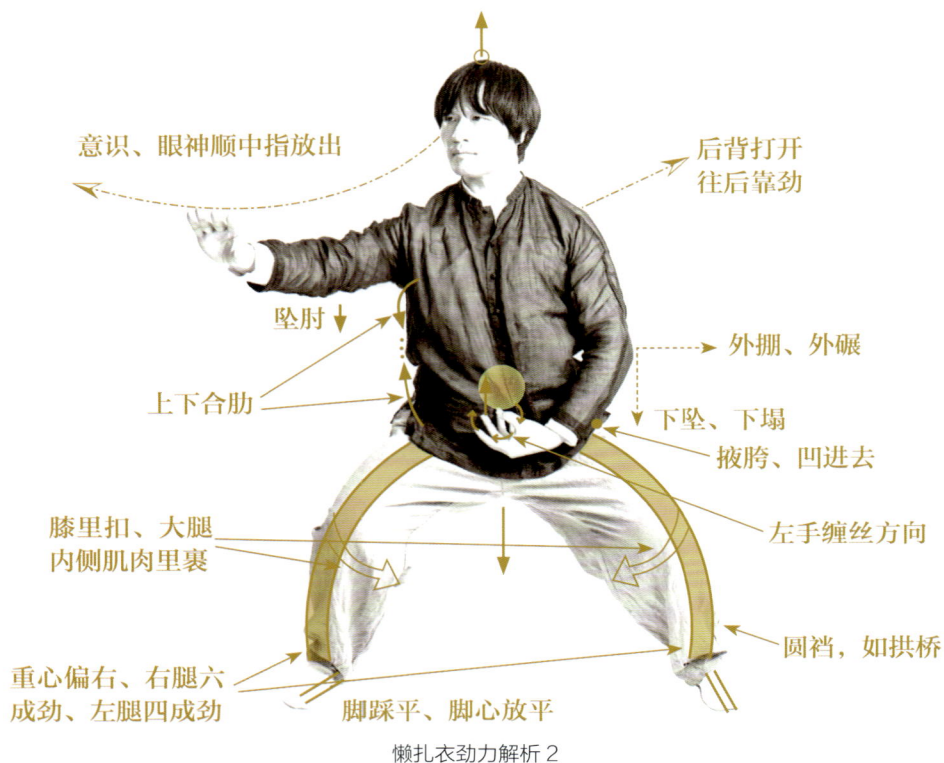

意识、眼神顺中指放出

后背打开
往后靠劲

坠肘

外掤、外碾

上下合肋

下坠、下塌
掖胯、凹进去

膝里扣、大腿
内侧肌肉里裹

左手缠丝方向

圆裆，如拱桥

重心偏右、右腿六
成劲、左腿四成劲

脚踩平、脚心放平

懒扎衣劲力解析 2

---

**要领**

圆裆：两膝里合，大腿内侧肌肉往里裹，有向后外翻之意，使裆部呈半圆形，如拱桥。注意会阴部分，微微吸起。

掖胯：大腿根处有人体重要的穴位，是气血流经的通道。大腿根处掖进去，要求能放下两指，转腰时，也要让大腿根处凹进去，使腰劲灵活运化，做到转腰不转胯。特别是转换重心时，不可绷直。

### 懒扎衣势拳理应用讲解

懒扎衣双臂拳掌相合，以三角结构之挤势，破开敌中路。又有十字双分之螺旋势接敌之整劲而化之。

右手、右足之弓形对开之伸展之势引对方劲力放长，同时蓄扩身回弹之势。若敌因前引逗而失顺势，则起近身肘靠之伏兵，横击敌劲路之中部而拔之。

## ● 六封四闭

### 动作说明

此式动作线路，同"太极七势问道"之六封四闭。

六封四闭

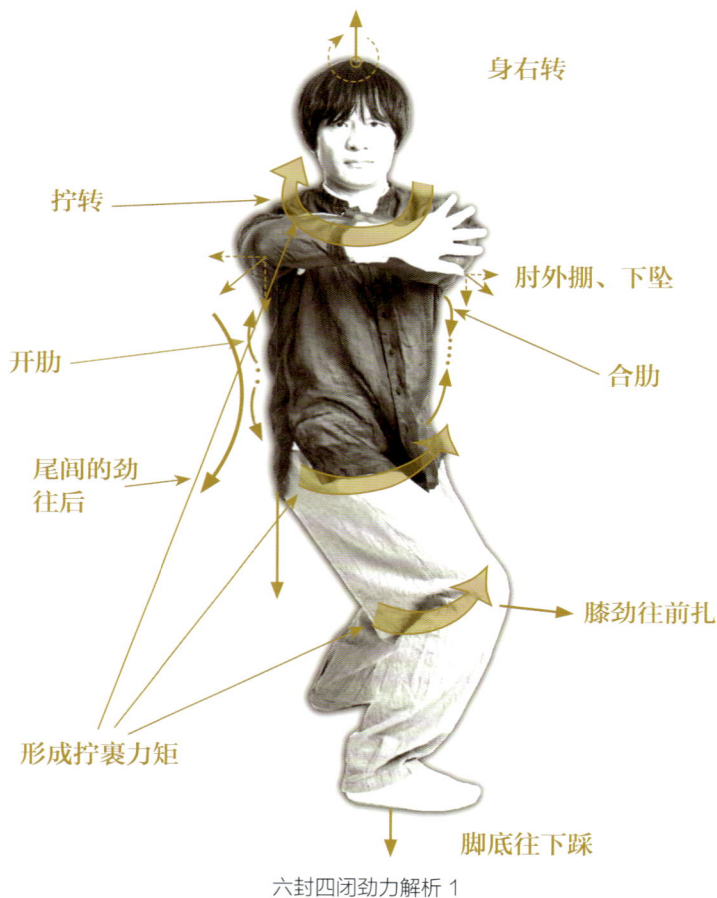

身右转

拧转

肘外掤、下坠

合肋

开肋

尾闾的劲
往后

膝劲往前扎

形成拧裹力矩

脚底往下踩

六封四闭劲力解析 1

**要领**

练拳中注意掤劲不能丢，没有掤劲，周身的圈就不圆，气血不能充分流转灌注。

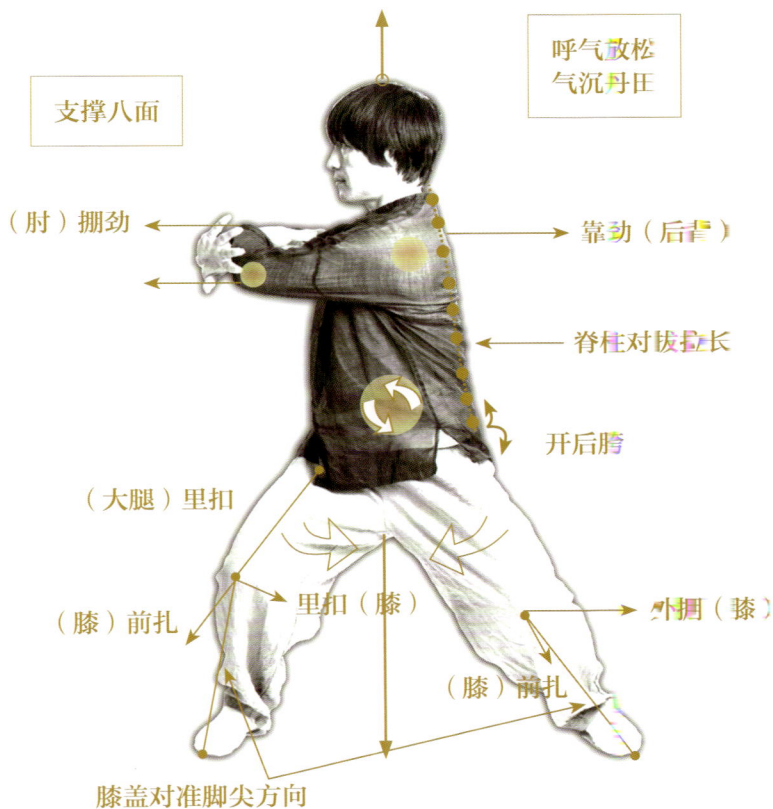

支撑八面

呼气放松
气沉丹田

（肘）掤劲

靠劲（后靠）

脊柱对拔拉长

开后胯

（大腿）里扣

里扣（膝）

外撑（膝）

（膝）前扎

（膝）前扎

膝盖对准脚尖方向

六封四闭劲力解析 2

## 要领

对称劲：上有虚灵顶劲，下有气沉丹田，形成对称劲。上肢如风吹杨柳，下盘稳如泰山。

脊背也要有上下对拔拉长之意。尾闾下沉并略后泛。

### 六封四闭势拳理应用讲解

由第一动右侧方横向掤、挤、拧、转，蓄腰背之势，可破对方近身贴靠之整劲，并蓄左肩肘回转之击打并左腿里合之膝足撞踢之势。

第二动欲上先下，先断其根而后上击颈项下颌，并蓄中路肘击。

第三动挑肘而上，掌护耳根，可进敌中门也可走敌侧面，蓄双掌前推或侧击之势。

定势一动双掌前下按封闭中门，左脚虚悬，灵活应变，右胯贴靠，右膝屈蓄，全身掤圆，观照四方六路。

## ● 单鞭

### 动作说明

此势动作线路同"太极七势问道"之单鞭。（图单鞭-1）

单鞭 -1

### 单鞭势拳理应用讲解

单鞭有合身裹束，碾转而展开，一动裹身，左手中路接护，而右手藏花叶底，由肘下平出，上接下打，合膝蓄势。

左臂回中这一束身，暗含右腕，左腿之伏兵，此单鞭第一动之意。

第二动打开门户之展，示敌以虚，为诱敌之法，蓄含第三动裹打侧肩、提膝之打法。

第三动裹身提腿之合势，蓄出腿、闪身、左肩肘之打法，而后手右闪身裹合出左手中路挤劲，蓄近身贴靠、肘击、展臂之打法和摔法。

单鞭变转灵动，身形顾盼进退，蓄发转换，打法长短结合，变化最多。

## • 金刚捣碓

动作线路同前。

金刚捣碓

## ● 白鹤亮翅

### 动作说明

　　重心保持在左腿，注意胯保持正向南方不变，以腰为轴拧转上半身到右前方45°方向，同时左掌心托右拳保持在身体中线，随身体转动两肘内合，左掌和右拳向前向上挤出，左掌水平掌心向上，右拳拳心向上，到高度与口鼻相平位置（图白鹤亮翅–1）。身和手原路返回，重心随之走后弧回到两脚中间，身体中正，面向正南。（图白鹤亮翅–2）

白鹤亮翅 –1　　　　　　　　　　　　白鹤亮翅 –2

　　身和手顺势继续左转，重心走后弧到右腿，注意胯保持正向不变，以腰为轴拧转上半身到左前方45°方向，同时左掌心托右拳保持在身体中线，随身体转动两肘内合，左掌和右拳向前向上挤出，左掌水平、掌心向上，右拳拳心向上，到高度与口鼻相平位置（图白鹤亮翅–3）。右拳变掌，右手腕外侧与左手腕内侧相接，右手在内，左手在外，手背相对，成十字手（图白鹤亮翅–4）。左、右臂展开，身体右转到正方向，重心回到两脚中间。右手在转体同时展开到右前方，高度与肩平，右肘略坠下，低于手。左手下按并外展，左脚以脚跟为轴向外碾转，到左前方45°方向。左手在左前方，与胯相平，左臂弯曲，左肘下坠。（图白鹤亮翅–5）

白鹤亮翅 -3　　　　　白鹤亮翅 -4　　　　　白鹤亮翅 -5

　　身体略下沉，重心走下弧移到左腿，右臂先向下向左再向左上走弧形，左手相对向上向右走弧形，右肘和右膝在竖直方向相对时抬右腿，左手屈回于掤肩，左掌立起，掌心向右，护在右肩前，右臂保持伸展，右手斜指左前上方，右手小指和肘内侧连线对准心窝，右膝和右肘相合于身体中线。(图白鹤亮翅-6)

白鹤亮翅 -6

　　右脚跟内侧着地，离左脚约一尺，重心下沉，右脚贴地铲出，脚尖回扣，与左脚保持平行，右腿保持屈膝里扣，同时右手拇指领劲顺缠向左前上方放长，左臂掤圆，重心保持在左腿，左胯、左膝、左足要在一个竖直平面上（图白鹤亮翅-7）。重心向右移，同时向左拧腰，右臂身肢放长，保持右手空间位置不变，左肘下塌外碾，左臂掤圆，回头看右侧方。重心完全到右腿，同样要保证右胯、右膝、右足在一个竖直平面上。（白鹤亮翅动作到此基本与懒扎衣相同，区别在左脚外展到左前45°方位且出右脚的方向随着变成右前方45°，动作方位由正向变为隅角。）

　　右肘下沉同时领劲外掤，右臂/右手和身体同时借前面向左拧转身体的反弹力向右转动，直到身体转正，重心完全保持在右腿，右手在当前身体右前方45°方位，与右肩相平，右肘略低于肩，右臂微屈，右肩充分放长。左手向外向下展开，同时左脚脚后跟提起并领劲，前脚掌着地，弧形收回，与右脚反向垂直，身体重心完全在右腿，右胯、右膝与右脚尖在同一个竖直平面上。左脚后跟对准右脚内侧中部，两脚垂直，呈丁字步，两脚间距约一拳，左脚前脚掌着地，脚后跟提起。左膝上提，对准左脚尖方向领劲掤圆。左臂微屈，外掤劲不丢，左掌心向下并略向外，左手中指指向左膝外侧。沉肩坠肘，提膝落胯，气沉丹田。（图白鹤亮翅-8、白鹤亮翅-9）

白鹤亮翅-7　　　　　　　白鹤亮翅-8　　　　　　　白鹤亮翅-9

左肋合

图 1

右肋合

图 2

右肋合

图 3

肋自然放松

图 4

白鹤亮翅典型动作两肋虚实开合变化解析

## 白鹤亮翅势拳理应用讲解

前几动与懒扎衣同，区别在白鹤亮翅含斜上步进敌侧面之意，两手螺旋卷合时，可在右掌拍击截对方来势之中节同时，左前斜上左步，左掌护右腮，并蓄右腿再向右前斜行进步之势。出腿落步，要灵活简洁。

最后右前近身贴靠，与展右臂之肩、肘、掌横击，劲路要整，脚下虚实要分明。此势是身步皆出隅角之奇，为正法之灵活变化。

前面左前、右前两步斜上，可让开敌来势之正面，从斜前和侧后入手。有两军阵前，放马对敌二马错蹬时拧腰回首旋刀斩敌之势。

拧腰回首旋刀斩敌之势

## ● 斜形拗步

## 动作说明

上接白鹤亮翅定势。右手指尖领劲，右掌立起，掌心向左，右肘下沉，右手领劲到身体中线，虎口外侧对口鼻，肘对心窝。（图斜形拗步–1）

右手下按，左手向外向上，同时以右脚脚跟、左脚脚掌为轴右转90°，同时右掌心向下通过右膝上方随右膝外展向右后抹到右胯外侧，左臂沉肩坠肘向身体中线里合。身体随转脚同时向右转。（图斜形拗步–2）

身体面向西南方向45°方位。两脚内侧在一条直线上，左脚跟提起，脚掌着地，右掌掌心向下手指向前，按在右胯侧，左掌在身体中线，虎口外侧正对口鼻，掌心向右，左肘沉坠，正对心窝，重心偏于右腿。左手立掌掤圆，护于身体中线，右手掤圆，按于右胯侧。（图斜形拗步-3）

斜形拗步-1                斜形拗步-2                斜形拗步-3

　　身体微下沉，重心完全到右腿，抬左腿与左肘相合于身体中线，左脚底与地面平行，同时右臂随左膝上提同时向上抬起，掤在右前方，高度与左手相平，相距一尺。头顶虚灵顶劲，松腰落胯，身体保持平衡稳定。（图斜形拗步-4）

斜形拗步-4

身体微下沉，左脚跟内侧着地，左右脚平行对齐，距离约一尺，左脚保持与右脚平行并向对应的隅角铲出，两手同时向身体正前上方放长，与出腿成对拔之劲。重心保持在右腿，保持右胯、右膝、右足尖同在一竖直平面内，让右腿受力合理。左腿微屈膝内扣，脚跟领劲左胯放长，立身中正。（图斜形拗步–5）

身体重心由右腿走下弧向左腿移动，左手由肘尖领劲，随重心左移时候下沉至左膝上方，左小臂水平外展。右手以肘尖为轴，随重心左移同时将右手外翻再里合到右耳侧后方，掌心贴耳后，保持掤劲不丢。（图斜形拗步–6）

斜形拗步 –5

斜形拗步 –6

重心到左腿后，保持左膝和左肘相合，左手做勾手并提腕向上，同时右掌跟从右耳侧后方向左腕内侧斩下（图斜形拗步–7）。左腕提至左肩高度时，右掌向右上展开，同时，重心向右移到右腿七成劲、左腿三成劲位置，右手同肩高，右肩放长，掌心向下。（图斜形拗步–8）保持立身中正，呼气放松，沉肩坠肘，同时重心回到两腿等分位置，马步，左手勾手，右手呈瓦垄掌，手高齐肩，肘略坠下。（图斜形拗步–9）

斜形拗步 -7　　　　　斜形拗步 -8　　　　　斜形拗步 -9

## 斜形拗步势拳理应用讲解

斜形拗步第一动右手搂膝外展，左手里合护中，以采按截断敌之势，并蓄蹬方提膝上步之势。

第二动左前出腿斜行，蓄左前进身，可左惊右取打开中门，为应对前方两人夹击之法。左腿斜前进步，左腕上提，右掌随身侧护前下击出，惊取左前，同时蓄向右进击之势，忽向右展击右前之敌，则中路门开，可从此突破敌之夹击。

左惊右取之势要干净利落，不可迟疑失机。惊取之势或落实或虚晃，随机应变，不可执着拘泥，趁左右前方之敌应对我势之机，中路突破要坚决，身法要迅疾。

## ● 初收

## 动作说明

上接斜形拗步定势。立身中正，保持两腿掤劲不丢，重心走后弧移至右腿。二身以腰为轴左转45°，由面向隅角转成正方向。同时，左手由勾手变掌，两手随腰往左转同时往回圈圆，两手指尖相对，掌心向外，两手指尖相距约一尺。注意做到腰背拧转，胯只平移调整重心位置而不旋转。松沉右胯，令右胯、右膝、右足三同一个平面上，腰背成弓形，胸腹虚含，脚趾抓地，两脚心含空。（图初收-1）

重心走后弧回到两脚均匀分布，回到正马步状态。同时脚趾松开，脚心放平，左小臂水平与身体正面垂直，左掌心向上，左肘正对心窝，在体前一尺距离，右臂屈回，右掌跟贴在左肘内侧，右掌心贴在左小臂内侧，保持腋下含空。胸腹舒开，后背放平。（图初收-2）

初收 -1

初收 -2

立身中正，头顶领劲不丢，裆走下弧，身体重心完全移至右腿。右脚以脚跟为轴，随重心右移时略向里扣，右胯放松，重心到位后，借左腿拉伸的弹性提左腿，左大腿水平，左膝到身体中线，小腿竖直，脚底平行于地面，位于右膝前内侧。同时左手逆缠成掌心向下，右手也逆缠到左肘下方，掌心向下，位于左肘和左膝之间。右腿单腿受力，右胯放松，保持重心稳定，立身中正，呼气放松，气沉丹田。（图初收-3、初收-4）

初收-3

初收-4

## 初收势拳理应用讲解

初收第一动含胸展背，里合拧腰，化敌来势并蓄己势，然后由合转开再转合，同时身法奇正变化，是退中寓进之法。

前势开展，与敌全面接触，须保持重心灵活转换，虚实莫测，忽然收束全身，掩肘提膝，护住中门要害，或可退出以观敌，或可进身以破敌，皆由当时之势灵于应对。

**丹田滚动**

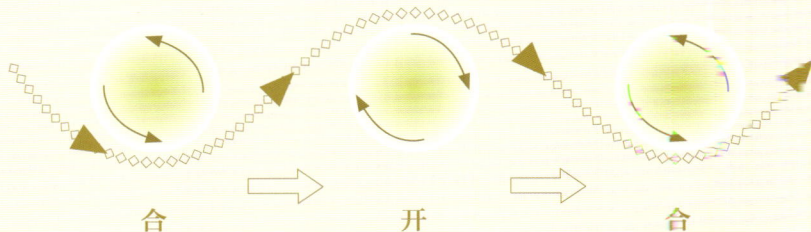

合　　　　　开　　　　　合

第一动含胸展背，里合拧腰，然后由合转开再转合，同时身法奇正变化，常练丹田翻滚，文武火养丹田，可强壮身体，疏通气机。

## 初收劲力解析

动作 2

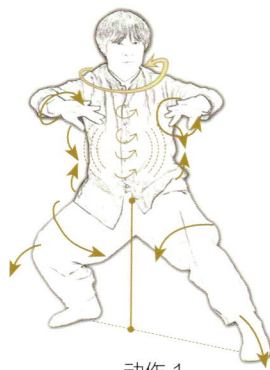

动作 1

动作 3

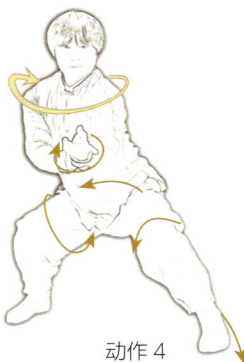

动作 4

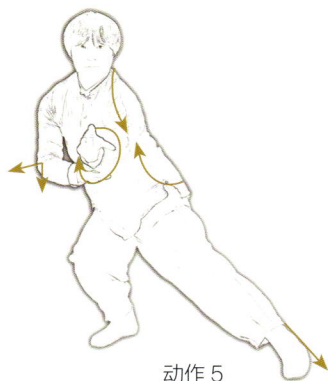

动作 5

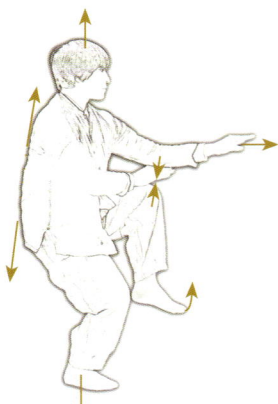

动作 7

动作 6

## ● 前蹚拗步

### 动作说明

　　上接初收定势。双手向前掤推，左手小指领劲逆缠使掌心向前，右脚五趾抓地，脚心含空，胸腹内含，引蓄劲。劲蓄满后，左手顺缠，右手逆缠前上推出，成左竖右横之捋势，两手距离一尺左右，同时向右转腰，保持腿和胯方向不变，身体向右转到约90°方位，脚底放平。借腰背回弹劲身体转回，两手回捋（图前蹚拗步–1）。到正前方时右手追上左手，两手背相对，右手上左手下，相交于正前方，与左脚上下相对，在一条竖直线上。左脚外摆，脚跟外侧竖直落于正前方约一尺处，脚尖斜指左前45°方向。（图前蹚拗步–2）

前蹚拗步 –1　　　　　　　　　　前蹚拗步 –2

　　左脚全脚掌落实，重心从右腿换到左腿，同时以腰为轴向左拧转上身到90°方位，两手成十字手向身体当前的正前方掤出，两肘下塌外碾，两前臂抱圆，调整左胯、左膝、左足基本在同一个竖直平面上。右脚跟提起，右前脚掌外侧着地，右膝抵住左腘窝，眼看右前方。（图前蹚拗步–3）

前蹚拗步 -3

借身体拧转并重心变换的弹性抬右腿，令右膝和右肘相合。提肛收腹，吸气，左足五趾抓地，做到六合。（图前蹚拗步-4）

前蹚拗步 -4

**六合要领**

肩、胯、肘、膝、手、足之间要做到六合。即使两臂开展，也要有相合的感觉。

外三合为：肩与胯合、肘与膝合、手与足合。内三合为：心与意合，意与气合，气与力合。

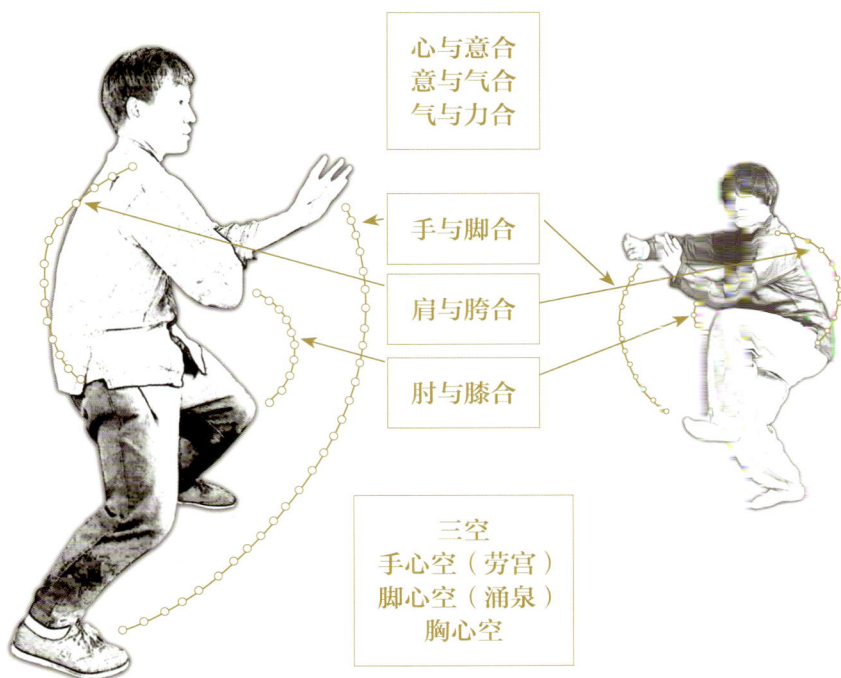

心与意合
意与气合
气与力合

手与脚合

肩与胯合

肘与膝合

三空
手心空（劳宫）
脚心空（涌泉）
胸心空

六合示意

右脚跟内侧着地，离左脚一尺，并与左脚平行贴地铲出，十字手向身体正前方放长，左膝微屈与左脚一致略里扣，重心完全在左腿，左脚心贴地放平。（图前蹚拗步-5）

前蹚拗步 -5

两肘外掤，重心向两脚中点移动，左手空间位置不变，右手向右展开，当重心到两脚间中点时右手到右前方45°方位，与左手和肩部同高，两肘下沉，呼气放松。此时整体为正马步，两臂对称放长，立身中正，目光平视展开，耳听身后。（图前蹚拗步-6、前蹚拗步-7）

前蹚拗步 -6

前蹚拗步 -7

### 前蹚拗步势拳理应用讲解

前蹚拗步第一动一捋一回，为接手进身之法，进身时摆脚落步并手搭十字，腰脊螺旋拧转，已蓄远用手足，近用肘膝，贴身用肩胯之打法与摔法。上下同时，相错相应，为以奇破正之法。

## ● 斜形拗步

### 动作说明

上接前蹚拗步定势。重心略移，右手拇指领劲顺缠，同时坠肘里合，右手到身体中线方位，右肘对心窝。左手小指领劲逆缠外推，向里合，同时右手下压，掌心从右膝上方外展，同时以右脚脚跟、左脚脚掌为轴领全身向右转90°。右掌按在右胯外侧，左手立掌，虎口外侧正对口鼻，掌心向右，左肘正对心窝。（图斜形拗步）。

斜形拗步

重心完全到右腿，抬左腿，左膝与左肘相合，同时右手挪到右前方合起，松右胯保持平衡。

以下动作要领与前一个斜形拗步相同，请参看前文，不赘述。

## ● 再收

与初收相同，请参看前文。

## ● 前蹚拗步

与前一个前蹚拗步相同，请参看前文。

## ● 演手红捶

### 动作说明

上接前蹚拗步定势。两臂手背向内，饱满圆撑，合抱成圆，两手齐心高，指尖距约一尺，沉肩坠肘，后背充分展开成弓形，胸腹内含，提肛敛臀，两膝内扣前扎，可略超过脚尖一寸左右。两脚五趾抓地，脚心含空，同时吸气到丹田。（图

演手红捶-1）

　　头顶领劲不丢，呼气，同时脚心贴地踩平，松腰落胯，胸腹展开，后背内合，两手翻开成手心向上，略抬头，眼看斜上方，膝内扣的劲不变。（图演手红捶-2）

演手红捶 -1　　　　　　　　　演手红捶 -2

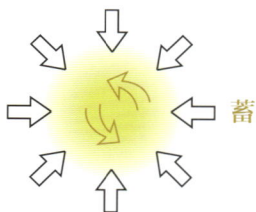 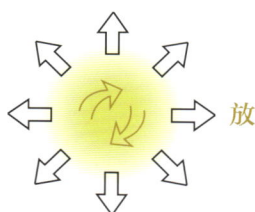

蓄　　　　　　　　　放

　　重心移向左腿，两手向上托举过头顶高度，注意重心高度不变。当重心完全到左腿时，右手变拳，转拳面向下，拳心对身体中线，沿身体中线下砸拳，到小腹前一尺左右位置。左手逆缠翻转掌心向外，虎口外侧轻贴右小臂尺骨外侧，护在胸前，同时抬右腿，震脚，在左脚后与左脚呈垂直"丁"字步位置。（图演手红捶-3）

　　重心换到右腿，左脚沿顺脚趾方向出步，脚跟外侧着地，左脚带左膝一起外展，左腿外开，同时右拳面领劲，向前向上顺缠钻出，到小指正对鼻尖位置，左臂外掤，重心保持在右腿。注意右胯、右膝、右足保持在同一竖直平面上，保证膝关

节受力合理。（图演手红捶-4）

演手红捶 -3

演手红捶 -4

左手外推，并沉肩坠肘，左肘、左小臂和左掌护在中线，右拳至左肘下，裆部前方，右膝内侧，然后坠住肘，立起小臂，右拳到右肩窝前，拳眼朝前。在左手外推和右拳走大弧线同时，左腿回扣，重心左移，回正马步势。两脚同时与身体一起离地右转约30°，两脚同时着地。（图演手红捶-5）

演手红捶 -5

重心左移，同时右拳顺缠卷到心窝，拳心斜向上，右肘里合与左手腕合在身体中线，两肩内扣，前胸里含，后背掤圆，如弓拉满之状。左肘领劲贴左肋向后拉，顺势拧腰，将右拳向左前放出，立身中正，躯体左拧。左手食指伸直，中指无名指小指前两指节回屈，拇指屈回之间内侧扣在食指根节。左掌心贴住左肋章门穴，右臂舒展放长到极限，拳面朝前，令右拳，右肩，左肩和左肘要尽量位于同一个平面上。左膝外掤，脚底均匀着力。呼气放松，右肘略坠下（图演手红捶-6、演手红捶-7）。

 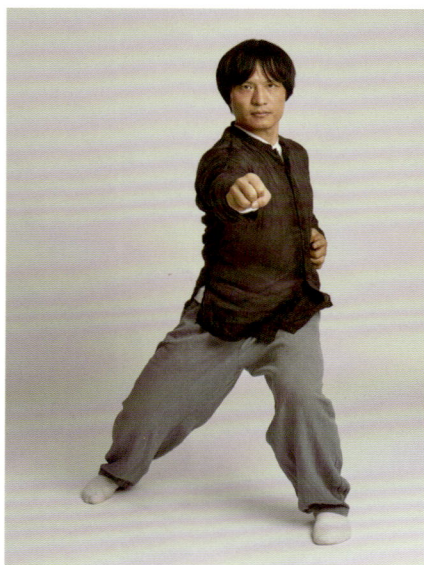

演手红捶 -6        演手红捶 -7

**要领：** 动作螺旋缠丝，各关节处都是圆的运动，非圆即弧，以使没有凹凸处，没有断续处。大圈与小圈结合，注重"旋"，不要走直线。

图1

两肩内扣、前胸里含

**要领：** 右拳往回卷的同时，丹田也往回卷，全身螺旋蓄劲。注意掤劲不能丢，周身如同一个球，外形饱满，内气鼓荡。

后背抻圆
如弓拉满

图二

抖劲（内劲）

螺旋劲（内劲）

章门穴

**要领：** 由足底和丹田发出的内劲摧动，右臂舒展放长到极限，由内而外，由根而梢，达到完整一气，手、眼、身、法、步同时到，形成爆发力，弹抖力。

图3 对拔拉长，后手与前手形成对拉劲

演手红捶劲力解析 1

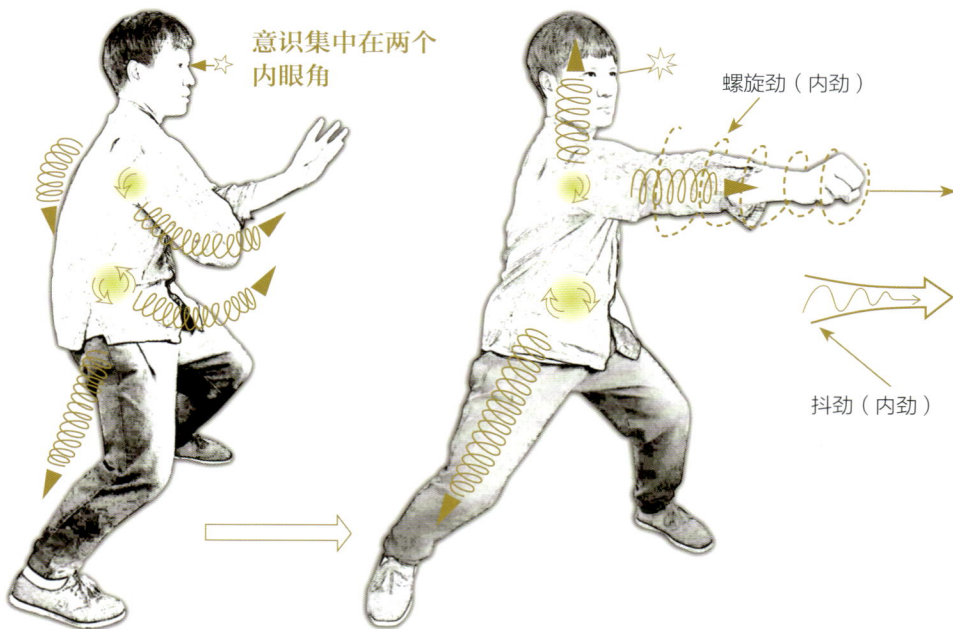

意识集中在两个
内眼角

螺旋劲（内劲）

抖劲（内劲）

演手红捶劲力解析 2

**要领**

蓄劲如张弓，发劲如放箭。即身似弓弦手如箭。

劲起于足，主宰在腰，通行于脊背，行于手，节节贯串。从根节到梢节贯通一气，才能出梢节的弹抖劲，一动发于四梢。

演手红捶动作较多，每一动要承上启下，通过引蓄劲，走化灵活。

蓄劲为柔，发劲为刚，每一动都带有螺旋缠丝劲。

## 演手红捶双手缠丝

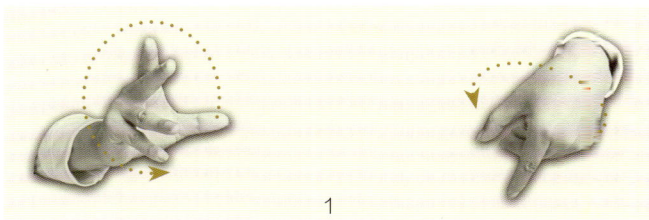

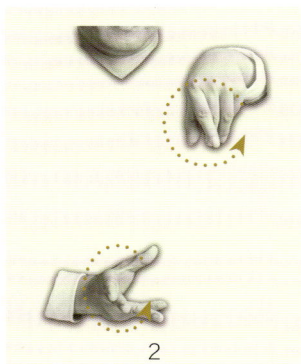

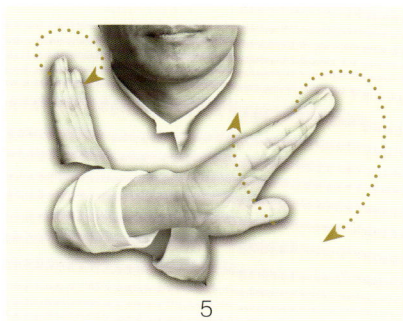

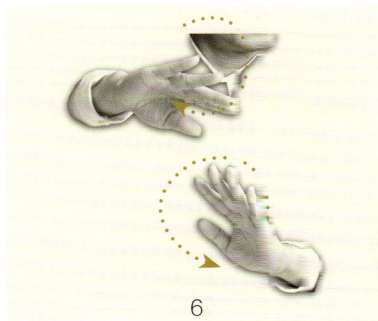

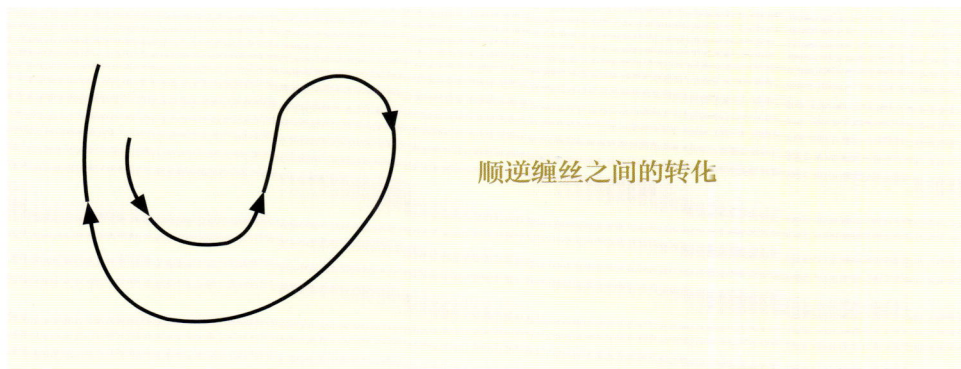

1

2

3

4

5

6

顺逆缠丝之间的转化

### 演手红捶势拳理应用讲解

演手红捶第一动出捌劲，由合突然放开，可破敌压制粘黏之势，后提膝里合并重心下沉中路栽捶，可破敌整劲圈抱之势，并含右肘迎击敌面门之埋伏势。

摆腿前蹬并右手钻拳，可迎敌前进突击之势。左掌护中，右拳、右臂左右上下大缠丝环绕之势，可破各种擒拿缠捉。

突然裹身合肘，应敌中路近身，最后拧身拳肘对开，为得机得势击敌要害之利器。

## ● 金刚捣碓

### 动作说明

上接演手红捶定势。两手同时折腕，手指伸直，掌心内含，右手掌心向下，指尖向下，左手掌心向上指尖向上。左肘前合，小指、无名指、中指、食指背面依次贴上腹部滚动到心下。两手腕背面领劲，右手上提，左手下沉，对转立圈。左手转至心口上方，保持折腕，手心转向外，右手在过最高点下降过程中手腕舒开，指尖领劲向前向上到左腕之前，两腕正交于身体中线。左肘横，右肘竖。（图金刚捣碓-1）

右肘领劲向前向外掤开，左腕随之展开身体右转回中，同时两脚离地右转调步约15°，到预备式右转90°方向，成马步十字手，右手外左手内，两手背相对两掌竖直。（图金刚捣碓-2）

金刚捣碓-1　　　　　　　　金刚捣碓-2

两臂外掤劲，左手向左下、右手向右上打开，掌心转为向下，重心右移（图金刚捣碓–3）。到左右肘分别与左右膝竖直相对的方位，身体重心走后弧向左逆转换。重心完全换到左腿时，右肘与右膝相合，右脚前脚掌内侧着地，向前经左脚内侧向前略向外走弧线，沉肩坠肘，右小臂保持水平，右肘与右膝同时走内弧向前，右手转成掌心向上，右肘内侧和右手小指连线正对心窝，同时左手先外展然后向上向内，手指经过耳根下方，向前走弧形并自然转成掌心向下，中指指端轻触右前臂中点。右脚前脚掌着地，右膝内扣，右脚跟略向外展。（图金刚捣碓–4）

金刚捣碓 –3

金刚捣碓 –4

左胯放松略下沉，右手掌变拳，保持右拳空间位置保持不变，松右肩，沉右肘，同时吸气，提肛收腹，抬右腿，右脚尖上勾，右肘与右膝相合于身体中线，同时左手顺缠收回到小腹前，掌心向上。（图金刚捣碓–5、金刚捣碓–6）右脚走上弧收回到身体正下方，脚底与地面平行，放松右腿所有肌肉，在重力作用下右脚竖直自由落地，震脚，位置和左脚相平，两脚后跟相距一拳左右，与右脚落地震脚同时，右手拳背与左掌心合击于小腹前。两臂和手成同一平面，两肘外掤，头顶上领，松腰落胯，立身中正。重心依旧全落于左腿，呼气放松，气沉丹田。（图金刚捣碓–7）

金刚捣碓 -5 金刚捣碓 -6 金刚捣碓 -7

### 金刚捣碓拳理应用讲解

此为拳架中第三个金刚捣碓，以中线双臂上引下进之立圈起手，可应敌正面扑击之势，右手提腕回引，左手凸腕前击，一上一下，引进落空，然后右臂顺缠，掩肘闪身，蓄右肘横肘击打之势，成十字手守中之势。

十字手攻防变化如意，是常用之万能手势，学者需多体会。

十字手后展开并合重心左右虚实变化为闪战进步之法。然后提膝震脚与前文金刚捣碓同。

## ● 收势

### 动作说明

上接金刚捣碓定势。保持立身中正，重心换到两脚中间，右拳变掌，吸气，两手掌心向上提起并分开，手指尖相对到与心窝相平，注意松肩。（图收势-1）

两掌水平拉开，到两肋上方翻掌向下，呼气，同时两手顺两肋向下按，身体随下按慢慢站直，意识亦随之向下，至脚底涌泉穴延伸到地底深处。（图收势-2）

全身放松，止语，自然呼吸并随意散步。（图收势-3）

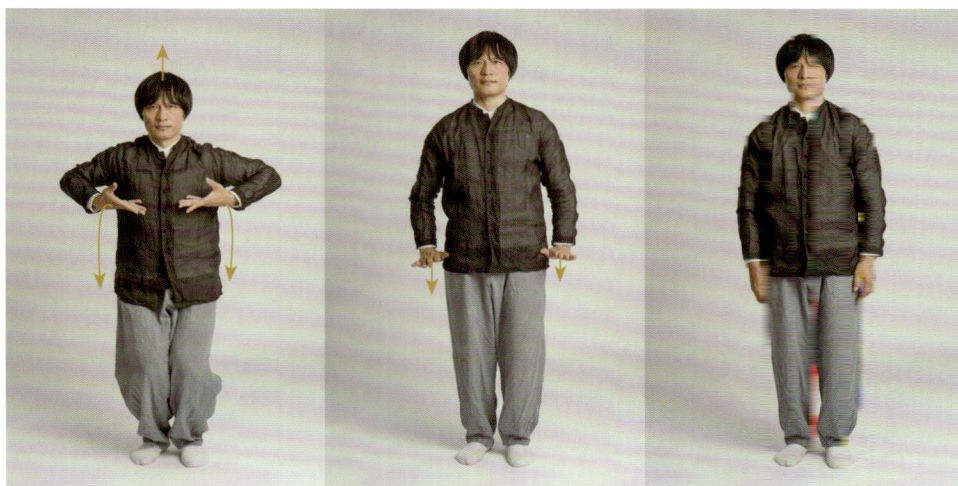

收势-1　　　　　　　　　收势-2　　　　　　　　　收势-3

# 十三势练法

按前文所述式子顺序练下来，一般是不够有氧运动对锻炼持续时间的锻炼要求的。所以，在具体练习时，我们会在顺序的最后那势金刚捣碓后接懒扎衣，如此循环四遍，再接收势。

在顺序练习第一遍，到金刚捣碓时，正面的方向相对预备式向右转了90°，位置在预备式的前方略偏右处；金刚捣碓以后接懒扎衣势，又按顺序练到最终的金刚捣碓，正面方向相对预备式转了180°，这时的位置在预备式的右前方；继续接懒扎衣，再顺序练到金刚捣碓，此时面对的是预备式向右转270°，也就是左转90°的方向，位置在初始位置右边略偏前处；最后再从懒扎衣顺序练到最终的金刚捣碓，此时的正面回到预备式的方向，而最终位置在初始位置的正前方约一步远处。这样四向循环下来，最终没有回到初始位置。原因是最初从起势到第一个金刚捣碓时，向前出了一大步，而后续的四向循环基于第一个金刚捣碓的位置是封闭的，要补偿这一步偏差，同时也为了增强虚实缠丝和步法灵活性的练习，在四向循环中的第二次单鞭和第四次单鞭后接上云手以替代原先的金刚捣碓。

在第二次单鞭后的云手只做一个完整循环，而在第四次单鞭后的云手做两个完整的循环，这样就可以将起势的那个上步用多出来这个云手的步法补偿回来，最后的收势就可以回到初始位置。这样就可以让十三势经历四个方向的循环后，形成一个完整的封闭回路。所以，我们在具体练习十三势的时候要加上云手。

## ● 云手

上接单鞭定势。右勾手展开，顺缠到掌心向左，领右臂里合，右手、右肘到中线，左手逆缠，掌心向外，掤住，重心微向左引。重心向右，右手逆缠，掌心向外，左手顺缠下沉，并随身体同时右移，左手和左肘到腹前中线，左脚脚后跟领劲，收回于右脚内侧成丁字步，重心完全在右腿，如六封四闭定势腿脚状态。左、右手上下竖直相对，位于身体中线。（图云手-1）

身体下沉，保持胯向前不变，身体以腰为轴略向右转，同时左脚脚跟内侧着地向左平开，保持和右脚平行状态（图云手–2）。左手向前放长于膝后上时，然后逆缠向上，右手顺缠保持掤劲不丢转向下，两手在运转过程中注重心同时向左移动（图云手–3），重心完全到左腿后，右腿倒插步，右脚前脚掌外侧着地，落于左脚外侧略偏后位置。两手左手上、右手下，相距约一尺，在身本中线正前方（图云手–4）。重心换到右腿，身体以腰为轴略向左前方转动，两手向前放上，右手逆缠向上，左手顺缠向下运转，同时开左步，脚跟内侧着地回到图'云手–2'位置。连续云手单式练习，可重复图"云手–2""云手–3""云手–4"若二次。

| 云手–1 | 云手–2 | 云手–3 | 云手–4 |

右肋开　左肋合　　右肋合　左肋开

云手两肋开合虚实变化解析

在十三势练法中，云手将会用于单鞭和白鹤亮翅间的连接，去替换金刚捣碓。具体练法如下。

在云手走一个倒插步（图云手–4），一个横开步（图云手–2）后，或再接一次上述循环，或可在图"云手–2"定势处，以左脚脚跟为轴外展45°，落实。两臂对转时左臂螺旋屈回到左手立掌右肩前，右小臂合到中线，斜向上伸开，重心换到左腿，抬右腿，右膝和右肘相合在身体中线前方。后接白鹤亮翅势与前同。

## ● 十三势四向完整练法

以下备注方向以每一势最后定势为准。

1.预备势（面南），

2.太极起势，

3.金刚捣碓。

4.懒扎衣，

5.六封四闭，

6.单鞭，

7.金刚捣碓，

8.白鹤亮翅（面东南），

9.斜形拗步（面西南），

10.初收（面南），

11.前蹚拗步（面东南），

12.斜形拗步，

13.再收，

14.前蹚拗步，

15.演手红捶（西偏南15°），

16.金刚捣碓（面西）。

17.懒扎衣，

18.六封四闭，

19.单鞭，

20.云手（横开步、倒插步、横开步），

21.白鹤亮翅（面西南），

22.斜形拗步（面西北），

23.初收（面西），

24.前蹚拗步（面西南），

25.斜形拗步，

26.再收，

27.前蹚拗步，

28.演手红捶（北偏西15°），

29.金刚捣碓（面北）。

30.懒扎衣，

31.六封四闭，

32.单鞭，

33.金刚捣碓，

34.白鹤亮翅（面西北），

35.斜形拗步（面东北），

36.初收（面北），

37.前蹚拗步（面西北），

38.斜形拗步，

39.再收，

40.前蹚拗步，

41.演手红捶（东偏北15°），

42.金刚捣碓（面东）。

43.懒扎衣，

44.六封四闭，

45.单鞭，

46.云手（横开步、倒插步、横开步、倒插步、横开步），

47.白鹤亮翅（面东北），

48.斜形拗步（面东南），

49.初收（面东），

50.前蹚拗步（面东北），

51.斜形拗步，

52.再收，

53.前蹚拗步，

54.演手红捶（南偏东15°），

55.金刚捣碓（面南）。

56.收势。

以上自无极始，至无极收，又合六九五十四之数总共为五十六式，此为太极十三势练法。

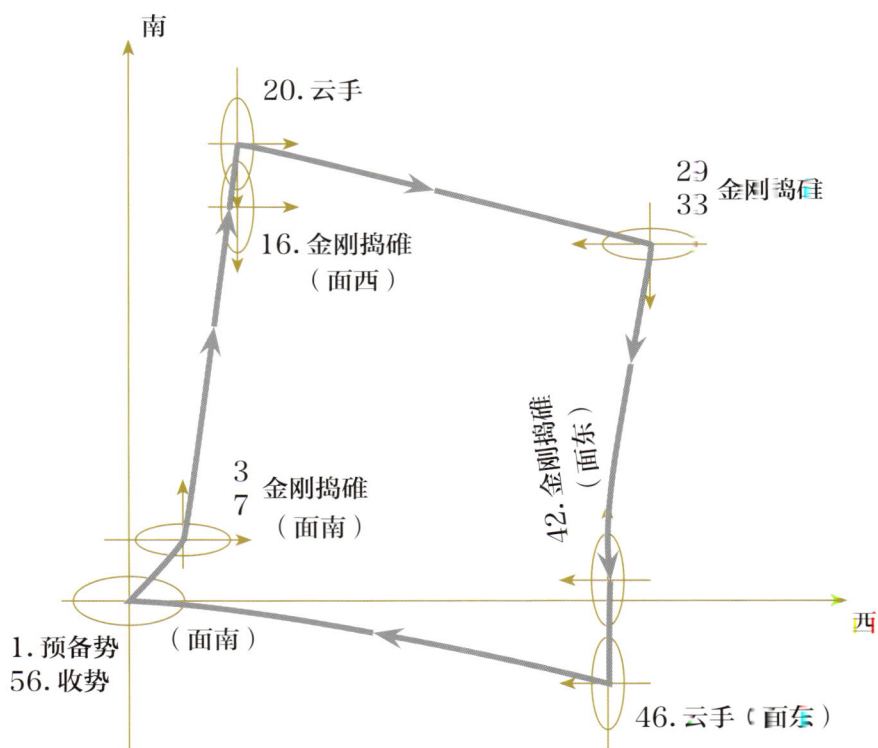

南

20.云手

29
33 金刚捣碓

16.金刚捣碓
（面西）

3
7 金刚捣碓
（面南）

42.金刚捣碓
（面东）

1.预备势
56.收势

（面南）

西

46.云手（面东）

十三势练法方位路线简图

注：
数字是上述练法里的式子序号
大坐标表示绝对方向
椭圆和小坐标表示人的前方和右方
灰色箭头指练习过程中大致的路线和走向

# 练习太极拳的风险

的风险

太极拳对养生有好处，基本已经形成社会的共识，不再赘述。但常识告诉我们，有好处的事必然伴随着风险，那么太极拳这种看上去缓慢柔和的运动会有伤害身体的风险吗？下面我们就来分析一下太极拳的风险。

在金庸先生武侠名著《倚天屠龙记》中有一种威力奇大的拳——七伤拳。关于七伤拳有如下描述："人体内，均有阴阳二气，人身金木水火土五行。心属火、肺属金、肾属水、脾属土、肝属木，一练七伤，七者皆伤。这七伤拳的拳功每深一层，自身内脏便多受一层损害，所谓七伤，实则是先伤己，再伤敌。""五行之气调阴阳，损心伤肺催肝肠。藏离精失意恍惚，三焦齐逆兮魂魄飞扬！"七伤拳诀包括：损心诀、伤肺诀、摧肝肠诀、藏离诀、精失诀、意恍惚诀、七伤总诀。

以上虽然是小说家虚构之言，但在现实中很多练武者确实是有意无意都在练各种各样的"七伤拳"，其中也包括很大一部分太极拳练习者。此言绝非危言耸听，练太极拳伤膝盖早已是一个广为人知的说法，也有传说不少太极拳大师膝关节受损以至于做关节置换手术的。从而导致很多太极拳练习者架子越练越高，锻炼强度越来越小，甚至有些练习者为了安全，规定练拳时膝关节不能弯曲。太极拳是一种改变身体状态的锻炼方法，用降低锻炼强度来规避风险无异于因噎废食，要克服障碍，达到改善身体状况的目的，一定的练习强度和持续时间是必需的。当然，对不同的人有不同要求，这就需要我们能够对太极拳的作用原理和作用效果有一个比较明晰的认知，并能用科学的方法去获得可靠的数据支持，这个方向也是太极拳能在现代社会健康发展的基础。

除了膝关节损伤之类的外伤，还有因练功时呼吸法不当，或者努气拙力，导致内脏功能损伤的。最常见的是所谓的因心肺功能障碍导致的截气，即横气填胸，或者因消化功能障碍导致的不停嗳气等。其他因长期锻炼而要领偏差导致的慢性劳损引起的各种不适或者疼痛，或者精神涣散，因很难和锻炼方法明确建立关联，会被很多练习者忽视。下面详细介绍太极拳练习的常见风险。

# 外伤类

练习太极拳的外伤一般是因动作受力不合理导致的关节、肌肉、筋骨损伤。这类损伤在各种运动里都很常见，但因为太极拳相对缓慢柔和的特点，练习者肌肉拉伤、扭伤和破损外伤的可能性较小，在练习过程中也容易避免。太极拳运动中外伤类风险最突出的当属膝关节损伤。膝关节位置在下肢的中节，上连髋关节，下接踝关节，需要承受身体的大部分重量，受力强度相对比较大，并且离相邻的关节都比较远，容易偏离合理的受力位置，长时间的大强度不合理受力，损伤是必然的结果。

## ● 脂肪垫劳损

可能是由于外伤或者是长期摩擦引起脂肪垫充血、肥厚并发生炎症，与髌韧带发生粘连，从而使膝关节活动受限。这种损伤多发生于经常步行、登山或者蹲起运动较频繁的30岁以上人群。患者会觉得膝关节疼痛，完全伸直时疼痛加重，但关节活动并不受到限制，劳累后症状明显。

## ● 膝关节韧带损伤

膝关节微屈时的稳定性相对较差，如果此时突然受到外力导致外翻或内翻，则有可能引起内侧或外侧副韧带损伤。临床上内侧副韧带损伤占绝大多数。膝关节内侧疼痛、压痛，小腿被动外展时疼痛加剧，膝内侧有肿胀，几天后会出现瘀斑，膝关节活动会受到限制。

## ● 不良习惯引起膝关节慢性损伤

如经常穿着不合脚的鞋或拖鞋、高跟鞋长距离行走，会使膝关节长时间处于非正常的受力状态，造成膝关节慢性损伤，引起疼痛。

## ● 半月板损伤

半月板损伤是运动员的一种常见损伤，在下肢负重、足部固定、膝关节微屈时，如果突然过度内旋伸膝或外旋伸膝，例如排球运动中，队员在防守时突然转身鱼跃救球的动作，就有可能引起半月板撕裂。半月板损伤会有明显的膝部撕裂感，随即关节疼痛，活动受限，走路跛行，关节表现出肿胀和滑落感，并且在关节活动时有弹响。治疗需根据损伤程度决定保守治疗还是手术治疗。

## ● 膝关节创伤性滑膜炎

膝关节滑膜是组成膝关节的主要结构之一，滑膜细胞分泌滑液，可以保持关节软骨面的滑润，增加关节活动范围。由于外伤或过度劳损等因素损伤滑膜，关节内会产生大量积液，使关节腔内压力增高，如不及时消除则很容易引起关节粘连，影响正常活动。患者会感觉膝关节疼痛、肿胀、压痛，有摩擦发涩的声响。疼痛最明显的特点是当膝关节主动极度伸直时，特别是有一定阻力地做伸膝运动时，髌骨下部疼痛会加剧，被动极度屈曲时疼痛也明显加重。治疗多以保守治疗为主。

综观以上几种损伤，其原因除了长期使用不当导致的膝关节劳损外，还有因为姿势和动作不正确导致的局部受力过大引起的肌肉、筋骨和神经的损伤。无论是长期的劳损，还是局部过力引起的损伤，都是可以通过太极拳要领的有效贯彻而避免的。可通过太极拳练习增强关节的新陈代谢，从而使膝关节更加稳定和灵活。

太极拳是一种个性化的运动。每个人要根据自己的实际情况，在力所能及的范围内做到在极限上的连续变化。这种太极拳的极限，是在规矩约束下有条件的极限。在初学阶段，要用正确合理的太极拳规矩约束自己的身体，并在这些约束下做到极限，所以这些规矩必须要符合太极拳练习者的生理特点。在练习的时候综合练习者的年龄段、身心状态，设计出合理的强度和练习次第是非常重要的。

# 如何防止膝关节损伤

为防止膝关节损伤，在这里提几条练习太极拳普遍的原则，这些原则是根据太极拳的特点和人体生理结构在日常教学中总结出来的。

1. 当脚步不变，而又需要身体转变方向时，胯应该只能平移不能转动，是通过拧转脊柱，也就是腰背的拧转来转变身体肩胸正面的朝向。

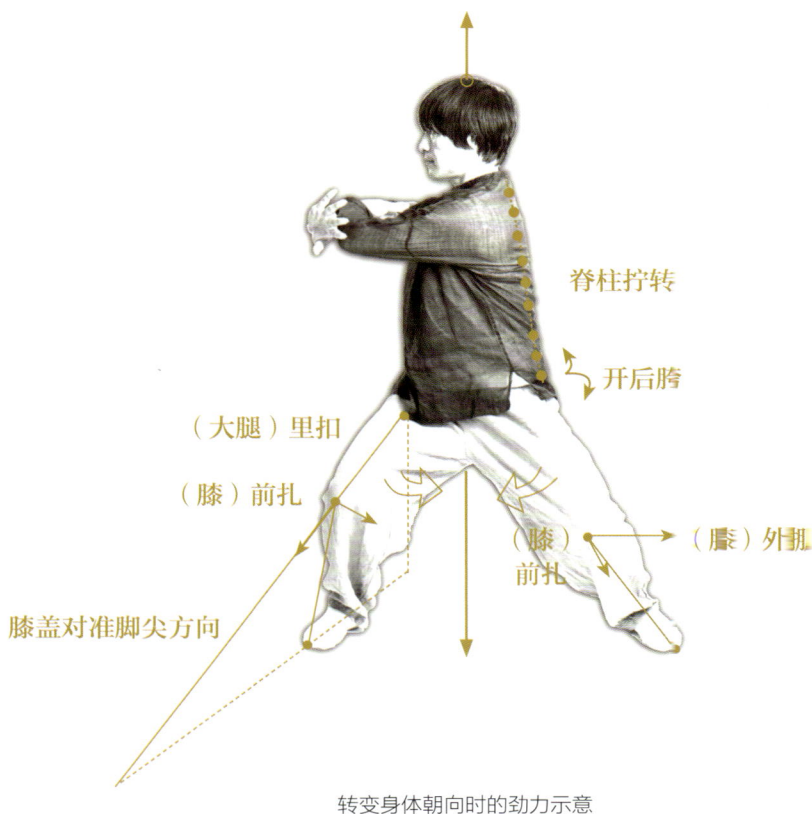

脊柱拧转

开后胯

（大腿）里扣

（膝）前扎

（膝）前扎

（膝）外掰

膝盖对准脚尖方向

转变身体朝向时的劲力示意

2. 单腿屈膝受力时，要尽量使受力一侧的髋关节、膝关节和脚尖立于同一个竖直平面上。

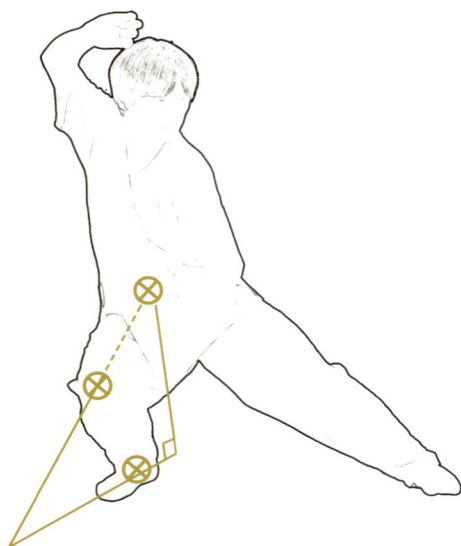

单腿屈膝承重时的劲力示意

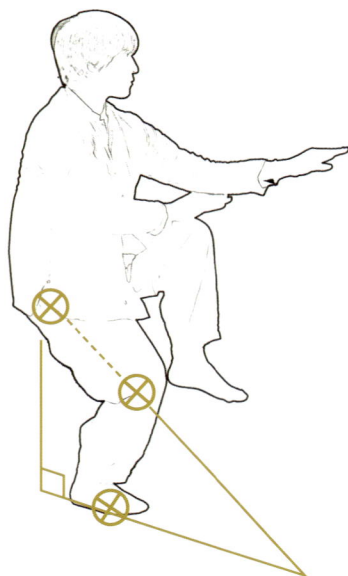

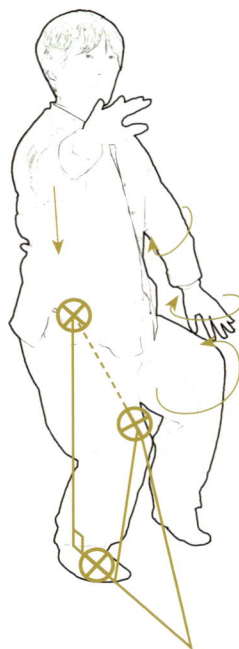

3.受力脚和地面之间的作用力要做到脚掌内侧和外侧与地面的压力大小基本相同。

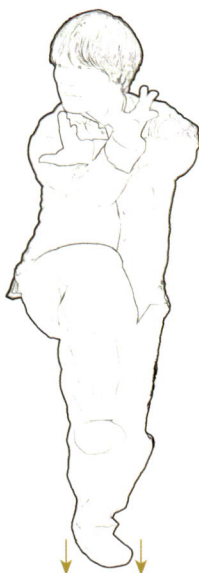

脚掌内侧和外侧与地面压力基本相同

4. 身背五张弓，上场打拳，腿弓拉起来时，将受力均匀分布在整条腿弓上，而不是把重力都压在膝盖这一个点上，可有效缓解膝盖压力。

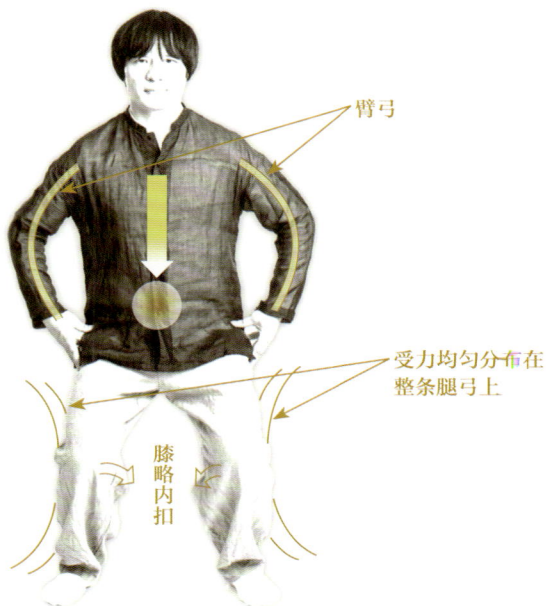

臂弓

受力均匀分布在
整条腿弓上

膝略内扣

腿弓示意

5. 在以上四条约束都满足的前提下，增加双腿所承受的负荷要循序渐进，量力而为，膝关节在竖直方向尽量不超出脚尖，如果下盘功力增大，膝盖过脚尖最多不能超过一寸。

保持胯的方向与脚轴线方向一致，只用拧转腰脊来调整和转换肩胸正面的朝向，这个要领是与太极拳的战场技术传承直接相关的。将军在马上对战，动势进招，变化攻防，胯正面的方向和马奔跑的方向始终要保持一致，对敌时来招去势，攻防方向的变化，都依赖于腰的拧转，也就是脊柱的旋拧。形容大将战力出众，多用膂力过人，其中的"膂"字，通"吕"，象形为脊柱上两个骨节的连接。对于大将而言，腰脊的强壮程度和变化能力是和战力直接相关的。

将军马战图

现今的太极拳虽早已不是做驰骋沙场之用，但是，脊柱的拧转和变化是运动中揉动脏腑的直接动力，通过腰胯、肩背、胸腹的开合旋转运动，可以直接推动内脏运动，增强脏腑经络的循环和代谢。从养生健身的角度看，也是非常合理有效的。

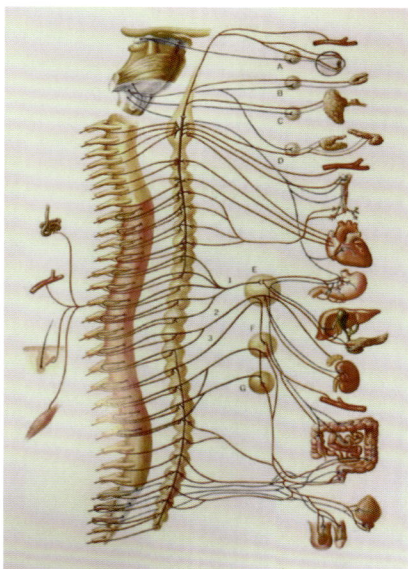

脊柱与内脏的关联

　　另外，腰脊拧转时保持胯的方向不变，也是下盘结构稳定的基础，让下盘的腿脚和膝胯处于一个最合理的受力状态上，对整体结构的稳定和劲力的有效传递都是非常重要的。腿部受力的稳定和合理，是保证运动时不对膝关节产生伤害的必要条件。

　　膝关节疼痛，是太极拳练习者遇到的常见障碍，在练习过程中，一定要注意上述要点。要知道膝关节的运动损伤，并不仅仅是膝关节的问题。我们至少要调整脚踝和腰胯的位置和受力来找到膝关节的合理受力状态。因此，我们在练习太极拳时，在遵循太极拳要领和规矩的指导下，要做到循序渐进，戒急戒躁，功到自然成，不能违背基本的人体生物力学原理。在尊重科学、尊重传统的基础上，太极拳练习时的膝关节损伤风险是完全可以规避的。

　　在这里说一点个人的经验，在练习太极拳过程中如果感觉到膝关节疼痛或者其他不适，只要不是剧烈到不可忍受的疼痛，我们都可以在感觉到疼痛时不要立刻改变身体状态，撤去疼痛腿的受力，而应该尽可能保持身体状态不变，小范围地调整膝关节的位置，找到和当前姿态最接近而疼痛感觉又消失了的位置，然后检查自己的整体状态是否与太极拳的要求相一致，如果一致，就保持一段时间，让身体记住这个状态。重复几次以后，再做这个动作的时候，就可以改变原先膝关节的不合理受力了。这就像医生诊断和治疗疾病时，需要现场把握住显现出来的症状，从显现症状时的身体状态找到病的根源，然后用最合理的调整让身体恢复正常。这个方法不仅仅适用于膝关节，同样也适用于纠正其他部位的不适。因此，练习时有不适的症状显现出来，是一个自我纠错的机会，亡羊补牢，不要轻易错过。当然，有老师随时指点，防患于未然是最好的。

# 内伤类

练习太极拳的内伤一般是因练习方法不正确导致脏腑经络的正常功能受到影响。这类损伤最常见以下几种情况。

1.长期使用拙力导致努气，使肺与脾胃功能不和。常见症状为胸口疼痛、呼吸不畅、胃部胀气、嗳气等。

2.不合理的发力，使血管、心脏受到过度的冲击，导致心血管疾病。

3.不合理使用意念，导致精神涣散、失眠、多梦。

治疗这些问题的良药是放松，即动作舒展、精神放松。按太极拳的要求不用局部多余的力，在运动到极限位置时体会灵活变化，不受僵力阻碍，久而久之自然能气血顺畅，内外调和。心中平和，不贪功，不妄求，循序渐进，动作顺遂依太极十三势之理，保持身体合理的受力状态，量力而行，真正做到太极拳非视觉、不表演，自然不会有以上截气、鼓胀、散漫之病。

为什么说太极拳非视觉、不表演能治太极拳练习中的偏差呢？

《素问·上古天真论》有言："恬淡虚无，真气从之；精神内守，病安从来。"这是养生的最根本的原则和方法，"恬淡虚无"和"精神内守"是行为的准则。而"真气从之"和"病安从来"是能够期望的结果。《黄帝内经》是传统中医的经典，讲的是如何让人身心各部分协调健康地运行。现代人参加太极拳训练的最重要目标也是身心健康，所以，在这点上太极拳和《黄帝内经》是一致的。医和武都是通过人的作用来表达的，一个安全的身心锻炼方法，一定是不违背基本的医学原理和人体生物力学特性的。

我们把散乱的心神都收敛回来专注于身体内对称均匀的用力，把多余的蛮劲去掉，这个本身就是"精神内守"的过程。而当我们专注于动作是否漂亮、追求视觉效果时，精神是向外放的，同时，为了自己想象中的视觉效果，会让身体局部违背太极拳自然平和的状态，就会出现多余局部用力或者局部松懈，从而违背太极拳要求的自然、高效的物质能量转化和输运的状态。有了多余的追求和欲望，"恬淡虚无"就无从谈起，这样的太极拳也就偏离了原有要求。

要避免练太极拳的损伤风险，除了初学时动作务求符合太极拳基本要求，同时参考现代人体生物力学来排除不合理状态，还需要注意克服自矜自傲，坚持不炫耀，不表演，"恬淡虚无""精神内守"。用这样的非视觉状态感悟太极拳，可以在保证健康养生的同时，避免受到太极拳练习中可能出现的内外伤因素的困扰。

附录

# 学员习拳感悟

## 万周迎老师是我的太极拳修行指路人

　　很久没有静下心来，写这么长的东西了。写下这些文字，是受到万老师的启发——"可以写写体会，以后回头看看会很有意思"。还有班主任老师在一旁的怂恿："体会写好了，会有奖励哦！"其实，我也很想把自己这段时间，学习太极拳桩的经历和体会，用文字记录下来。因为我怕时间长了，就会淡忘了……

——

　　学习太极拳，其实是源于我小时候的一个愿望，现在看上去有点滑稽可笑的一个梦想。小时候，每天早上舅舅都要去故宫的筒子河边，跟着师父练太极拳。练完回来，他就在四合院里和我们几个姐妹练推手，结果总是能把我们推得东倒西歪。那时候自己还小，大概10岁。从那时候起，我心里就有了一个梦想，长大以后一定要练太极拳，然后再和舅舅练推手，看看到底谁能赢。时过境迁，没想到这个梦想却像种子一样，在我心里一直埋藏了下来……

　　太极拳不是随便就能学的，需要有机缘才行。自己上学的时候没有机会学，上班以后没有时间学，有了女儿以后就更是想都不敢想了。于是我只好将这个梦想装在心里，打算退休以后再去实现。

　　去年，女儿上中学了，她选择了住校。老公的工作单位离家很远，不能每天都回家。晚上，就剩下我一个人的时候，我彻底的不知所措了，感觉从来都没有过这样的寂寞。于是我用各种方法去填充晚上的时间，看书、看电影、练毛笔字……还是觉得很难熬。

直到2013年春天，我在微博上看到了"'医武相合，以身证道'太极拳桩"的培训课程介绍，当时心底深处仿佛被什么东西触动了，难道我的那个梦想就要实现了吗？

虽然那时候我还不了解万老师，只是从介绍上面对他有个初步的认识，但我还是忍不住在万老师的微博上询问了一下，并很快就等到了老师的回复。我毫不犹豫地报了名。还记得那天冒着小雨，我打着雨伞去缴费时的情景。因为心里真的好期待呀！

## 二

第一天上课，我来得并不晚，一进教室看见万老师已经端坐在讲台上面了。万老师给我的第一印象是，穿着打扮是练武之人，但是又很儒雅，就像个教书先生。我当时就有点儿穿越了。

没有任何的自我介绍，万老师直奔主题："道是什么，怎么去证？道，就是道路，道路分大道和小道。儒、释、道三家的经典，就是大道……学而时习之，要用实践去印证……太极拳是合于中国古代圣人'天人合一'修行的方法……"我感觉，自己一下子就被老师所讲的内容吸引了。

万老师从太极拳的起源和发展开始讲起，讲到我国古代的兵器演变、技击，还特别透露了陈家拳与自己的故事。然后过渡到《黄帝内经·素问》中"上古天真论"的养生总纲、"六微旨大论"的人体六经辩证原理。最后讲了我们要学习的这套太极拳桩，是怎样暗合人体六经的，应该怎样去"医武相合，以身证道"。特别是万老师还带领大家一起诵读了《黄帝内经》中两段文字，这种感觉真好，让我仿佛又回到了学生时代。

虽然老师说，他讲课从来不备课，而且讲课特点就是"不靠谱"，但是这一个多小时听下来，却是一气呵成，而且过渡自然，逻辑性很

强。自己不禁开始佩服这个老师了，不是教太极拳桩吗？怎么课还能讲得那么好呢？后来在网上查了查，万老师曾经是北京航空航天大学的讲师，有十几年的教学经验，怪不得讲起课来不紧不慢、头头是道呢。老师的经历也很特别，身为陈式太极拳的第十二代传人，他辞掉工作创办了"侠友新社"，专门义务教盲人练太极拳。知道了这些，我对万老师的为人佩服不已，这样的大侠在今天是很少见的。对于这些事，老师很是低调。

理论课讲完了，接下来转战小院儿，开始"实战"。首先是静桩——混元桩，万老师把要领讲得很是细致、到位，还用"一羽不能加，蝇虫不能落"来做比喻。很快，大家就摆好了姿势，进入了状态。大概有个十来分钟，我的腿开始发抖了，膝盖也有些不太舒服，这说明腿部力量太薄弱，膝盖的劲儿也没有完全松下来。对于我这个平日根本不锻炼的人来说，这样的反应是很自然的。

第二个桩是动桩，也是陈式太极拳的基本功——磨盘桩。我的"磨盘桩恐惧症"大概就是从那一天开始的。之前，无论从网上怎么查，也查不到磨盘桩到底应该是什么样子。万老师先给大家示范了一下，我当时就"崩溃"了，这样的姿势和动作，简直比跳肚皮舞还有过之无不及：双腿开立，两倍肩宽，下蹲；双手指尖相对，向内按住大腿（最终要练到能按住膝盖）；膝盖领劲，身体由左向右旋转；腰、腿、胯要配合好，腰上的命门前后开合、左右旋转，还要配上自然呼吸。而且这个动作还可以反着转。对于我这样腰、腿、胯都很硬的人来说，怎么能完成这么高难度的动作呢？我发现，不光是我，周围的同学也都叫苦不迭，根本就转不了几下，腿就酸得不行了。简直太痛苦了！万老师还留了作业："回去以后一定要练，现阶段先以磨盘桩为主，练这个桩能让你们的气血收回来，散乱的心静下来。"

正好赶上清明小长假，中间有两周时间可以练习。那段时间刚刚停止供暖，乍暖还寒，到处都是冷冰冰的。为了取暖，我找个机会就转几下，别说还挺管用，感觉一股热气直冲头顶，身上也会微微发汗。当然我都是在没有人的时候练，我怕自己的动作会吓着别人。

三

《王宗岳太极拳论》可以说是练太极拳的指导性纲领，所有的练习要点几乎都包含在内。老师的要求是要把这篇文章背诵下来。

"太极者，无极而生，动静之机，阴阳之母也。"这是整个《王宗岳太极拳论》中提纲挈领的一句话，说明"太极"既不是阴也不是阳，是介于阴阳之间的。万老师用古代的兵器"弩"来做比喻，"无极是箭还没有挂到弦上的状态；太极是挂上箭以后的状态；当箭发射出去，两仪（动静）就分开了"。以前一直搞不懂的问题，这回我终于明白了，原来是"无极生太极，太极生两仪，两仪生四象，四象生八卦"。

《王宗岳太极拳论》中的一句话给我留下了深刻的印象，"人刚我柔谓之走，我顺人背谓之黏"。本意是指练拳时要把对方的刚劲儿卸掉、放空，虽然自己很柔，但是一定要走到一个顺势的状态，不让对方的刚劲儿对自己产生伤害。万老师又把它的意思引申为"为人处世，要避免人刚我刚，不要去争一时之长短……"这个说法确实很有道理，令人深思。没想到练太极拳，还能指导我们日常的工作和生活。

万老师还特别强调，拳不但要多练，而且要按照规矩去练。就像练习书法的描红阶段，功夫是日积月累练出来的，这叫做"著（招）熟"。"由著熟而渐悟懂劲，由懂劲而阶及神明。"练的时间长了，自己慢慢就会明白其中的劲道。由身到心，由静到动，由外到内的过程就是"懂劲"。但是也要避免一味地模仿老师的动作，就像写毛笔字一样，大书法家一定有自己的风格在里面，正所谓"学我者生，像我者死"。

理论过后即是实战。

先检查磨盘桩，大家转的真是五花八门呀，啥姿势都有，大概都是按照自己的感觉练的。没办法，老师只好重新给大家做示范，现场纠正动作。这节课万老师还带来了助教——一个很帅气的小伙子，据说特别能转磨盘桩。

在检查完磨盘桩的基础上，万老师开始讲解"无极桩"。无极桩，外紧内松，八面支撑，外寒为本，内热为标，卫外而固内，是为太阳。练习时要遵循"虚灵顶劲、沉肩坠肘、含胸拔背、气沉丹田"的要领，还要做到四维对称的力量要均匀，即"头向上领，胯往下沉；膝向前扎，尾闾后坠；两腿里扣外掤，双脚踩实；眼向前看，耳听身后"。没想到看似简单的一个桩，却包含了那么多细节在里面，所谓"差之毫厘，谬之千里"，练起来很有压力呀！

# 四

自从练了太极拳桩，我发现早上都醒得很早。那段时间正是春三月"天地俱生，万物以荣"的大好时光，每天清晨我都会在窗外小鸟的叫声中醒来，而且感觉精神很好，索性就早早起床。吃过早饭就去附近的雕塑公园散步，呼吸一下新鲜空气，然后直接去单位上班。

在公园里溜达了多日，看见有很多人在悠闲自得、旁若无人地晨练，尤其以老年人居多，看得我心里也蠢蠢欲动，真想把学到的桩功在这么美的春光里练一练，可是却苦于找不到一个没人的僻静地方。

终于有一天我横下心来，在一处水边背水而立，站起了无极桩。当时自己很紧张，总怕别人看我。后来发现来来往往的人们，好像也并不怎么在意我。天气还很凉，我穿着风衣，渐渐的身上出汗了，直往下流。想起万老师说过，站无极桩时出汗了就说明姿势对了。我坚持了大概有小二十分钟，最后就连老师教的收功的动作都忘了做，直接就自然"收功"了，感觉身上热气腾腾像个小火炉，腿也有点发抖发软，身上出的汗估计有一大半是因为紧张的缘故吧。

说来也奇怪，那一整天我的身心都特别愉悦，那种感觉很少有过。

# 五

几乎整个四月份，我都是在拼命工作和努力练拳的交替状态下度过的。本来应该由一个团队来干的工作，几乎都是我一个人在完成。整个大会的筹备工作都要由我来统筹安排，统筹也就罢了，要命的是各种细节性的工作也要同时准备。知道逃不过，也就不得不认命了，只有尽自己最大的努力去完成。

每天白天的工作很累，直干到眼睛干涩，大脑都转不动了。每个周三的夜晚去学太极拳，也会练到筋疲力尽。上班时，实在烦得坐不住的时候，我就到楼道里把学到的动作做几遍，往往是只要做三遍就会出汗，活动几分钟再回去接着写接着干，又能再坚持干两个小时。回到家，晚上临睡觉前，抽时间练练站桩，或者把老

师教的动作再做一做，累得不行了就睡觉，一夜舒适安眠。第二天调整好心态继续干……

渐渐地，每个周三成了我星期待的日子，那个小院儿方佛有个强大的气场，深深地吸引着我。感觉和万老师还有同学们在一起练拳是一种享受，工作上的各种累各种烦都到九霄云外了，自己的内心不知不觉就会安静下来。

还记得学"懒扎衣"的那个晚上，一轮明月挂在树梢，那样的夜色真美了！万老师给大家示范的"懒扎衣"更美。心中忽然有一瞬间的感动，太极拳怎会有如此的魅力，这样深深地打动着我……结果那个晚上光想着"美"了，自己走神了，直到快下课了，还不知道左手是怎样转到右肩上去的。

大会在五月上旬顺利地开完了，我的工作也得到了领导和同事们的认可。现在想一想，可以毫不夸张地说，是太极拳陪我度过了那段难熬的日子。

# 六

我感觉自己练拳并不是很刻苦，想起来就练几遍，并没有固定的练习时间。但是每次上完课的那个晚上，回到家我都一定会再练一会儿。万老师的要求是，当天晚上一定要练会了才能睡觉，对于这个方法我感觉很管用，趁热打铁，印象会特别的深刻。

下周再去上课时，老师会检查上一次教的动作，并且一个一个给予纠正，有的动作还要再次示范和讲解。有时感觉自己的动作已经做得挺好了，可是在老师面前还是不过关。有些动作尽管已经很努力了，但还是做不到位，总觉得自己哪里都那么僵硬，这时老师就会鼓励我慢慢来，功夫到了自然会做好。

万老师教得特别耐心，我也学得的确辛苦。每

次下课，都感觉腰酸腿疼，而且每次疼的地方还都不一样。有一个体会很有意思，不管头一天晚上练得多么辛苦、多么累，第二天早上就几乎什么感觉都没有了，还能也还想继续练。

天气渐渐热起来了，稍一活动就会出汗。对于平日里就不爱运动的我来说，也不喜欢出汗的感觉，我总是认为出汗多了并不好。可是如果练拳或站桩就一定会出汗，真是矛盾呀。就这个问题我还特意向万老师请教，老师的回答是"出汗是人体的正常功能，该出汗时一定要出汗；如果该出汗时不出汗，那才是真的出问题了"。好吧，既然如此，那就努力练拳，尽情出汗吧！其实每次练完拳出汗的感觉还是很舒服的，皮肤都显得细腻了，这也算是意外收获吧。

## 七

经过多日的准备，终于迎来了最令我紧张的日子——结业考试。

像以往一样，助教老师先带领大家把动作再复习几遍。我发现自己准备了多日的动作，好像做起来很别扭，怎么还没考试呢就有点不知所措了。

班主任拿来一把藤椅给万老师坐，手上还拿着学员名单，突然我就有了一种要上战场的感觉，三个月的辛苦付出都要在这一刻得到最终的验证，真的好紧张呀！

面对同学们，还有面前的万老师，我只有横下一条心，反正都要过这一关，索性就安下心来，发挥出自己真实的水平。此时此刻，我相信自己平日的辛苦和汗水不会白白付出的。

在考试的过程中，万老师在旁边不时提醒，对于做得不到位的动作再一次进行纠正。完整地做了一遍，自我感觉还可以。但是老师对我说："你知道自己少做了一个动作吗？"当时我的第一反应就是"懒扎衣"。果不其然，右手在放长的过程中，右腿的重心没有移动到位，导致了那个动作根本没有做出来。还有两处的掩肘动作，也没有做到家。这些都需要在今后的练习当中引起重视。

考试结束了，万老师亲自为每一位学员颁发结业证书。当我接过证书的时候，感觉它是沉甸甸的。当相机的快门按下的那一刻，真的很难忘，心中也充满了对老师的感激之情。万老师曾经说过："修行在自身坚持，我只是个指路的。"由衷地感谢老师为我们传授的这套太极拳法，今后的修行就要靠自己了。

终亦是始，在修炼太极拳的道路上，我才刚刚起步……

# 后 记

俗话说"太极十年不出门"。我要看看自己的太极拳到底能练成什么样儿。十年的时间实在是太长，于是我给自己定了一个五年的目标。

毕业那天，得知万老师的侠友太极书院要举办"'侠友心·太极梦'全国特殊教育学校和贫困地区中小学教师培训"，需要一些志愿者帮忙。这个工作挺不错，正好能一边服务一边学拳。就这样，这个培训连续举办了四年，我也做了四年的志愿者……炎炎夏日，看着万老师被汗水浸透的背影，看着学员们一丝不苟、一招一式地刻苦习练，此情此景都会深深地感动着我，激励着我。唯有珍惜当下，努力练拳，才不辜负老师如此辛苦的付出。

书院也常组织游学，既可以在山水之间放松身心，又可以参访名胜古迹，提升人文素养。五年的时间过去，虽然我在拳法上和老师的要求总是有一定的差距，但是没有关系，差距就是动力。无限风光在险峰，我会不断向前迈进，不断超越自己，向着更高的目标攀登。

时间如白驹过隙，几年来我从未间断过太极拳的习练，虽然苦，虽然累，但却收获满满，只言片语是无法形容的。去年春天，我和同学们一起学完了八十三式

太极拳，再一次毕业了。苦尽甘来，看着大家一张张充满幸福的笑脸，仿佛早已把练拳时的辛苦抛在脑后了。

蓝汶

## 武术零基础，渐入太极门

作为一个武术白痴兼时尚现代女性，我一直都对中国古典文化敬而远之。不因为别的，只因觉得太高深莫测，玄妙虚幻了，好难搞懂，但随着年龄的增长，机缘的成熟，慢慢开始能懂点了。近两年对中国古典文化突然就感了兴趣，尤爱庄子，然后开始研习中医，原本打算留到老年再学的太极拳，也刚好作为肢体修行的部分与前者一脉相承，入了我的法眼！甚至觉得，中国人，不学太极拳，简直枉做一回中国人也！

入门难，一切理论都如听天书，好在肢体协调能力尚可；好在知道某些道理是通天通地的；好在别的不说，认真总是不需要任何基础的吧……学太极拳的好处就是可以从一招一式开始，不必有太多铺陈。于是，我就像回到小学，开始了一堂堂我最喜欢的体育课。

整个学习过程中有一个让我顿足的失误，每堂课前没有预习老师发的那两页纸上对每个招式的注解。虽然老师课程中也讲到，但学习过程中我只顾着将势子做到位，因为这已然不是一个轻巧的事。但最后发现，内在的意识是不应与姿势分离的，这也让我明白了为什么我总觉得自己做得缺点儿什么——不那么流畅贯穿一体，当然我觉得这也有缺一堂让我们将所有式子贯穿练习的一堂课的原因。希望老师下次可以在连贯练习中将武术的精、气、神、阴阳、虚实也授予我们一些，以便让我们看了老师的示范和自己对比时能不那么绝望的自卑。

虽然有这点遗憾，但整个课程的学习让我收获很大！能感觉到，老师教给我们的拳法、桩法都是精心挑选的、实打实有用的功夫！而那些一再强调的"头领住""沉肩坠肘""立身中正""松胯""脚抓地面"等要领，不仅是练习太极拳时的要领，也对我们日常的身体姿态有很好的矫正作用。姿态的改变直接影响到身体的健康，例如对颈椎、脊柱、腰椎、内脏都有很好的调节作用，同时还可以改掉错误姿态下的心理毛病，所谓气质就会这样潜移默化地改变，这真是玄妙啊。当然，前提是要每天的练习已形成习惯。除了这些作用，每一个式子、桩法都对我们的身体起到明显的锻炼作用，而这种锻炼柔中带刚，这也是我最喜欢太极拳的地方，锻炼的是个韧劲儿！和瑜伽又不一样，更加富于变化也更有趣味。但混元桩和无极桩对心浮气躁的我来说有点儿难度，希望借助动静结合的桩法帮我找到那种感觉！至于那个让我们又爱又恨的磨盘桩，我虽知道它是个宝贝，但还是循序渐进吧。

　　上面所说也只是皮毛，我想太极拳练习最终可以使我们打通全身脉络，自由穿梭于虚实有无之间，与天地之气相接，达到"天人合一"的终极境界！可惜这就不是短时间可以练成的，师父领进门，修行还要靠个人。虽然这次课程老师教的东西是有限的，但对我来说足够我练习琢磨个一年半载了！待弟子略有心得再与师父请教！

　　大恩不言谢！

　　祝万老师和每一位同学一切顺心顺意，平安喜乐每一天！

新核心

● **香海禅寺学员日记**

### 太极禅修

　　说起太极拳，我们脑海里或许都有这样一幅画面：几位老人随意地站成一两排，缓慢的步子，悠哉的手势，在花坛边画着几个圈……而我们，则是一袭匆匆走

过的孩童、少年、青年、中年……几年前认识了一老外，学了多年太极拳，如今久未联系了，不知其身在何处，只是那套拳我至今还有些记忆，就我这样的门外汉看来，舞得说不上好，蹈得说不上坏，只是一反之前的印象，太极拳并不是老年晨操，也是能格斗的。对于自己老祖宗的东西，需要借助于洋人来获得认知，暂不说这认知是否靠谱，本身倒也耐人寻味。

再次接触太极拳就是多年后的这次活动了，抱着好玩的心态来凑一份热闹，自知并非骨骼清奇，再者缺少天赋异禀，要在两日之内学好功夫大概只能靠误服丹药或失足坠崖了，奈何并无这等地利。几日之后我果未变身高手，而是坐在这里，欣欣然地记录一位真正的高人，这感觉用武林人士的话来讲，就好比打通任督二脉。

下面请允许我隆重推出这位大师——万周迎！万师傅其人，可谓人如其名，说起那模样，剑眉朗目，端方周正，目测年龄才及而立，实际岁数不告诉你。曾执大学教鞭逾十年，非授国学，而是格物致知的物理，那思维怎能不周密。数年前，为了帮助盲人放弃教职，投身公益，待人处事那叫一个周厚。出山前，还曾只身周游祖国名山大川，为的是探访各大门派、寻师会友，切磋武艺。

万师傅的太极拳课程以聊"心法"为始，而此心法又异于彼心法，非是口诀。"太极者，无极而生，动静之机，阴阳之母也"，其脱口而出的便是这些心法。所谓动静之机，请允许我试就字面意思做番拙劣的诠释。"静若处子，动如脱兔"，我们知道是形容人的宜静宜动，而这动和静之间的变化机枢便是太极所要去拿捏的，好了便是兵来将挡，水来土掩，而换我使，则是第三套全国小学生广播体操。话说，万师傅这套拳打得那叫一个行云流水、刚柔并济，活生生将一套功夫变成了艺术，也曾见过友人演绎太极拳，对比之下全然不是这股味道，其实好的东西一眼能辨，若瞧着不好不坏，即是不够好。前一秒万师傅还是那个说着

"学而时习之""文而化之""知行合一"的儒生，下一秒就成了衣袂翻飞、掷地有声的侠士，未曾见过浪仙"今日把示君"，也无幸领略稼轩的"少年握槊，气凭陵"，但想着那气度风骨也应大略如此吧。

一静一动适意自如，这已然不仅是功夫技法了，更是内心的修为，这也是为何上课伊始，万师傅给我们讲解的不是招式，而是中医、儒释道。在其看来太极拳的招式是可以与中医的三阳（太阳、少阳、阳明）、三阴（太阴、少阴、厥阴）一一对应的，我听着似懂非懂，说似懂是因为冥冥中知道这是对的，而非懂则在于这又非我当下所能切身体会的，抑或永远也不能，不过即便如此也不妨碍我的觉知，心毕竟是要比脑袋灵敏的。如此博大精深的武艺，如何能在两日之内悉数相授，我估摸着得先等师傅学会了北冥神功。好在他所希望我们的不过是今后能分辨何种功夫当可习之，何谓正道，说来简单，做也不易。

既然这已然变成了一篇阿谀奉承之作，那就索性让俺再抖几个包袱吧。万师傅不仅是太极拳大师，通臂拳、形意拳也样样精通。当听闻咱通臂拳师祖当年云游四海，高手过招的轶事之时，那感觉虽未及武侠片武侠，却要比穿越剧穿越。万师傅也修禅，有位已近百岁的师父，是虚云和尚的一位重要弟子，修的是生活禅。也就难怪当我们见到这位武林高手之时，感觉不到一丝的霸气侧漏，而是种平和，让人如沐春风，这或许也是太极拳所说的掤劲。如今万师傅有个心愿，就是要创建一个平台，为包括盲人在内的弱势群体做些事，心中着实佩服。

还有许多话想说，思量着师傅见到这篇文章一定气得发笑：心想这广告做得赶超天桥顶上狗皮膏药，莫非是特地上门来拆墙脚。所以还是就此打住。其实本无须我多言，只需一个照面，知者即知之，不知者也就不知罢了。

再回到这功夫，万师傅教的是陈王廷所创的陈式太极拳。咱所学仅为七势，虽是简化了的，却是从前陈家人不外传的，当年陈家的马夫、家奴一定对咱充满了羡慕嫉妒恨，虽然我知道了亦如不知。万师傅说起云游那会儿曾拜访一位身怀祖传功夫的耄耋老人，老人见了他后，喜不胜收，分别时一再邀请他再来，家里的两个儿子早已放弃练拳，转投木匠、泥水匠，未及再见，老人却是殁了。当我问起轻功，万师傅说他师父当年于寅时练功那会儿，有些个人会坐在树上看他练功，他们便是子时出门练轻功的，不过他自己却从未见到过。后来知道万师傅是陈式太极拳的第十二代传人，原来陈式太极拳的传人也可以不姓陈⋯⋯想到这些，我还是去蹲两分钟马步吧⋯⋯

清欢

## 身体与美

我真的很想把拳打成像万老师那样行云流水、美不胜收的样子，当然我是初学者，样子看起来比较笨拙。但是，我还是非常锲而不舍地把身体拧成老师要求的角度和位置，的确会觉得筋都舒展了。回来之后，我就在出差和旅行的时候，用太极拳缓解脊椎疼痛之苦了。旅行的时候，一天要坐八个小时大巴，中间有下车休息，我就找地方锻炼一下，发现这是个非常好的伸展方式。晚上再练两遍，脊椎痛、脖子痛都消失了。从实用性上来说，也是非常好的投资课程呢。

Elaine

## 一念相应，一念佛

写下这几个字时，心里满是怯懦。言语文字皆为桎梏，无法表达感受之万一，也怕把万老师写浅了，或者给人以先入为主的印象。不过想想后来人并不会执着于他人所想所说所感，即使错了也无妨吧。

其实当初我参加禅修的动机并不纯，我就想找个机会出去散散心，没去寺院住过，就想体验一下。太极拳能学点最好，学不了也无所谓，反正肢体僵硬症也不是一天两天了。起初就抱着这种浑水摸鱼的心态，踏上了禅修之旅。

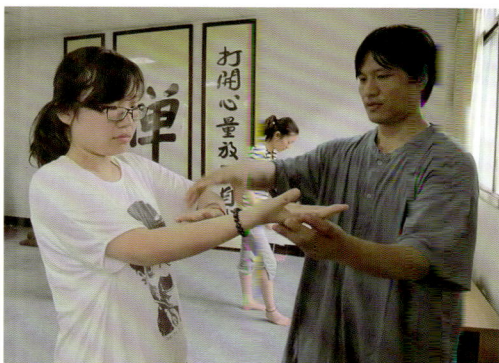

万老师是个非常平和的人，看不出年龄。眉宇之间有点像陈坤。我不是一个会夸人的人，有时越是欣赏越是不知道说什么好。也可能是因为不太想与人分享这种欣赏的感觉，这是一种对内的情感，向内越久，越醇厚。我只想说，在万老师身边，我能感觉到一种平和的缓缓流动的气场，不张扬不紧绷，很舒服。我见过不少气场很强大的人，感觉他们是有一个浑圆的结界或者小宇宙包围着，很闪光，让我感觉自己很小。万老师不是，他的场是开放的、流动的、稳定的。他和你在一起，你感觉到他的存在，也感觉到自己的存在，就在那一刻，在一起。

不知道说这个合不合适。万老师打拳的时候，我能看得到两股交互气流，随着万老师的拳风或盈或亏，交相呼应，感觉是一体的两股

力量。不过在开始学一招一式的时候，我就看不到这些了。也许是有了"我执"吧。

我爸爸是学过中医的。童年最开心的事情，是一个一个打开药柜的小抽屉看看里面装的是什么稀奇古怪的东西，有时还偷偷往嘴里塞一点。小时候体弱多病，天天跟在老中医后面玩。大了以后也会听人吹嘘说我中医学得有多厉害，我常常笑而不语，随便听听就过了。万老师一开口我是真吓了一跳，我已经好久没听到人这么简单朴实又能从实质上聊这个了。我忽然很后悔，小时候贪玩，觉得中医好无聊，现在已经没机会跟老中医再聊聊天，听他们叨叨了。

不得不说，万老师国学极好。我本是没有资格说这个话的，因我国学底子不好，但由于迷汉服的关系，见过一些教国学的老师，无法比较，但感觉得出来。我最喜欢的，是课间休息时随意三三两两的同学坐在地毯上，听万老师说话。话题有时候是禅道，有时候只是单纯聊天。已经过去了两个月，我还是能够清晰地记得盘腿坐在垫子上舒服的感觉。

我不是佛教徒，只是有幸在万老师身边，和大家一起停留过两三天。一止今心，不问成佛。

星空兔

# 非视觉太极摄影展

图文：刘敏 等

万老师每天的生活，从两个小时的练拳开始。

万老师带着孩子们练习磨盘桩基本功。

为了让盲童学习太极拳，万老师开发了一套自己的教学方法。他利用自己深厚的物理学基础，将一个动作的运动轨迹分解为几个关键节点。当孩子们掌握了这些动作定势并连贯下来时，整个动作就完全掌握了。

"非视觉太极"中还有一个教学方法，是"触"。
对于没有视觉的孩子们，让她们通过感知老师身
体的姿势来学习太极拳。

除了太极拳的动作，侠友书院的课程还会教孩子们
学习国学经典和相关历史，所谓"文武双全"。

万老师受邀给孩子们打太极，每次都被大批粉丝
围得水泄不通。

"非视觉太极"的教学方法起源于万老师教特殊学校孩子太极的一些心得体会。他发现盲生在学太极的时候，更加专注，往往比普通学生都要学得好。图为万老师在泰安特殊教育中心的教学楼里和教师交流。

凡事亲力亲为，图为万老师在走访各地项目学校的途中。

走访有时也会遇到困难，万老师有一次去学生家进行家访，大雨封路，只能滞留在山里。

现实生活中的万老师，平时都是安安静静，毫无架子。图为万老师蹲下与凑近的小女孩一起合影。

泰安特殊教育中心的房雪清老师性格开朗，号召力强，自己经过两年的太极拳锻炼，觉得自己的身体素质、耐心和毅力都有提高，现在学校的老师和学生都跟她学习太极拳。

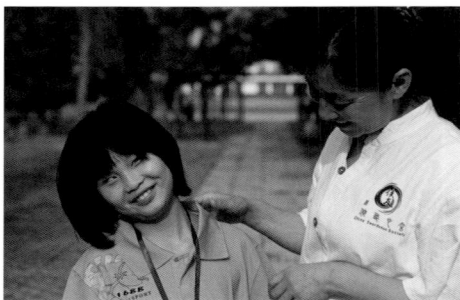

房老师在这里工作了 24 年，能理解在这里学习的孩子们的痛苦和快乐，他们大多来自偏僻的农村，所以房老师平时对孩子们爱护有加。

成都市特殊教育学校的严义龙老师教起拳来一丝不苟。

严义龙运用"非视觉太极"的教学方法，充分调动孩子们的其他感观来学习。

严老师有一副古道柔肠，和盲眼的孩子们出行，都会耐心地充当"指路拐杖"。

唐恩成老师所在的天马学校是汶川地震后新建的学校，位于四川都江堰市天马镇岷江河畔。现在唐老师已经有太极拳学生 800 名，学校专门成立了太极拳队，成为学校的特色表演项目。

小建是山东武城鲁人希望小学六年级的学生，练起太极来十分认真。虽然很累，但是他很喜欢，因为他觉得"有功夫在身"了！

## "侠友心·太极梦"项目精彩瞬间

全国大培训中,万老师用"触摸式教学"教授盲童。

一招一式,从零学起。

全国各地的项目学校传习,这是北京延庆打工子弟小学庆源学校的方启艳老师在教授学生。

要知道念念不忘必有回响,孩子们的学习环境越变越好,而不变的是河北怀来县瑞云观乡中心校的师生们对传统文化的热爱和对习练太极的坚持。

河南南阳方城县尚台回族小学的孩子们连课间时间也要在教室外站桩。

大连盲聋学校的宋艳菊老师在教学生们行礼。

江西于都县特殊教育学校的听障学生们通过太极感受无声大乐。

是一校之长，也是一线教学的老师。张校长把功夫的核心传递给了一批又一批的孩子们。

媒体报道盲童"梦之队"首演。

从"侠友心·太极梦"项目大培训回来后，黄老师在广西田东中学组建了校太极队。太极少年，尽显青春风采。

这是《非视觉太极》大型公益活动现场。

# 太极拳文化经典选编

## ● 修武德以正身心

### 武者三惧三不惧

三惧：一惧德高望重者，二惧童稚者，三惧病弱者。

三不惧：身强力壮者不惧，专横跋扈者不惧，恃强凌弱者不惧。

### 太极拳门规戒律

不倚权欺人；不畏强凌弱；勇救危；不惧险；不为非作歹；不借势狂妄；不串乡结党；不自傲自满；不与狂徒较量；不与无知争强；不骄贫谄富；不贪无义横财；不与酒色处事；不抗公私之债；不得损公碍私；不图显官厚禄；不应磋懈习拳。

### 学拳须知

学太极拳不可不敬，不敬则外慢师友，内慢身体。心不敛束，如何能学艺？

学太极拳不可狂，狂则生事。不但手不可狂，即言亦不可狂。外面形迹必带儒雅风气。不然，狂于外必失于内。

学太极拳不可满，满则招损。俗语云：天外还有天。能谦则虚心受教，人谁不乐告之以善哉？积众善以为善，善斯大矣！

学太极拳着着当细心揣摩，一着不揣摩，则此势机致情理终于茫昧。即承上启下处，又当留心，此处不留心，则来脉不真，转关亦不灵动。一着自为一着，不能自始至终一气贯通矣！不能一气贯通，则太和元气终难问津。

学太极拳先学读书，书理明白，学拳自然容易。

学太极拳即学阴阳开合而已。我身中自有本然之阴阳开合，非教者所能增损也。果能复其本然，则教者即止（教者，教之以规矩，即大中至正之理）。

学太极拳不可凌厉压人，凌厉欺压即犯众怒，罪之魁也！

## ● 明拳理以问武道

### 太极图说
宋　周敦颐

　　无极而生太极。太极动而生阳，动极而静，静而生阴，静极复动。一动一静，互为其根。分阴分阳，两仪立焉。阳变阴合，而生水火木金土。五气顺布，四时行焉。五行一阴阳也，阴阳一太极也，太极本无极也。

　　五行之生也，各一其性。无极之真，二五之精，妙合而凝。乾道成男，坤道成女。二气交感，化生万物。万物生生而变化无穷焉。

　　唯人也得其秀而最灵。形既生矣，神发知矣。五性感动而善恶分，万事出矣。圣人定之以中正仁义而主静，立人极焉。

　　故圣人"与天地合其德，日月合其明，四时合其序，鬼神合其吉凶"，君子修之吉，小人悖之凶。故曰："立天之道，曰阴与阳。立地之道，曰柔与刚。立人之道，曰仁与义。"又曰："原始反终，故知死生之说。"大哉易也，斯其至矣！

### 通书·动静第十六
宋　周敦颐

　　动而无静，静而无动，物也。动而无动，静而无静，神也。动而无动，静而无静，非不动不静也。物则不通，神妙万物。水阴根阳，火阳根阴。五行阴阳，阴阳太极，四时运行，万物终始。混兮辟兮，其无穷兮！

### 通书·理性命第二十二
宋　周敦颐

　　厥彰厥微，匪灵弗莹，刚善刚恶，柔亦如之，中焉止矣。二气五行，化生万物。五殊二实，二本则一。是万为一，一实为万。万一各正，大小有定。

　　编者按：以上三篇周子论太极，太极拳理归于此，太极拳论本于此。

### 感遇
唐　陈子昂

　　微月生西海，幽阳始化升。

圆光正东满，阴魄已朝凝。

太极生天地，三元更废兴。

至精谅斯在，三五谁能征。

### 太极拳论

清　王宗岳

太极者，无极而生，动静之机，阴阳之母也。动之则分，静之则合。无过不及，随曲就伸。人刚我柔谓之走，我顺人背谓之黏。动急则急应，动缓则缓随。虽变化万端，而理唯一贯。由著熟而渐悟懂劲，由懂劲而阶及神明。然非用力之久不能豁然贯通焉。

虚灵顶劲，气沉丹田，不偏不倚，忽隐忽现。左重则左虚，右重则右杳。仰之则弥高，俯之则弥深，进之则愈长，退之则愈促。一羽不能加，蝇虫不能落。人不知我，我独知人。英雄所向无敌，盖皆由此而及也！

斯技旁门甚多，虽势有区别，概不外"壮欺弱""慢让快"耳，有力打无力，手慢让手快，是皆先天自然之能，非关学力而有为也。察四两拨千斤之句，显非力胜！观耄耋御众之形，快何能为？立如秤准，活似车轮，偏沉则随，双重则滞。每见数年纯功不能运化者，率皆自为人制，双重之病未悟耳。欲避此病，须知阴阳，黏即是走，走即是黏，阳不离阴，阴不离阳，阴阳相济，方为懂劲。懂劲后愈练愈精，默识揣摩，渐至从心所欲。本是舍己从人，多误舍近求远，所谓差之毫厘，谬以千里，学者不可不详辨焉！是为论。

## ● 知医理以问天真

### 素问·上古天真论（节选）

昔在黄帝，生而神灵，弱而能言，幼而徇齐，长而敦敏，成而登天。乃问于天师曰：余闻上古之人，春秋皆度百岁，而动作不衰；今时之人，年半百而动作皆衰者，时世异耶？人将失之耶？

岐伯对曰：上古之人，其知道者，法于阴阳，和于术数，食饮有节，起居有常，不妄作劳，故能形与神俱，而尽终其天年，度百岁乃去。今时之人不然也，以酒为浆，以妄为常，醉以入房，以欲竭其精，以耗散其真，不知持满，不时御神，务快其心，逆于生乐，起居无节，故半百而衰也。

夫上古圣人之教下也，皆谓之虚邪贼风，避之有时，恬淡虚无，真气从之，精神内守，病安从来。是以志闲而少欲，心安而不惧，形劳而不倦，气从以顺，各从其欲，皆得所愿。故美其食，任其服，乐其俗，高下不相慕，其民故曰朴。是以嗜欲不能劳其目，淫邪不能惑其心，愚智贤不肖不惧于物，故合于道。所以能年皆度百岁，而动作不衰者，以其德全不危也。

> 编者按：上古天真者，直心质朴，真实无妄也。今人所谓养生，不离此准龟，"见素抱朴，少私寡欲。"今之保健品、补品之类，皆多余之物，令脏腑妄动，元气耗散，有不如无。太极拳之松净自然，动静相宜，实乃引"今时之人"归"上古天真"之良方也。

## 素问·六微旨大论（节选）

黄帝问曰：呜呼，远哉！天之道也，如迎浮云，若视深渊，视深渊尚可则，迎浮云莫知其极。夫子数言谨奉天道，余闻而藏之，心私异之，不知其所谓也。愿夫子溢志尽言其事，令终不灭，久而不绝。天之道，可得闻乎？

岐伯稽首再拜对曰：明乎哉问！天之道也，此因天之序，盛衰之时也。

帝曰：愿闻天道六六之节，盛衰何也？

岐伯曰：上下有位，左右有纪。故少阳之右，阳明治之；阳明之右，太阳治之；太阳之右，厥阴治之；厥阴之右，少阴治之；少阴之右，太阴治之；太阴之右，少阳治之。此所谓气之标，盖南面而待也。故曰：因天之序，盛衰之时，移光定位，正立而待之，此之谓也。少阳之上，火气治之，中见厥阴；阳明之上，燥气治之，中见太阴。太阳之上，寒气治之，中见少阴。厥阴之上，风气治之，中见少阳。少阴之上，热气治之，中见太阳。太阴之上，湿气治之，中见阳明。

所谓本也，本之下中之见也，见之下气之标也。本标不同，气应异象。

> 编者按：因天之序，阴阳消长，以成寒暑燥湿，风火为使，令生长收藏，万物生生不息，以应自然岁月。天地生人，人之内以应天地之外，寒暑燥湿，表里定位，寒中有暑，暑中有寒，太阳、少阴合成太极之象，以成人身少长强弱之形。燥中有湿，湿中含燥，燥湿运化，阳明、太阴合成太极之象，以运人体消化吸收之能。寒暑成风，燥湿生火，风火相依成太极之象，以明人生出入输运之机。故天地太极之理合而生人，人循太极之法可养其生。六经六气，天人相应，太极之理本在其一。

## 素问·四气调神大论

春三月，此谓发陈，天地俱生，万物以荣，夜卧早起，广步于庭，被发缓形，以使志生，生而勿杀，予而勿夺，赏而勿罚，此春气之应，养生之道也。逆之则伤肝，夏为寒变，奉长者少。

夏三月，此谓蕃秀，天地气交，万物华实，夜卧早起，无厌于日，使志无怒，使华英成秀，使气得泄，若所爱在外，此夏气之应，养长之道也。逆之则伤心，秋为痎疟，奉收者少，冬至重病。

秋三月，此谓容平，天气以急，地气以明，早卧早起，与鸡俱兴，使志安宁，以缓秋刑，收敛神气，使秋气平，无外其志，使肺气清，此秋气之应，养收之道也。逆之则伤肺，冬为飧泄，奉藏者少。

冬三月，此谓闭藏，水冰地坼，无扰乎阳，早卧晚起，必待日光，使志若伏若匿，若有私意，若已有得，去寒就温，无泄皮肤，使气亟夺，此冬气之应，养藏之道也。逆之则伤肾，春为痿厥，奉生者少。

天气，清净光明者也，藏德不止，故不下也。天明则日月不明，邪害空窍，阳气者闭塞，地气者冒明，云雾不精，则上应白露不下。交通不表，万物命故不施，不施则名木多死。恶气不发，风雨不节，白露不下，则菀槁不荣。贼风数至，暴雨数起，天地四时不相保，与道相失，则未央绝灭。唯圣人从之，故身无奇病，万物不失，生气不竭。

逆春气，则少阳不生，肝气内变。逆夏气，则太阳不长，心气内洞。逆秋气，则太阴不收，肺气焦满。逆冬气，则少阴不藏，肾气独沉。

夫四时阴阳者，万物之根本也。所以圣人春夏养阳，秋冬养阴，以从其根，故与万物沉浮于生长之门。逆其根，则伐其本，坏其真矣。

故阴阳四时者，万物之终始也，死生之本也，逆之则灾害生，从之则苛疾不起，是谓得道。道者，圣人行之，愚者佩之。从阴阳则生，逆之则死；从之则治，逆之则乱。反顺为逆，是谓内格。

是故圣人不治已病治未病，不治已乱治未乱，此之谓也。夫病已成而后药之，乱已成而后治之，譬犹渴而穿井，斗而铸锥，不亦晚乎！

编者按：天有春夏秋冬，万物应以生长收藏，从之以养性命之要，灾祸不生，奇病无踪。故圣人从四时阴阳则真元不损，从阴阳四时则终始无碍。愚者逆之而寒邪纷扰，祸乱滋生。故上工不治已病治未病，圣人不治已乱治未乱，治病如治国，用药如用兵。刀兵起而国力伤，药石入而元气损，四时阴阳之用大矣哉。

## 素问·阴阳应象大论（节选）

黄帝曰：阴阳者，天地之道也，万物之纲纪，变化之父母，生杀之本始，神明之府也。治病必求于本。

故积阳为天，积阴为地。阴静阳躁，阳生阴长，阳杀阴藏。阳化气，阴成形。寒极生热，热极生寒；寒气生浊，热气生清。清气在下，则生飧泄；浊气在上，则生䐜胀。此阴阳反作，病之逆从也。

故清阳为天，浊阴为地。地气上为云，天气下为雨；雨出地气，云出天气。故清阳出上窍，浊阴出下窍；清阳发腠理，浊阴走五脏；清阳实四肢，浊阴归六腑。

……

天有四时五行，以生长收藏，以生寒暑燥湿风。人有五脏化五气，以生喜怒悲忧恐。故喜怒伤气，寒暑伤形。暴怒伤阴，暴喜伤阳。厥气上行，满脉去形。喜怒不节，寒暑过度，生乃不固。故重阴必阳，重阳必阴。故曰：冬伤于寒，春必温病；春伤于风，夏生飧泄；夏伤于暑，秋必痎疟；秋伤于湿，冬生咳嗽。

## 素问·灵兰秘典论

黄帝问曰：愿闻十二脏之相使，贵贱何如？

岐伯对曰：悉乎哉问也！请遂言之。心者，君主之官也，神明出焉。肺者，相傅之官，治节出焉。肝者，将军之官，谋虑出焉。胆者，中正之官，决断出焉。膻中者，臣使之官，喜乐出焉。脾胃者，仓廪之官，五味出焉。大肠者，传道之官，变化出焉。小肠者，受盛之官，化物出焉。肾者，作强之官，伎巧出焉。三焦者，决渎之官，水道出焉。膀胱者，州都之官，津液藏焉，气化则能出矣。凡此十二官者，不得相失也。故主明则下安，以此养生则寿，殁世不殆，以为天下则大昌。主不明则十二官危，使道闭塞而不通，形乃大伤，以此养生则殃，以为天下者，其宗大危，戒之戒之！

至道在微，变化无穷，孰知其原？窘乎哉，消者瞿瞿，孰知其要！闵闵之当，孰者为良！恍惚之数，生于毫厘，毫厘之数，起于度量，千之万之，可以益大，推之大之，其形乃制。

黄帝曰：善哉！余闻精光之道，大圣之业，而宣明大道，非斋戒择吉日不敢受也。黄帝乃择吉日良兆，而藏灵兰之室，以传保焉。

> 编者按：养生如治国，脏腑安其位，气血通其行。位有高下之分，行无尊卑之别。消息往来，上达天听，下至庶民，通达无碍，主明而下安。此天地自然之秘要，敬而受之，慎而藏之，可传万世，信而从之，可至天真。

## 灵枢·九针十二原（节选）

黄帝问于岐伯曰：余子万民，养百姓，而收其租税。余哀其不给，而属有疾病。余欲勿使被毒药，无用砭石，欲以微针通其经脉，调其血气，营其逆顺出入之会，令可传于后世。必明为之法，令终而不灭，久而不绝，易用难忘，为之经纪；异其篇章，别其表里，为之终始；令各有形，先立针经。愿闻其情。

岐伯答曰：臣请推而次之，令有纲纪，始于一，终于九焉。请言其道！小针之要，易陈而难入，粗守形，上守神，神乎，神客在门，未睹其疾，恶知其原？刺之微，在速迟，粗守关，上守机，机之动，不离其空，空中之机，清静而微，其来不可逢，其往不可追。知机之道者，不可挂以发。不知机道，扣之不发。知其往来，要与之期，粗之暗乎，妙哉，工独有之。往者为逆，来者为顺，明知逆顺，正行无问。迎而夺之，恶得无虚，追而济之，恶得无实，迎之随之，以意和之，针道毕矣。

> 编者按：上工治病，临机而发，莫测其能。太极者，动静之机。知机之道者，屈伸开合，舍己从人。不知机道者，努劲拙力，丢顶双重。虚实迎随，以意和之，医之道若此，太极之道亦若此。

## 灵枢·本神（节选）

黄帝问于岐伯曰：凡刺之法，必先本于神。血、脉、营、气、精神，此五脏之所藏也，至其淫泆离脏则精失、魂魄飞扬、志意恍乱、智虑去身者，何因而然乎？天之罪与？人之过乎？何谓德、气、生、精、神、魂、魄、心、意、志、思、智、虑？请问其故。

岐伯答曰：天之在我者德也，地之在我者气也。德流气薄而生者也。故生之来谓之精，两精相搏谓之神，随神往来者谓之魂，并精而出入者谓之魄，所以任物者谓之心，心有所忆谓之意，意之所存谓之志，因志而存变谓之思，因思而远慕谓之虑，因虑而处物谓之智。

故智者之养生也，必顺四时而适寒暑，和喜怒而安居处，节阴阳而调刚柔。如是则僻邪不至，长生久视。

编者按：精、神、魂、魄，舍任物之心外并无余物。德流气薄，生机之所本也。生长收藏，意志思虑，积精累气而心神充足，神足则任物之心可成处物之智。智者顺而养生，可长生久视。

## 灵枢·经脉（节选）

雷公问于黄帝曰：《禁服》之言，凡刺之理，经脉为始，营其所行，知其度量，内次五脏，外别六腑，愿尽闻其道。黄帝曰：人始生，先成精，精成而脑髓生，骨为干，脉为营，筋为刚，肉为墙，皮肤坚而毛发长，谷入于胃，脉道以通，血气乃行。

雷公曰：愿卒闻经脉之始生。黄帝曰：经脉者，所以能决死生、处百病、调虚实，不可不通。

肺手太阴之脉，起于中焦，下络大肠，还循胃口，上膈属肺，从肺系横出腋下，下循臑内，行少阴、心主之前，下肘中，循臂内上骨下廉、入寸口，上鱼，循鱼际，出大指之端；其支者，从腕后直出次指内廉，出其端。

是动则病肺胀满，膨膨而喘咳，缺盆中痛，甚则交两手而瞀，此为臂厥。是主肺所生病者，咳，上气喘喝，烦心，胸满，臑臂内前廉痛厥，掌中热。气盛有余，则肩背痛，风寒汗出中风，小便数而欠。气虚则肩背痛寒，少气不足以息，弱色变。为此诸病，盛则泻之，虚则补之，热则疾之，寒则留之，陷下则灸之，不盛不虚，以经取之。盛者，寸口大三倍于人迎；虚者，则寸口反小于人迎也。

大肠手阳明之脉，起于大指次指之端，循指上廉，出合谷两骨之间，上入两筋之中，循臂上廉，入肘外廉，上臑外前廉，上肩，出髃骨之前廉，上出于柱骨之会上，下入缺盆，络肺，下膈，属大肠。其支者，从缺盆上颈，贯颊，入下齿中，还出挟口，交人中，左之右，右之左，上挟鼻孔。

是动则病齿痛，颈肿。是主津所生病者，目黄口干，鼻衄，喉痹，肩前臑痛，大指次指痛不用。气有余则当脉所过者热肿，虚则寒栗不复。为此诸病，盛则泻之，虚则补之，热则疾之，寒则留之，陷下则灸之，不盛不虚，以经取之。盛者，人迎大三倍于寸口；虚者，人迎反小于寸口也。

胃足阳明之脉，起于鼻，交颏中，旁纳太阳之脉，下循鼻外，入上齿中，还出挟口，环唇，下交承浆，却循颐后下廉，出大迎，循颊车，上耳前，过客主人，循发际，至额颅；其支者，从大迎前下人迎，循喉咙，入缺盆，下膈，属胃络脾；其直者，从缺盆下乳内廉，下挟脐，入气街中；其支者，起于胃口，下循腹里，下至气街中而合，以下髀关，抵伏兔，下膝膑中，下循胫外廉，下足跗，入中趾内间；其支者，下膝三寸而别，下入中趾外间；其支者，别跗上，入大趾间，出其端。

是动则病洒洒振寒，善伸，数欠，颜黑，病至则恶人与火，闻木声则惕然而惊，心欲动，独闭户塞牖而处，甚则欲上高而歌，弃衣而走，贲响腹胀，是为骭厥。是主血所生病者，狂疟，温淫汗出，鼽衄，口喝，唇胗，颈肿，喉痹，大腹水肿，膝膑肿痛，循膺、乳、气街、股、伏兔、骭外廉、足跗上皆痛，中趾不用。气盛则身以前皆热，其有余于胃，则消谷善饥，溺色黄。气不足则身以前皆寒栗，胃中寒则胀满。为此诸病，盛则泻之，虚则补之，热则疾之，寒则留之，陷下则灸之，不盛不虚，以经取之。盛者，人迎大三倍于寸口；虚者，人迎反小于寸口也。

脾足太阴之脉，起于大趾之端，循趾内侧白肉际，过核骨后，上内踝前廉，上踹内，循胫骨后，交出厥阴之前，上膝股内前廉，入腹，属脾络胃，上膈，挟咽，连舌本，散舌下；其支者，复从胃别上膈，注心中。

是动则病舌本强，食则呕，胃脘痛，腹胀，善噫，得后与气则快然如衰，身体皆重。是主脾所生病者，舌本痛，体不能动摇，食不下，烦心，心下急痛，溏瘕泄，水闭，黄疸，不能卧，强立股膝内肿厥，足大趾不用。为此诸病，盛则泻之，虚则补之，热则疾之，寒则留之，陷下则灸之，不盛不虚，以经取之。盛者，寸口大三倍于人迎；虚者，寸口反小于人迎也。

心手少阴之脉，起于心中，出属心系，下膈，络小肠；其支者，从心系，上挟咽，系目系；其直者，复从心系却上肺，下出腋下，下循臑内后廉，行手太阴、心主之后，下肘内，循臂内后廉，抵掌后锐骨之端，入掌内后廉，循小指之内，出其端。

是动则病嗌干心痛，渴而欲饮，是为臂厥。是主心所生病者，目黄胁痛，臑臂内后廉痛厥，掌中热痛。为此诸病，盛则泻之，虚则补之，热则疾之，寒则留之，陷下则灸之，不盛不虚，以经取之。盛者，寸口大再倍于人迎；虚者，寸口反小于人迎也。

小肠手太阳之脉，起于小指之端，循手外侧，上腕，出踝中，直上循臂骨下廉，出肘内侧两骨之间，上循臑外后廉，出肩解，绕肩胛，交肩上，入缺盆，络心，循咽，下膈，抵胃，属小肠；其支者，从缺盆循颈上颊，至目锐眦，却入耳中；其支者，别颊上䪼，抵鼻，至目内眦，斜络于颧。

是动则病：嗌痛，颔肿，不可以顾，肩似拔，臑似折。是主液所生病者，耳聋，目黄，颊肿，颈、颔、肩、臑、肘、臂外后廉痛。为此诸病，盛则泻之，虚则补之，热则疾之，寒则留之，陷下则灸之，不盛不虚，以经取之。盛者，人迎大再倍于寸口；虚者，人迎反小于寸口也。

膀胱足太阳之脉，起于目内眦，上额交巅；其支者，从巅至耳上角；其直者，从巅入络脑，还出别下项，循肩髆内，挟脊抵腰中，入循膂，络肾属膀胱；其支者，从腰中下挟脊，贯臀，入腘中；其支者，从髆内左右别下贯胛，挟脊内，过髀枢，循髀外，从后廉下合腘中，以下贯踹内，出外踝之后，循京骨，至小趾外侧。

是动则病冲头痛，目似脱，项如拔，脊痛，腰似折，髀不可以曲，腘如结，踹如裂，是为踝厥。是主筋所生病者，痔，疟，狂癫疾，头囟项痛，目黄泪出，鼽衄，项、背、腰、尻、腘、踹、脚皆痛，小趾不用。为此诸病，盛则泻之，虚则补之，热则疾之，寒则留之，陷下则灸之，不盛不虚，以经取之。盛者，人迎大再倍于寸口；虚者，人迎反小于寸口也。

肾足少阴之脉，起于小趾之下，邪走足心，出于然骨之下，循内踝之后，别入跟中，以上踹内，出腘内廉，上股内后廉，贯脊，属肾络膀胱；其直者，从肾上贯肝膈，入肺中，循喉咙，挟舌本；其支者，从肺出络心，注胸中。

是动则病饥不欲食，面如漆柴，咳唾则有血，喝喝而喘，坐而欲起，目䀮䀮如无所见，心如悬若饥状，气不足则善恐，心惕惕如人将捕之，是为骨厥。是主肾所生病者，口热舌干，咽肿上气，嗌干及痛，烦心心痛，黄疸，肠澼，脊股内后廉痛，痿厥，嗜卧，足下热而痛。为此诸病，盛则泻之，虚则补之，热则疾之，寒则留之，陷下则灸之，不盛不虚，以经取之。灸则强食生肉，缓带披发，大杖重履而步。盛者，寸口大再倍于人迎；虚者，寸口反小于人迎也。

心主手厥阴心包络之脉，起于胸中，出属心包络，下膈，历络三焦；其支者，循胸出胁，下腋三寸，上抵腋下，循臑内，行太阴、少阴之间，入肘中，下臂，行两筋之间，入掌中，循中指出其端；其支者，别掌中，循小指次指出其端。

是动则病手心热，臂肘挛急，腋肿，甚则胸胁支满，心中憺憺大动，面赤目黄，喜笑不休。是主脉所生病者，烦心，心痛，掌中热。为此诸病，盛则泻之，虚则补之，热则疾之，寒则留之，陷下则灸之，不盛不虚，以经取之。盛者，寸口大一倍于人迎；虚者，寸口反小于人迎也。

三焦手少阳之脉，起于小指次指之端，上出两指之间，循手表腕，出臂外两骨之间，上贯肘，循臑外上肩，而交出足少阳之后，入缺盆，布膻中，散落心包，下膈，循属三焦；其支者，从膻中上出缺盆，上项，系耳后，直上出耳上角，以屈下颊至𬱖；其支者，从耳后入耳中，出走耳前，过客主人前，交颊，至目锐眦。

是动则病耳聋浑浑焞焞，嗌肿喉痹。是主气所生病者，汗出，目锐眦痛，颊痛，耳后、肩、臑、肘、臂外皆痛，小指次指不用。为此诸病，盛则泻之，虚则补之，热则疾之，寒则留之，陷下则灸之，不盛不虚，以经取之。盛者，人迎大一倍于寸口；虚者，人迎反小于寸口也。

胆足少阳之脉，起于目锐眦，上抵头角，下耳后，循颈，行手少阳之前，至肩上，却交出手少阳之后，入缺盆；其支者，从耳后入耳中，出走耳前，至目锐眦后；其支者，别锐眦，下大迎，合于手少阳，抵于𬱖，下加颊车，下颈，合缺盆，以下胸中，贯膈，络肝属胆，循胁里，出气街，绕毛际，横入髀厌中；其直者，从缺盆下腋，循胸过季胁，下合髀厌中，以下循髀阳，出膝外廉，下外辅骨之前，直下抵绝骨之端，下出外踝之前，循足跗上，入小趾次趾之间；其支者，别跗上，入大趾之间，循大趾歧骨内出其端，还贯爪甲，出三毛。

是动则病口苦，善太息，心胁痛，不能转侧，甚则面微有尘，体无膏泽，足外反热，是为阳厥。是主骨所生病者，头痛，颔痛，目锐眦痛，缺盆中肿痛，腋下肿，马刀侠瘿，汗出振寒，疟，胸、胁、肋、髀、膝外至胫、绝骨、外踝前及诸节皆痛，小趾次趾不用。为此诸病，盛则泻之，虚则补之，热则疾之，寒则留之，陷下则灸之，不盛不虚，以经取之。盛者，人迎大一倍于寸口；虚者，人迎反小于寸口也。

肝足厥阴之脉，起于大趾丛毛之际，上循足跗上廉，去内踝一寸，上踝八寸，交出太阴之后，上腘内廉，循股阴，入毛中，环阴器，抵小腹，挟胃，属肝络胆，上贯膈，布胁肋，循喉咙之后，上入颃颡，连目系，上出额，与督脉会于巅；其支者，从目系下颊里，环唇内；其支者，复从肝，别贯膈，上注肺。

是动则病腰痛不可以俯仰，丈夫㿉疝，妇人少腹肿，甚则嗌干，面尘脱色。是主肝所生病者，胸满，呕逆，飧泄，狐疝，遗溺，闭癃。为此诸病，盛则泻之，虚则补之，热则疾之，寒则留之，陷下则灸之，不盛不虚，以经取之。盛者，寸口大一倍于人迎；虚者，寸口反小于人迎也。

> 编者按：经脉为医者诊断之绳墨，"是动则病"后所述为经脉受扰动而显病症，病在经脉，程度相较为轻，脏腑之正气尚足。"是主某所生病者"后所述为脏腑功能受干扰之病症，脏腑正气不足，病在脏腑，较为深入。

## 灵枢·决气

黄帝曰：余闻人有精、气、津、液、血、脉，余意以为一气耳，今乃辨为六名，余不知其所以然。

岐伯曰：两神相搏，合而成形，常先身生，是谓精。

何谓气？

岐伯曰：上焦开发，宣五谷味，熏肤、充身、泽毛，若雾露之溉，是谓气。

何谓津？

岐伯曰：腠理发泄，汗出溱溱，是谓津。

何谓液？

岐伯曰：谷入气满，淖泽注于骨，骨属屈伸，泄泽，补益脑髓，皮肤润泽，是谓液。

何谓血？

岐伯曰：中焦受气取汁，变化而赤，是谓血。

何谓脉？

岐伯曰：壅遏营气，令无所避，是谓脉。

黄帝曰：六气者，有余不足，气之多少，脑髓之虚实，血脉之清浊，何以知之？岐伯曰：精脱者，耳聋；气脱者，目不明；津脱者，腠理开，汗大泄；液脱者，骨属屈伸不利，色夭，脑髓消，胫酸，耳数鸣；血脱者，色白，夭然不泽；脉脱者，其脉空虚。此其候也。

黄帝曰：六气者，贵贱何如？岐伯曰：六气者，各有部主也，其贵贱善恶，可为常主，然五谷与胃为大海也。

> 编者按：六气本为一气，《六微旨大论》所谓"本标不同，气应异象"，可参看之。

## ● 明圣理以合自然

### 大学·第一章

曾 参

大学之道，在明明德，在亲民，在止于至善。

知止而后有定，定而后能静，静而后能安，安而后能虑，虑而后能得。物有本末，事有终始。知所先后，则近道矣。

古之欲明明德于天下者，先治其国。欲治其国者，先齐其家。欲齐其家者，先修其身。欲修其身者，先正其心。欲正其心者，先诚其意。欲诚其意者，先致其知。致知在格物。物格而后知至，知至而后意诚，意诚而后心正，心正而后身修，身修而后家齐，家齐而后国治，国治而后天下平。自天子以至于庶人，壹是皆以修身为本。

其本乱，而末治者否矣。其所厚者薄，而其所薄者厚，未之有也。

编者按：本末终始，修身以齐，格物致知，正心诚意，修身齐家，治国平天下其本为一，一即修身，修身不离精神魂魄心，意志思虑智。脏腑经脉各安其位，各行其是。"因天之序，盛衰之时，移光定位，正立而待之。"本末终始，自在其中。故经典可互参，以身行之以证其道。

## 中庸·第一章
### 孔 伋

天命之谓性，率性之谓道，修道之谓教。

道也者，不可须臾离也，可离非道也。是故君子戒慎乎其所不睹，恐惧乎其所不闻。

莫见乎隐，莫显乎微，故君子慎其独也。

喜怒哀乐之未发，谓之中；发而皆中节，谓之和。中也者，天下之大本也；和也者，天下之达道也。

致中和，天地位焉，万物育焉。

编者按：蓄而后发，蓄而不发，无过不及，随曲就伸。《中庸》之谓"致中和"，太极拳者以身行之。

## 论语·学而

子曰："学而时习之，不亦说乎？有朋自远方来，不亦乐乎？人不知而不愠，不亦君子乎？"

有子曰："其为人也孝弟，而好犯上者，鲜矣；不好犯上而好作乱者，未之有也。君子务本，本立而道生。孝弟也者，其为仁之本与！"

子曰："巧言令色，鲜矣仁。"

曾子曰："吾日三省吾身，为人谋而不忠乎？与朋友交而不信乎？传不习乎？"

子曰："道千乘之国，敬事而信，节用而爱人，使民以时。"

子曰："弟子入则孝，出则悌，谨而信，泛爱众，而亲仁。行有余力，则以学文。"

子夏曰："贤贤易色，事父母，能竭其力；事君，能致其身；与朋友交，言而有信。虽曰未学，吾必谓之学矣。"

子曰："君子不重则不威，学则不固。主忠信，无友不如己者，过则勿惮改。"

曾子曰："慎终，追远，民德归厚矣！"

子禽问于子贡曰："夫子至于是邦也，必闻其政。求之与？抑与之与？"子贡曰："夫子温、良、恭、俭、让以得之。夫子之求之也，其诸异乎人之求之与。"

子曰："父在，观其志；父没，观其行；三年无改于父之道，可谓孝矣。"

有子曰："礼之用，和为贵。先王之道，斯为美，小大由之。有所不行，知和而和，不以礼节之，亦不可行也。"

有子曰："信近于义，言可复也。恭近于礼，远耻辱也。因不失其亲，亦可宗也。"

子曰："君子食无求饱，居无求安，敏于事而慎于言，就有道而正焉，可谓好学也已。"

子贡曰："贫而无谄，富而无骄，何如？"子曰："可也。未若贫而乐，富而好礼者也。"

子贡曰："《诗》云'如切如磋，如琢如磨'，其斯之谓与？"子曰："赐也，始可与言《诗》已矣，告诸往而知来者。"

子曰："不患人之不己知，患不知人也。"

编者按：得太极拳三昧者，切磋琢磨之乐自知也。舍己从人，知人之至也。

## 道经·第一章

### 老　子

道，可道也，非恒道也。名，可名也，非恒名也。无名，天地之始；有名，万物之母。故常无欲，以观其妙；常有欲，以观其徼。此两者同出而异名，同谓之玄，玄之又玄，众妙之门。

## 德经·第三十八章

上德不德，是以有德；下德不失德，是以无德。上德无为而无以为；下德为之而无以为。上仁为之而无以为；上义为之而有以为。上礼为之而莫之应，则攘臂而扔之。故失道而后德，失德而后仁，失仁而后义，失义而后礼。夫礼者，忠信之薄，而乱之首。前识者，道之华，而愚之始。是以大丈夫处其厚，不居其薄；处其实，不居其华。故去彼取此。

> 编者按：上德与道，皆不可名，不可言。得之者自知，无过不及，举动无不合度。未得者不知，虽学其形似，或过或不及，鲜能合度。太极之拳本亦无形，动急急应，动缓缓随，随曲就伸，虚灵在中。行拳可以体道，行拳可以证道。故可名之太极也。

## 太一生水

太一生水。水反辅太一，是以成天。天反辅太一，是以成地。天地复相辅也，是以成神明。神明复相辅也，是以成阴阳。阴阳复相辅也，是以成四时。四时复相辅也，是以成沧热。沧热复相辅也，是以成湿燥。湿燥复相辅也，成岁而止。

故岁者，湿燥之所生也。湿燥者，沧热之所生也。沧热者，四时之所生也。四时者，阴阳之所生也。阴阳者，神明之所生也。神明者，天地之所生也。天地者，太一之所生也。

是故太一藏于水，行于时。周而或始，以己为万物母；一缺一盈，以己为万物经。此天之所不能杀，地之所不能埋，阴阳之所不能成。君子知此之谓圣……（原简缺，约七字）

## 般若波罗蜜多心经

### 玄奘 译

观自在菩萨，行深般若波罗蜜多时，照见五蕴皆空，度一切苦厄。舍利子，色不异空，空不异色，色即是空，空即是色。受想行识，亦复如是。舍利子，是诸法空相，不生不灭，不垢不净，不增不减。是故空中无色，无受想行识，无眼耳鼻舌身意，无色声香味触法，无眼界，乃至无意识界。无无明，亦无无明尽，乃至无老死，亦无老死尽。无苦集灭道，无智亦无得，以无所得故。菩提萨埵，依般若波罗蜜多故，心无挂碍，无挂碍故，无有恐怖，远离颠倒梦想，究竟涅槃。三世诸佛，依般若波罗蜜多故，得阿耨多罗三藐三菩提。故知般若波罗蜜多，是大神咒，是大明咒，是无上咒，是无等等咒，能除一切苦，真实不虚。故说般若波罗蜜多咒，即说咒曰：揭谛揭谛，波罗揭谛，波罗僧揭谛，菩提萨婆诃。

## 金刚般若波罗蜜经（节选）

鸠摩罗什　译

如是我闻。一时，佛在舍卫国祇树给孤独园，与大比丘众千二百五十人俱。尔时世尊食时，着衣持钵，入舍卫大城乞食。于其城中次第乞已，还至本处。饭食讫，收衣钵，洗足已，敷座而坐。

时长老须菩提在大众中，即从座起，偏袒右肩，右膝着地，合掌恭敬而白佛言：希有，世尊！如来善护念诸菩萨，善付嘱诸菩萨。世尊，善男子、善女人，发阿耨多罗三藐三菩提心，应云何住？云何降伏其心？

佛言：善哉！善哉！须菩提！如汝所说，如来善护念诸菩萨，善付嘱诸菩萨。汝今谛听，当为汝说。善男子、善女人，发阿耨多罗三藐三菩提心，应如是住，如是降伏其心。唯然，世尊。愿乐欲闻。

佛告须菩提，诸菩萨摩诃萨应如是降伏其心：所有一切众生之类，若卵生、若胎生、若湿生、若化生，若有色、若无色，若有想、若无想、若非有想、非无想，我皆令入无余涅槃而灭度之。如是灭度无量、无数、无边众生，实无众生得灭度者，何以故？须菩提，若菩萨有我相、人相、众生相、寿者相，即非菩萨。

复次，须菩提，菩萨于法，应无所住，行于布施。所谓不住色布施，不住声、香、味、触、法布施。须菩提，菩萨应如是布施，不住于相。何以故？若菩萨不住相布施，其福德不可思量。须菩提，于意云何？东方虚空可思量不？不也，世尊。须菩提，南西北方、四维上下虚空，可思量不？不也，世尊。须菩提，菩萨无住相布施，福德亦复如是不可思量。须菩提，菩萨但应如所教住。

须菩提，于意云何？可以身相见如来不？不也，世尊。不可以身相得见如来，何以故？如来所说身相，即非身相。佛告须菩提：凡所有相，皆是虚妄。若见诸相非相，则见如来。

编者按：佛为天人师，师者，言行如一也。此经所言之义，首段佛之日常行状已诠释无余。孔子曾赞颜回三月不违仁，而夫子又何尝有一日违仁乎。"处无为之事，行不言之教"，释迦与孔子皆然。

万周迎老师另一部关于太极的著作《轻敲太极门》，也将于近期出版。在该书中，作者纵观古今，横略东西，从圣贤之道到科学新知，一切都与太极相关，太极拳之理无处不在又无处在。

作者用现代人的思维重新解构太极文化，关于医、关于武、关于生命、关于饮食和运动……太极在文化中，太极在科学里，太极是一种态度，太极是生活的方式。

对太极拳，知其然还要知其所以然。该书对太极拳的进阶练法做了深入剖析，也许会给您以启发、解惑之效。

让我们一起随着书卷的打开，去轻敲太极之门。

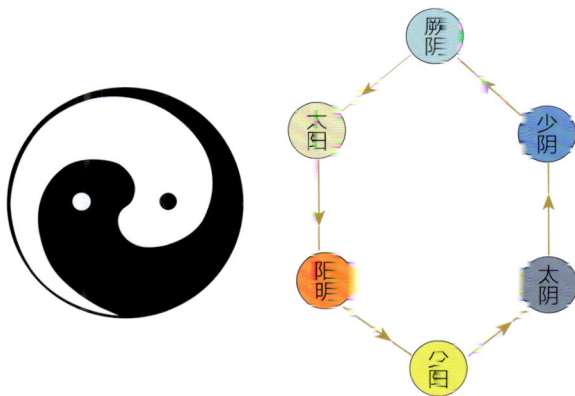

画出最佳人生迹线

Sketching Off the Curve of Your Life

健康 体能 功能

20 30 40 50 60 70 80 90 100

## 武学名家典籍丛书

**薛颠武学辑注**　　定价：358 元
薛　颠　著　王银辉　校注
《形意拳术讲义上编》
《形意拳术讲义下编》
《象形拳法真诠》
《灵空禅师点穴秘诀》

**陈鑫陈氏太极拳图说（配光盘）**
　　　　　　　　定价：358 元
陈　鑫　著
陈东山　陈晓龙　陈向武　校注

**李存义武学辑注**　　定价：268 元
李存义　著
阎伯群　李洪钟　校注
《岳氏意拳五行精义》
《岳氏意拳十二形精义》
《三十六剑谱》

**董英杰太极拳释义**　定价：98 元
董英杰　著　杨志英　校注

**刘殿琛形意拳术抉微**
　　　　　　　　定价：80 元
刘殿琛　著　王银辉　校注

**李剑秋形意拳术**　　定价：89 元
李剑秋　著　王银辉　校注

## 武学古籍新注丛书

**王宗岳太极拳论**　　定价：50 元
李亦畬　著　二水居士　校注

**太极功源流支派论**　定价：68 元
宋书铭　著　二水居士　校注

**太极法说**　　定价：65 元
二水居士　校注

**手战之道**　　　　定价：65 元
赵　晔　沈一贯　唐顺之
何良臣　戚继光　黄百家
黄宗羲　著
王小兵　校注

## 百家功夫丛书

张鸿庆传形意拳练用法释秘
　　　　　　定价：69 元
邵义会　著

华岳心意六合八法拳
　　　　　　定价：65 元
张长信　著

戴氏心意拳功理秘技
　　　　　　定价：68 元
王　毅　编著

传统吴式太极拳入门诀要（配光盘）
　　　　　　定价：68 元
张全亮　著

尚济形意拳练法打法实践
　　　　　　定价：89 元
马保国　马晓阳　著

拳疗百病——39式杨氏养生太极拳（配光盘）
　　　　　　定价：96 元
戈金刚　戈美葳　著

## 拳道薪传丛书

三爷刘晚苍
　　　——刘晚苍武功传习录
　　　　　　定价：54 元
刘源正　季培刚　编著

乐传太极与行功　　定价：68 元
乐奂　原著
钟连明　马若愚　编著

慰苍先生金仁霖太极传心录
　　　　　　定价：82 元
金仁霖　著

中道皇皇——梅墨生太极拳理念与心法
　　　　　　定价：118 元
梅墨生　著

## 图书在版编目（CIP）数据

非视觉太极——太极拳劲意图解 / 万周迎著. —北京：北京科学技术出版社，2018.5（2020.10 重印）
　（百家功夫丛书）
　ISBN 978-7-5304-9458-5

Ⅰ．①非… Ⅱ．①万… Ⅲ．①太极拳 - 图解　Ⅳ．① G852.11-64

中国版本图书馆CIP数据核字（2018）第031986号

策划编辑：王跃平
责任编辑：苑博洋
责任校对：贾　荣
责任印制：张　良
封面设计：许　烈
版式设计：天露霖文化
出 版 人：曾庆宇
出版发行：北京科学技术出版社
社　　址：北京西直门南大街16号
邮政编码：100035
电　　话：0086-10-66135495（总编室）　0086-10-66113227（发行部）
网　　址：www.bkydw.cn
印　　刷：北京宝隆世纪印刷有限公司
开　　本：710mm × 1000mm　1/16
字　　数：270千字
印　　张：15.25
插　　页：16
版　　次：2018年5月第1版
印　　次：2020年10月第3次印刷
ISBN 978-7-5304-9458-5/G·2583

定　　价：158.00元

# UNA MENTE VALE MÁS QUE UN MILLÓN

*Cómo tu mente puede ser el catalizador o el destructor de tu riqueza*

S.Casanova

# DEDICATORIA

*Para todos los que alguna vez sintieron que merecían más,*

*pero no sabían cómo alcanzarlo.*

*Para los soñadores que fueron llamados ilusos.*

*Para los que cayeron y se levantaron.*

*Para los que todavía no se han levantado, pero lo harán.*

*Este libro es para ti.*

# INTRODUCCIÓN: El día que todo cambió

Había una vez un hombre que tenía todo lo que el mundo considera éxito: una casa grande, un auto de lujo, una cuenta bancaria con seis ceros. Pero cada noche, antes de dormir, sentía un vacío que ninguna posesión podía llenar. No era feliz. Peor aún: vivía con miedo. Miedo de perderlo todo. Miedo de que descubrieran que, en el fondo, él no merecía nada de lo que tenía.

Al otro lado de la ciudad, en un pequeño departamento, vivía una mujer que apenas llegaba a fin de mes. Trabajaba doce horas al día, soñaba despierta y, sin embargo, cada mañana se levantaba con una sonrisa. Ella sabía algo que el hombre rico desconocía: su verdadera riqueza no estaba en su cuenta bancaria, sino en su mente.

Cinco años después, sus vidas se habían invertido por completo.

El hombre, consumido por sus miedos, había tomado una serie de decisiones desastrosas que lo llevaron a la bancarrota. La mujer, impulsada por su mentalidad de abundancia, había construido un negocio que le generaba más dinero del que jamás imaginó posible.

¿Qué hizo la diferencia? No fue suerte. No fue talento innato. No fue tener los contactos correctos.

Fue la mente.

*La mente es todo. En lo que piensas, te conviertes.*

*— Buda*

Este libro nació de una obsesión: entender por qué algunas personas, sin importar cuántas veces caigan, siempre se levantan y terminan prosperando, mientras otras, a pesar de tener todas las ventajas, terminan saboteando su propio éxito.

Después de años de investigación, de entrevistar a emprendedores exitosos, de estudiar neurociencia, psicología del dinero y casos reales de transformación financiera, llegué a una conclusión que cambió mi vida:

Tu mente vale más que un millón. Literalmente.

No es una metáfora bonita. Es un hecho científico y económico. La forma en que piensas, las creencias que cargas, los patrones mentales que repites inconscientemente... todo eso determina, con precisión matemática, cuánto dinero tendrás, conservarás y multiplicarás en tu vida.

## Lo que este libro NO es

No encontrarás aquí fórmulas mágicas para hacerte rico de la noche a la mañana. No te diré que solo tienes que "pensar positivo" y el dinero aparecerá mágicamente en tu cuenta. Tampoco te venderé la ilusión de que la riqueza es fácil o que todos pueden ser multimillonarios siguiendo cinco simples pasos.

Eso sería mentirte. Y este libro se trata de verdad, aunque a veces duela.

4

## Lo que este libro SÍ es

Este es un manual práctico y profundo para reprogramar tu relación con el dinero desde la raíz. Es un espejo que te mostrará patrones que quizás nunca has visto. Es una guía paso a paso para transformar tu mentalidad de escasez en una de abundancia genuina.

Pero sobre todo, es una invitación a mirarte con honestidad.

Porque la verdad incómoda es esta: si no tienes la vida financiera que deseas, la respuesta no está afuera. No está en la economía, ni en tu jefe, ni en tu país, ni en tu familia. La respuesta está entre tus dos orejas.

Y esa es la mejor noticia que podrías recibir.

Porque si el problema está en tu mente, también lo está la solución. Y a diferencia de la economía global o las decisiones de tu gobierno, tu mente es algo que puedes cambiar. Hoy. Ahora mismo. Mientras lees estas palabras.

## Una promesa

Si lees este libro con atención, si haces los ejercicios con honestidad, si te atreves a cuestionar creencias que llevas décadas cargando... tu vida financiera nunca será la misma.

No porque yo tenga poderes especiales.

Sino porque tú los tienes. Solo que nadie te había enseñado a usarlos.

Hasta ahora.

Bienvenido al viaje más importante de tu vida.

# PARTE I: EL DESPERTAR

# Capítulo 1: El millonario que se sentía pobre

Roberto tenía cuarenta y tres años cuando llegó a mi oficina. Manejaba un Mercedes-Benz último modelo, usaba un reloj que costaba más que el salario anual de muchas personas, y su traje estaba hecho a la medida en Italia. En papel, era la definición del éxito.

"No entiendo qué me pasa", me dijo, con la mirada perdida. "Tengo todo lo que se supone que debería hacerme feliz. Pero cada noche reviso mis cuentas bancarias cinco, seis, siete veces. Sueño que lo pierdo todo. Me despierto con el corazón acelerado."

Roberto no había venido a verme por consejos financieros. Su patrimonio neto superaba los tres millones de dólares. Había venido porque, a pesar de toda esa riqueza, se sentía profundamente pobre.

Su historia me recordó a otra persona que había conocido meses antes en circunstancias muy diferentes.

## La vendedora de empanadas

María tenía cincuenta y un años y vendía empanadas en una esquina del centro de la ciudad. Comenzaba su día a las cuatro de la mañana preparando la masa, y terminaba cerca de las ocho de la noche, contando las monedas del día.

Su ingreso mensual era modesto. No tenía ahorros significativos. Vivía en una casa pequeña que todavía estaba pagando. Según cualquier métrica tradicional, María debería haber sido miserable.

Pero cuando hablabas con ella, algo no cuadraba con esa narrativa.

"¿Preocupada por el dinero?", me respondió cuando le pregunté, con una sonrisa que le iluminaba el rostro. "Mira, yo sé que siempre va a haber para comer. Si hoy no vendo mucho, mañana venderé más. Y si mañana tampoco, algo se me va a ocurrir. Siempre ha sido así."

María vivía con lo que los psicólogos llaman "mentalidad de abundancia". No porque tuviera mucho, sino porque genuinamente creía que siempre tendría suficiente. Esa creencia la hacía tomar decisiones diferentes, ver oportunidades donde otros veían problemas, y mantener una paz interior que ninguna cantidad de dinero puede comprar.

Roberto, por otro lado, vivía con "mentalidad de escasez". A pesar de sus millones, genuinamente creía que nunca era suficiente, que todo podía desaparecer en cualquier momento, que el mundo era un lugar hostil donde había que acumular y proteger.

## El plot twist

¿Quieres saber qué pasó cinco años después?

Roberto, paralizado por su miedo, rechazó tres oportunidades de inversión que habrían multiplicado su patrimonio. En cambio, mantuvo todo su dinero en inversiones "seguras" que apenas superaban la inflación. Luego, en un momento de pánico durante una caída del mercado, vendió todo en el peor momento posible. Después, tratando de recuperar lo perdido, invirtió en un esquema que prometía retornos imposibles. Lo perdió casi todo.

María, mientras tanto, había hecho algo que nadie esperaba. Con sus modestos ahorros, había alquilado un pequeño local. Luego otro. Contrató a su sobrina. Después a dos personas más. Cinco años después, María tenía una cadena de cinco locales de empanadas y un ingreso mensual que superaba lo que muchos ejecutivos ganan.

"¿El secreto?", me dijo cuando la visité en su nuevo local principal. "Nunca tuve miedo de que no alcanzara. Siempre supe que si una puerta se cerraba, otra se abría. Así que cuando vi la oportunidad, no lo pensé dos veces."

## La lección más importante

La historia de Roberto y María ilustra la tesis central de este libro:

*Tu riqueza externa nunca superará tu riqueza interna. Tu cuenta bancaria es un reflejo de tu cuenta mental.*

Esto no significa que "pensar positivo" mágicamente atraerá dinero a tu vida. Esa es una simplificación peligrosa que ha hecho daño a muchas personas.

Lo que significa es algo mucho más profundo y práctico: la forma en que piensas sobre el dinero determina las decisiones que tomas. Las decisiones que tomas determinan las acciones que ejecutas. Las acciones que ejecutas determinan los resultados que obtienes.

Todo comienza en la mente.

Roberto no perdió su dinero por mala suerte o por la economía. Lo perdió porque su mente estaba programada para el miedo, y el miedo lo llevó a tomar decisiones desastrosas.

María no construyó su pequeño imperio por suerte o conexiones. Lo construyó porque su mente estaba programada para ver posibilidades, y esa visión la llevó a actuar cuando otros se paralizaban.

## ¿De qué lado estás?

Mientras lees esto, probablemente estás tratando de ubicarte. ¿Eres más como Roberto o más como María? ¿Tu mente es tu aliada o tu saboteadora?

La respuesta honesta es: probablemente un poco de ambos.

Todos tenemos patrones de abundancia y patrones de escasez. El problema es que la mayoría de nosotros no somos conscientes de cuáles dominan nuestra vida. Operamos en automático, repitiendo patrones que aprendimos hace décadas, sin cuestionar si esos patrones nos sirven o nos destruyen.

Este libro te ayudará a hacer consciente lo inconsciente. A identificar exactamente dónde tu mente te está limitando. Y a reprogramar esos patrones para que trabajen a tu favor, no en tu contra.

Pero primero, necesitamos entender algo fundamental: ¿por qué tu mente es literalmente tu activo más valioso?

Eso es exactamente lo que exploraremos en el siguiente capítulo.

*Si fueras completamente honesto contigo mismo: ¿tu relación actual con el dinero se parece más a la de Roberto o a la de María? ¿Por qué?*

# Capítulo 2: Tu mente: el activo más valioso (o tu mayor pasivo)

*La mejor inversión que puedes hacer es en ti mismo.*

*— Warren Buffett*

Warren Buffett es considerado uno de los inversores más exitosos de la historia. Su patrimonio neto supera los cien mil millones de dólares. Ha estudiado mercados, empresas y tendencias económicas durante más de setenta años. Y cuando le preguntan cuál es la mejor inversión posible, su respuesta no es una acción, un bono o una propiedad.

Su respuesta es: tu mente.

¿Por qué alguien que ha pasado toda su vida analizando activos financieros concluye que el activo más valioso es algo que no aparece en ningún balance? Porque Buffett entiende algo que la mayoría de las personas pasan por alto: todo lo demás es consecuencia de cómo piensas.

## El software que controla todo

Imagina que tu vida financiera es como una computadora. Tus ingresos, ahorros, inversiones, deudas, todo eso es como el hardware: los componentes físicos que puedes ver y medir.

Pero hay algo más importante que el hardware: el software. El sistema operativo que determina cómo funciona todo lo demás. Puedes tener el hardware más potente del mundo, pero si tu software está corrupto, nada funcionará correctamente.

Tu mente es ese software.

Cada creencia que tienes sobre el dinero, cada patrón emocional asociado con la riqueza, cada historia que te cuentas sobre lo que es posible o imposible para ti... todo eso forma el sistema operativo que controla tus decisiones financieras.

Y aquí está la parte que cambia todo: la mayoría de ese software fue instalado cuando eras niño.

## La programación temprana

Antes de los siete años, tu cerebro funcionaba principalmente en ondas theta, un estado similar a la hipnosis. En ese estado, absorbías información del ambiente sin filtrarla críticamente. Todo lo que veías, escuchabas y experimentabas se grababa directamente en tu subconsciente.

Esto incluye todo lo relacionado con el dinero.

Si creciste viendo a tus padres pelear por dinero, tu cerebro registró: "El dinero causa conflicto."

Si escuchaste frases como "el dinero no crece en los árboles", tu cerebro registró: "El dinero es escaso y difícil de conseguir."

Si observaste a adultos trabajando excesivamente y aun así luchando financieramente, tu cerebro registró: "No importa cuánto trabajes, nunca será suficiente."

Estas no son opiniones que elegiste conscientemente. Son programas que se instalaron automáticamente, sin tu permiso, cuando eras demasiado joven para cuestionarlos.

Y aquí está lo fascinante: décadas después, esos programas siguen corriendo en segundo plano, influenciando cada decisión financiera que tomas.

## El termostato invisible

¿Alguna vez has notado que, sin importar cuánto ganes, siempre terminas en un punto financiero similar?

Hay personas que reciben aumentos de sueldo y, misteriosamente, sus gastos aumentan al mismo ritmo. Hay emprendedores que construyen negocios exitosos, los pierden, y vuelven a construir negocios que generan casi exactamente lo mismo. Hay ganadores de lotería que, estadísticamente, tienden a volver a su nivel económico previo en pocos años.

Esto no es coincidencia. Es el termostato mental en acción.

Un termostato real mantiene la temperatura de una habitación en un punto fijo. Si hace demasiado calor, lo enfría. Si hace demasiado frío, lo calienta. Siempre vuelve al punto establecido.

Tu mente tiene un termostato similar para el dinero. Tu subconsciente tiene un "punto establecido" de cuánto crees que mereces tener, cuánto es "normal" para ti, cuánto es "seguro" tener.

Cuando tu realidad financiera sube por encima de ese punto, tu subconsciente sabotea sutilmente para bajarlo.

Cuando cae por debajo, te motiva a trabajar más para subirlo. Pero siempre, siempre, te lleva de vuelta al punto establecido.

Por eso cambiar tu situación financiera permanentemente requiere cambiar primero el termostato.

## El ROI más alto posible

Piénsalo de esta manera: si inviertes en el mercado de valores, históricamente puedes esperar un retorno promedio del siete al diez por ciento anual. Si inviertes en bienes raíces, quizás un poco más. Si inviertes en educación tradicional, el retorno es variable y a menudo difícil de medir.

Pero si inviertes en transformar tu mentalidad sobre el dinero, el retorno potencial es ilimitado.

¿Por qué? Porque cada otra inversión está limitada por tu mentalidad.

Puedes tener acceso a las mejores oportunidades de inversión del mundo, pero si tu mente te sabotea, no las aprovecharás.

Puedes ganar un salario altísimo, pero si tu mente está programada para gastar todo, nunca acumularás riqueza.

Puedes heredar una fortuna, pero si tu mente no está preparada para manejarla, la perderás.

Tu mente es el multiplicador. Es lo que determina qué tan efectivamente usas todos los otros recursos a tu disposición.

# El activo o el pasivo

Aquí está la verdad que la mayoría de las personas no quieren escuchar: tu mente puede ser el activo más valioso que posees, o puede ser tu mayor pasivo.

Un activo es algo que pone dinero en tu bolsillo. Un pasivo es algo que saca dinero de tu bolsillo.

Una mente programada para la abundancia ve oportunidades donde otros ven problemas. Toma riesgos calculados cuando otros se paralizan. Persiste cuando otros se rinden. Invierte cuando otros gastan. Esa mente es un activo.

Una mente programada para la escasez ve problemas donde otros ven oportunidades. Se paraliza ante el riesgo, incluso cuando es mínimo. Se rinde ante el primer obstáculo. Gasta para sentirse mejor temporalmente. Esa mente es un pasivo.

La pregunta no es si tienes una mente. La pregunta es: ¿tu mente está trabajando para ti o contra ti?

## La buena noticia

Si llegaste hasta aquí sintiéndote incómodo, reconociendo patrones en ti mismo que no te gustan, tengo excelentes noticias.

Tu cerebro es neuroplástico. Esto significa que puede cambiar, reconectarse, reprogramarse. No importa tu edad, tu historia o cuánto tiempo llevas con tus patrones actuales.

Las conexiones neuronales que sostienen tus creencias limitantes pueden debilitarse. Las conexiones que sostienen creencias empoderadoras pueden fortalecerse. Tu termostato mental puede recalibrarse.

Pero nada de esto sucede por accidente. Requiere intención, consistencia y las herramientas correctas.

Este libro te dará esas herramientas. Pero primero, necesitamos hacer algo incómodo: desenterrar las mentiras que te contaron sobre el dinero cuando eras niño.

Prepárate. El siguiente capítulo puede remover algunos cimientos.

=========== **MOMENTO DE VERDAD** ===========
*Si tu mente es un software, ¿cuáles son los tres 'programas' más evidentes que están corriendo en segundo plano respecto al dinero? ¿De dónde crees que vinieron?*

# Capítulo 3: Las 7 mentiras sobre el dinero que te contaron de niño

*No es lo que no sabes lo que te mete en problemas. Es lo que sabes con certeza que simplemente no es así.*

*— Mark Twain*

Cuando era niño, mi abuela tenía una frase favorita: "El dinero es la raíz de todos los males."

La decía con tanta convicción, con tanta autoridad moral, que nunca se me ocurrió cuestionarla. Era una verdad absoluta, tan obvia como que el cielo es azul.

Décadas después, descubrí algo fascinante. Esa frase es una cita bíblica mal recordada. El original dice: "El amor al dinero es la raíz de todos los males." Una diferencia de tres palabras que cambia completamente el significado.

Mi abuela no me mintió intencionalmente. Ella genuinamente creía lo que decía. Pero esa creencia distorsionada me costó años de conflicto interno. ¿Cómo podía yo querer ser exitoso financieramente si el dinero era malo? ¿Cómo podía perseguir la riqueza sin convertirme en una mala persona?

Esa es solo una de las muchas mentiras que la mayoría de nosotros absorbimos de niños. Vamos a desmontar las siete más comunes y destructivas.

# Mentira #1: "El dinero no compra la felicidad"

Esta es quizás la mentira más repetida y más dañina de todas.

¿Es técnicamente cierta? Sí, en un sentido muy limitado. El dinero por sí solo no garantiza la felicidad.

Pero la frase completa debería ser: "El dinero no compra la felicidad, pero la falta de dinero casi garantiza la infelicidad."

La investigación es clara: hasta cierto punto, más dinero sí significa más felicidad. Ese punto varía según el costo de vida de cada lugar, pero en general, cuando tienes suficiente para cubrir tus necesidades básicas, pagar tus cuentas sin estrés, y tener algo de margen para emergencias e imprevistos, tu nivel de felicidad aumenta significativamente.

¿Qué compra el dinero realmente? Libertad de elección. Acceso a mejor atención médica. Educación de calidad para tus hijos. Tiempo para estar con tu familia. La capacidad de ayudar a otros. Experiencias memorables. Seguridad ante emergencias.

Decir que el dinero no importa para la felicidad es un privilegio que solo pueden darse quienes nunca han tenido que elegir entre pagar la renta o comprar medicinas.

La verdad: El dinero es una herramienta poderosa para crear las condiciones que permiten la felicidad. Despreciarlo es tan ingenuo como adorarlo.

## Mentira #2: "Los ricos son personas malas/corruptas/deshonestas"

Si creciste con esta creencia, tu subconsciente tiene un problema lógico gigante: ¿cómo puedes desear ser algo que consideras malo?

Esta creencia te pone en un callejón sin salida. Para ser rico, tendrías que convertirte en alguien que desprecias. Entonces tu mente sabotea cualquier intento de acumular riqueza significativa, porque hacerlo significaría perder tu identidad de "buena persona."

La realidad es mucho más matizada. Hay personas ricas extraordinariamente generosas y éticas. Hay personas pobres profundamente corruptas y egoístas. La cantidad de dinero que tiene alguien no determina su carácter moral.

Lo que sí es cierto: el dinero amplifica lo que ya eres. Si eres generoso con poco, serás generoso con mucho. Si eres mezquino con poco, serás mezquino con mucho.

La verdad: Ser rico no te hace malo. Ser malo te hace malo. Y ser pobre definitivamente no te hace bueno automáticamente.

## Mentira #3: "No alcanza para todos"

Esta es la mentalidad de suma cero: la creencia de que la riqueza es un pastel fijo, y si alguien toma una porción más grande, necesariamente queda menos para los demás.

En un mundo de recursos finitos, esto parece lógico. Pero ignora completamente cómo funciona la creación de valor en la economía moderna.

Cuando Steve Jobs creó el iPhone, no le quitó riqueza a nadie. Creó algo nuevo que antes no existía, y millones de personas voluntariamente pagaron por ese valor. En el proceso, creó empleos, impulsó industrias completas, y generó riqueza que antes simplemente no existía.

La riqueza no es un juego de suma cero. Se puede crear. Y cuando tú creas valor para otros, te vuelves más rico sin quitarle nada a nadie.

La verdad: Hay abundancia suficiente para todos los que están dispuestos a crear valor. Tu riqueza no requiere la pobreza de otro.

## Mentira #4: "El dinero cambia a las personas"

Esta creencia sugiere que el dinero tiene un poder transformador sobre el carácter, como si fuera una fuerza corruptora inevitable.

La realidad es más simple: el dinero no cambia a las personas. Las revela.

Cuando alguien adquiere riqueza significativa, las presiones sociales que antes limitaban su comportamiento desaparecen. Ya no necesita complacer a un jefe. Ya no depende de la aprobación de otros para sobrevivir. Puede finalmente ser quien realmente es.

Algunas personas, liberadas de esas presiones, se vuelven extraordinariamente generosas. Otras se vuelven extraordinariamente egoístas. Pero esa generosidad o ese egoísmo ya estaban ahí. El dinero solo quitó la máscara.

La verdad: El dinero no cambia quién eres. Amplifica quién siempre has sido y te da permiso para mostrarlo.

## Mentira #5: "Tengo que trabajar duro para ganar dinero"

Esta creencia parece tan obvia que cuestionarla suena a herejía. ¿Acaso no es el trabajo duro la base del éxito?

El problema no es valorar el trabajo. El problema es la palabra "duro."

Hay millones de personas en el mundo que trabajan increíblemente duro, físicamente agotador, doce o más horas al día, y siguen siendo pobres. El trabajo duro por sí solo no crea riqueza.

Lo que crea riqueza es el trabajo inteligente: trabajo que crea valor, que resuelve problemas, que es difícil de reemplazar, que escala más allá de tu tiempo personal.

Un programador que trabaja cuatro horas creando un software que resuelve un problema para millones de personas puede crear más valor que un obrero que trabaja doce horas en una tarea repetitiva.

Esto no significa que un trabajo sea más digno que otro. Significa que la conexión entre "horas trabajadas" y "dinero ganado" es mucho más compleja de lo que nos enseñaron.

La verdad: La riqueza viene de crear y capturar valor, no de trabajar más horas. Trabaja inteligente, no solo duro.

## Mentira #6: "El dinero no es tan importante"

Esta es la mentira favorita de quienes no tienen dinero pero quieren sentirse superiores moralmente.

"Yo no me preocupo por el dinero. Hay cosas más importantes en la vida."

¿Sabes qué? Tienen razón en que hay cosas más importantes que el dinero. La salud, las relaciones, el propósito, el crecimiento personal. Todo eso es más importante.

Pero aquí está el detalle que convenientemente ignoran: el dinero afecta todas esas áreas.

Tu salud mejora con acceso a buena alimentación, ejercicio, y atención médica de calidad. Todo eso requiere dinero.

Tus relaciones mejoran cuando no estás constantemente estresado por las cuentas, cuando puedes darte el tiempo de estar presente con tu familia. Eso requiere cierta estabilidad financiera.

Tu capacidad de vivir con propósito aumenta cuando no estás atrapado en un trabajo que odias solo porque necesitas el cheque. La libertad de elegir requiere opciones, y las opciones requieren recursos.

La verdad: El dinero no lo es todo, pero afecta casi todo. Fingir que no importa es una forma de negación.

## Mentira #7: "No soy bueno con el dinero"

Esta es quizás la mentira más personal y más paralizante de todas.

"No soy bueno con los números." "En mi familia nunca fuimos buenos para los negocios." "No tengo cabeza para las finanzas."

Estas declaraciones suenan como descripciones de la realidad. Pero en realidad son profecías autocumplidas.

Cuando te declaras "malo con el dinero," tu cerebro toma esa declaración como una instrucción. Literalmente filtras las oportunidades de aprender, ignoras información útil, y saboteas cualquier intento de mejorar. Después de todo, ¿para qué intentar si ya estableciste que eres malo en esto?

La verdad brutal: nadie nace siendo bueno o malo con el dinero. Es una habilidad que se aprende. Punto. Si puedes aprender a conducir un auto, puedes aprender a manejar tus finanzas. Si puedes aprender a usar un teléfono inteligente, puedes aprender los principios básicos de la inversión.

La verdad: "Ser bueno con el dinero" es una habilidad, no un rasgo de personalidad. Y cualquier habilidad se puede desarrollar.

## El trabajo de desaprender

Leer estas verdades una vez no es suficiente para deshacer décadas de programación. Estas creencias están profundamente arraigadas, conectadas a experiencias emocionales de tu infancia, reforzadas por años de repetición.

El proceso de desaprender requiere algo más que información nueva. Requiere experiencias nuevas que contradigan las viejas creencias. Requiere repetición consciente hasta que las nuevas ideas se vuelvan automáticas. Requiere paciencia contigo mismo.

Pero el primer paso ya lo diste: ser consciente de las mentiras es el requisito para poder cuestionarlas.

Ahora que hemos limpiado algo del terreno, es momento de entender exactamente cómo funciona el mecanismo de sabotaje. ¿Por qué, incluso cuando sabemos lo que deberíamos hacer, terminamos haciendo lo opuesto?

Bienvenido a la Parte II: El Saboteador Interno.

──────── **MOMENTO DE VERDAD** ────────

*De las siete mentiras, ¿cuál resuena más fuerte contigo? ¿Puedes recordar el momento o la persona de quien la aprendiste?*

# PARTE II: EL SABOTEADOR INTERNO

# Capítulo 4: El termostato financiero: por qué siempre vuelves al mismo punto

*Hasta que hagas consciente lo inconsciente,
dirigirá tu vida y lo llamarás destino.*

— *Carl Jung*

En 2006, un estudio de la Oficina Nacional de Investigación Económica de Estados Unidos reveló algo que parecía contradecir toda lógica: un número sorprendentemente alto de ganadores de lotería terminaban en bancarrota pocos años después de recibir sus millones.

Personas que habían soñado toda su vida con tener dinero, que finalmente lo obtenían de golpe, lo perdían todo en un período relativamente corto.

Al mismo tiempo, había otro patrón igualmente misterioso: emprendedores que perdían sus negocios y fortunas en crisis económicas o malas decisiones, solo para reconstruir exactamente el mismo nivel de riqueza unos años después.

¿Cómo es posible que ganar millones lleve a algunos a la ruina, mientras perder millones lleva a otros de vuelta a la cima?

La respuesta está en el termostato financiero.

## Cómo funciona el termostato

Un termostato en tu casa hace algo simple pero poderoso: mantiene la temperatura en un punto fijo. Si la temperatura sube demasiado, activa el aire acondicionado. Si baja demasiado, activa la calefacción. Siempre regresa al punto establecido.

Tu mente tiene un mecanismo idéntico para el dinero.

En algún lugar de tu subconsciente hay un número. Ese número representa cuánto dinero tu mente cree que es "normal," "seguro," o "apropiado" para ti tener. Puede ser cien mil dólares. Puede ser un millón. Puede ser tres meses de salario. El número específico varía de persona a persona.

Cuando tu realidad financiera sube significativamente por encima de ese punto, tu subconsciente se pone nervioso. Algo no cuadra. Esto no es "normal." Y comienza a sabotear sutilmente para volver al punto establecido.

Gastos impulsivos que no puedes explicar. Inversiones arriesgadas sin investigación adecuada. Generosidad excesiva que vacía tus cuentas. Conflictos que terminan costándote dinero. De una forma u otra, el termostato restaura el "equilibrio."

Cuando tu realidad financiera cae por debajo del punto establecido, ocurre lo opuesto. Tu subconsciente se activa con urgencia. Esto tampoco es "normal." Y te impulsa a trabajar más, buscar oportunidades, ahorrar, hacer lo que sea necesario para volver al punto establecido.

## El ganador de lotería y el emprendedor serial

Ahora las historias de los ganadores de lotería y los emprendedores resilientes tienen sentido.

El ganador de lotería típico tiene un termostato establecido en un nivel relativamente bajo. Quizás creció con escasez, quizás nunca se vio a sí mismo como alguien que podía tener mucho. Cuando de repente tiene millones, su termostato enloquece. Esto está muy por encima del punto establecido. Y comienza el proceso de restauración: gastos extravagantes, "amigos" y familiares que aparecen con problemas, malas inversiones. Hasta que vuelve al punto conocido.

El emprendedor serial tiene un termostato establecido en un nivel alto. Se ve a sí mismo como alguien próspero. Cuando pierde todo, su subconsciente también enloquece, pero en dirección opuesta. Esto está muy por debajo del punto establecido. No puede descansar hasta restaurar el "equilibrio." Trabaja, innova, persiste, hasta que vuelve a donde su mente cree que pertenece.

No es suerte. No es karma. Es programación mental.

## ¿De dónde viene tu punto establecido?

Tu termostato financiero se calibró principalmente durante tu infancia y adolescencia. Se formó observando a tu familia, escuchando conversaciones sobre dinero, experimentando directamente la abundancia o la escasez.

Si creciste en un hogar donde había exactamente lo necesario para sobrevivir pero nunca sobraba nada, tu termostato probablemente está calibrado alrededor de "suficiente para sobrevivir."

Si creciste en un hogar donde el dinero fluía generosamente, donde se hablaba de inversiones y oportunidades, donde la abundancia era normal, tu termostato probablemente está calibrado más alto.

Si creciste en un hogar donde había dinero pero también mucho conflicto asociado con él, tu termostato puede tener configuraciones contradictorias: deseo de riqueza mezclado con miedo a sus consecuencias.

Lo crucial es entender que este punto no lo elegiste conscientemente. Fue programado en ti antes de que tuvieras la capacidad de cuestionarlo.

## Las señales del termostato en acción

¿Cómo sabes si tu termostato está saboteándote? Busca estos patrones:

- Cada vez que recibes dinero extra, "misteriosamente" aparecen gastos inesperados que lo absorben.

- Llegas repetidamente al mismo nivel de ahorro antes de que "algo pase" que te hace gastarlo.

- Cuando estás a punto de dar un salto financiero importante, te enfermas, tienes un accidente, o surge una crisis que te distrae.

- Sientes culpa o ansiedad cuando tienes más dinero de lo "normal."

- Te sientes incómodo en ambientes donde la gente tiene significativamente más dinero que tú.

- Tienes una cantidad específica de dinero que se siente "suficiente," y te cuesta imaginar tener mucho más.

Si reconoces algunos de estos patrones, no estás solo. Son señales normales del termostato haciendo su trabajo.

## ¿Se puede cambiar el termostato?

Absolutamente. Pero no es tan simple como decidir que quieres más dinero.

Cambiar tu termostato requiere trabajar a nivel subconsciente, donde la configuración está almacenada. Requiere crear nuevas experiencias que contradigan las viejas creencias. Requiere repetición consistente hasta que la nueva configuración se vuelva automática.

En los próximos capítulos, exploraremos exactamente cómo hacer esto. Pero primero, necesitamos entender otro mecanismo crucial de sabotaje: la voz del miedo.

Porque incluso si logras subir tu termostato, hay un guardián que intentará impedirte llegar ahí.

━━━━━━━━━ **MOMENTO DE VERDAD** ━━━━━━━━━
*¿En qué nivel está tu termostato financiero actual? ¿Cuánto dinero se siente "normal" o "seguro" para ti tener? ¿De dónde crees que viene ese número?*

# Capítulo 5: La voz del miedo: anatomía del autosabotaje

*Nuestro miedo más profundo no es que seamos inadecuados. Nuestro miedo más profundo es que somos poderosos sin medida.*

*— Marianne Williamson*

Claudia tenía todo listo. Después de meses de preparación, su plan de negocios estaba perfecto. Los números funcionaban. Había identificado un mercado claro. Tenía los ahorros para dar el salto. Todo indicaba que era el momento de renunciar a su trabajo corporativo y lanzar su empresa.

Y entonces, la noche antes de entregar su renuncia, no pudo dormir.

Una voz en su cabeza comenzó a susurrar:

*"¿Y si fracasas?"*

*"¿Quién te crees que eres para pensar que puedes tener tu propio negocio?"*

*"Vas a decepcionar a tu familia."*

*"La gente va a pensar que estás loca."*

*"Mejor quédate donde estás segura."*

A la mañana siguiente, Claudia fue a trabajar como cualquier otro día. No entregó la renuncia. Le dijo a sí misma que "todavía no era el momento correcto," que necesitaba "prepararse un poco más."

Tres años después, seguía en el mismo puesto, con el mismo plan de negocios guardado en un cajón, esperando el momento perfecto que nunca llegaba.

Claudia no era cobarde. Era inteligente, capaz, trabajadora. Pero tenía un enemigo interno que sabía exactamente cómo paralizarla.

## Los cuatro saboteadores principales

Después de años de observar patrones en personas que luchan por avanzar financieramente, he identificado cuatro miedos principales que actúan como saboteadores. La mayoría de nosotros tenemos uno o dos dominantes, aunque los cuatro pueden aparecer en diferentes momentos.

### El Miedo al Fracaso

Este es el más obvio. El miedo a intentar y no lograr. El miedo a perder lo que tienes en la búsqueda de algo más. El miedo a la humillación de quedar como un tonto ante los demás.

Pero aquí está lo que muchos no entienden: el miedo al fracaso no se trata realmente del fracaso en sí. Se trata de lo que crees que el fracaso significa sobre ti.

Si crees que fracasar significa que eres un perdedor, que no vales, que confirmará lo que siempre sospechaste de ti mismo, entonces el miedo es paralizante.

Si crees que fracasar es simplemente información útil, un paso necesario en el camino al éxito, entonces el miedo pierde su poder.

## El Miedo al Éxito

Este suena contradictorio. ¿Por qué alguien tendría miedo de lograr lo que desea?

Pero piénsalo: el éxito cambia las cosas. Puede cambiar tus relaciones. Puede alejarte de personas que antes eran tus pares. Puede traer responsabilidades que no estás seguro de poder manejar. Puede exponerte a críticas y envidia.

Muchas personas tienen miedo de descubrir que el éxito no los hace felices. Si lo logran todo y aún no están satisfechos, ¿qué les queda?

El miedo al éxito también puede estar conectado con lealtades invisibles: "Si yo triunfo mientras mi familia o amigos luchan, seré un traidor." Este miedo opera casi siempre a nivel inconsciente.

## El Síndrome del Impostor

"Un día van a descubrir que en realidad no sé lo que estoy haciendo."

Este miedo específico afecta a personas de todos los niveles de éxito. CEOs, artistas famosos, científicos brillantes, todos han reportado sentir que son un fraude que en cualquier momento será expuesto.

El síndrome del impostor te hace minimizar tus logros, atribuir tu éxito a la suerte, y sentir que no mereces lo que has conseguido.

Cuando tienes este miedo, cualquier aumento en tu éxito o riqueza aumenta también tu ansiedad. Cuanto más tienes, más convencido estás de que pronto te descubrirán y lo perderás todo.

## El Miedo al Rechazo

Los humanos somos seres sociales. Evolutivamente, el rechazo del grupo significaba la muerte. Ese instinto sigue profundamente arraigado en nosotros.

¿Cómo se manifiesta esto en el contexto financiero? En evitar pedir aumentos por miedo a que el jefe piense mal de nosotros. En no negociar precios por miedo a parecer difíciles. En no promocionar nuestro negocio por miedo a parecer vendedores molestos. En no cobrar lo que merecemos por miedo a que los clientes nos rechacen.

El miedo al rechazo puede ser increíblemente costoso, literalmente.

# La función evolutiva del miedo

Antes de que pienses que tu cerebro es tu enemigo, déjame explicar por qué estos miedos existen.

Tu cerebro tiene una prioridad principal: mantenerte vivo. Y durante la mayor parte de la historia humana, el cambio era peligroso. Salir de la cueva conocida podía significar encontrar un depredador. Separarse del grupo podía significar morir solo. Tomar riesgos raramente valía la pena.

Tu cerebro evolucionó para preferir la seguridad conocida sobre la oportunidad incierta. Eso te habría mantenido vivo en la sabana africana hace cien mil años.

El problema es que ya no vivimos en esa sabana. Los riesgos que tomamos hoy raramente involucran leones o precipicios. Pero nuestro cerebro no distingue entre el peligro físico real y el peligro social percibido. Reacciona igual a ambos.

Cuando piensas en lanzar tu negocio o pedir un aumento, tu cerebro detecta riesgo y activa las mismas alarmas que activaría si vieras un depredador. Tu cuerpo se llena de cortisol. Tu corazón se acelera. Tu capacidad de pensar claramente disminuye.

No eres débil. Tu cerebro está haciendo exactamente lo que evolucionó para hacer. Solo que está respondiendo a amenazas que ya no son reales.

## Reconociendo al saboteador en acción

El primer paso para vencer a un enemigo es aprender a reconocerlo. Estas son señales de que uno de los saboteadores está activo:

- Procrastinación inexplicable: todo está listo, pero sigues posponiendo.

- Perfeccionismo paralizante: nunca está "suficientemente listo" para lanzar.

- Excusas recurrentes: siempre hay una razón por la que "ahora no es el momento."

- Síntomas físicos antes de decisiones importantes: dolores de cabeza, problemas estomacales, insomnio.

- Comparaciones constantes con otros que parecen más capaces o merecedores.

- Minimización de logros propios mientras magnificas los obstáculos.

Cuando notes estos patrones, no te juzgues. Solo observa. Reconoce: "Ah, el saboteador está activo." Ese reconocimiento ya comienza a disminuir su poder.

## El antídoto: actuar a pesar del miedo

La solución no es eliminar el miedo. El miedo probablemente siempre estará ahí en algún grado. La solución es aprender a actuar a pesar del miedo.

El coraje no es la ausencia de miedo. Es actuar aunque tengas miedo.

Cada vez que actúas a pesar del miedo, debilitas la conexión neuronal que asocia esa acción con peligro. Y fortaleces la conexión que asocia esa acción con supervivencia. Con suficiente repetición, lo que antes era aterrador se vuelve normal.

Pero antes de llegar a las estrategias específicas para vencer al saboteador, necesitamos hacer un viaje al pasado. Porque la forma más efectiva de desactivar estos miedos es entender de dónde vinieron.

Es hora de explorar tu historia de origen financiera.

═══════════ **MOMENTO DE VERDAD** ═══════════

*De los cuatro saboteadores, ¿cuál es tu dominante? ¿Puedes recordar un momento específico reciente en el que te paralizó?*

# Capítulo 6: Tu historia de origen financiera

*No somos prisioneros del pasado, pero sí estamos moldeados por él.*

*— Dan Allender*

Cierra los ojos por un momento.

Viaja mentalmente a tu infancia. Visualiza la casa donde creciste. La cocina. El comedor. El lugar donde tu familia se reunía.

Ahora recuerda: ¿cómo era el ambiente cuando se hablaba de dinero?

¿Se hablaba abiertamente o era un tema tabú? ¿Las conversaciones eran tranquilas o cargadas de tensión? ¿Había suficiente o siempre faltaba algo? ¿El dinero era fuente de seguridad o de conflicto?

Esas memorias, muchas de las cuales ni siquiera son conscientes, formaron la base de tu relación actual con el dinero.

## El primer maestro del dinero

Tu primer maestro de finanzas no fue un libro, ni un curso, ni un experto. Fue tu familia.

Antes de poder leer o escribir, ya estabas aprendiendo sobre el dinero. Aprendías observando cómo reaccionaban los adultos cuando llegaban las cuentas. Aprendías escuchando frases que se repetían: "No somos de esa clase," "El dinero no alcanza," "Los ricos son diferentes a nosotros."

Aprendías sintiendo la tensión o la calma en el ambiente cuando se tocaba el tema económico. Aprendías viendo qué se priorizaba y qué se sacrificaba.

Todo eso entró directamente en tu subconsciente, sin filtro, sin análisis crítico. Porque cuando eres niño, no cuestionas a los gigantes que controlan tu mundo. Asumes que lo que hacen y dicen es la verdad.

## Cuatro arquetipos de familias financieras

Aunque cada familia es única, la mayoría se inclina hacia uno de estos cuatro patrones:

### La Familia de Escasez Crónica

En estas familias, nunca había suficiente. Las conversaciones sobre dinero estaban teñidas de ansiedad. Se priorizaba la supervivencia sobre cualquier otra cosa. Los niños internalizaron: "El dinero es difícil de conseguir y más difícil de conservar."

Los adultos de estas familias a menudo tienen dificultad para gastar incluso cuando pueden permitírselo. Sienten culpa por cualquier lujo. Viven en constante estado de alerta financiera, esperando la próxima crisis.

### La Familia de Silencio Financiero

Aquí el dinero era un tema tabú. Hablar de él era vulgar, inapropiado, o simplemente no se hacía. Los niños crecieron sin ningún modelo de cómo manejar el dinero.

Los adultos de estas familias a menudo sienten vergüenza al hablar de dinero. No negocian salarios. No discuten finanzas con sus parejas. Y frecuentemente tienen problemas financieros simplemente porque nunca aprendieron las bases.

## La Familia de Conflicto Financiero

En estas familias, el dinero estaba directamente asociado con peleas, manipulación, o poder. Quizás un padre controlaba las finanzas y usaba eso para dominar. Quizás las discusiones sobre dinero terminaban en gritos.

Los adultos de estas familias a menudo tienen una relación complicada con el dinero: lo desean pero también lo temen. Pueden autosabotearse para evitar los conflictos que asocian con tener dinero. O pueden volverse controladores con sus propias finanzas como mecanismo de defensa.

## La Familia de Abundancia Consciente

Estas familias, independientemente de su nivel económico real, transmitían una sensación de suficiencia. El dinero se discutía abiertamente, sin drama. Se enseñaba activamente sobre ahorro, inversión, y valor. Los niños crecieron sintiendo que el dinero era una herramienta neutral que podían dominar.

Los adultos de estas familias tienden a tener relaciones más saludables con el dinero. No perfectas, pero sí más equilibradas.

# Ejercicio: Mapea tu historia

Toma papel y pluma. Vamos a hacer un ejercicio que puede ser revelador.

Responde estas preguntas con la primera respuesta que venga a tu mente, sin pensarlo demasiado:

1. ¿Cuál era la frase más repetida sobre el dinero en tu casa cuando eras niño?

2. ¿Cómo reaccionaban tus padres cuando llegaban cuentas o gastos inesperados?

3. ¿Se hablaba del dinero abiertamente o era un tema secreto?

4. ¿El dinero era fuente de seguridad, estrés, conflicto, o algo más en tu familia?

5. ¿Cuál es tu primer recuerdo vívido relacionado con el dinero? ¿Qué sentiste?

6. ¿Qué mensajes recibiste sobre las personas ricas? ¿Y sobre las personas pobres?

7. ¿Qué aprendiste sobre cuánto dinero era "suficiente"?

8. ¿Quién manejaba el dinero en tu casa? ¿Cómo lo hacía?

Ahora mira tus respuestas. ¿Puedes ver conexiones entre esas experiencias tempranas y tus patrones actuales?

# El poder de la consciencia

El objetivo de este ejercicio no es culpar a tu familia. Tus padres hicieron lo mejor que pudieron con las herramientas que tenían. Ellos también fueron programados por sus propias familias.

El objetivo es traer a la consciencia lo que ha estado operando en automático. Porque solo puedes cambiar aquello de lo que eres consciente.

Cuando entiendes de dónde vienen tus patrones, dejan de ser misteriosos. Dejan de sentirse como "así soy yo" y empiezan a verse como "esto es lo que aprendí." Y lo que se aprende, se puede desaprender.

## La historia no es destino

Aquí está la buena noticia: tu historia de origen no determina tu destino.

Conozco personas que crecieron en escasez absoluta y hoy son abundantemente prósperas. Conozco personas que crecieron con todas las ventajas y lo perdieron todo. La historia importa, pero no decide.

Lo que decide es qué haces con esa historia. Si la examinas, la entiendes, y conscientemente eliges crear una nueva narrativa, puedes cambiar el curso de tu vida financiera.

El siguiente capítulo te mostrará por qué esa elección es más urgente de lo que crees.

**———— MOMENTO DE VERDAD ————**

*¿Qué historia financiera heredaste de tu familia? Si pudieras elegir conscientemente una nueva creencia sobre el dinero, ¿cuál sería?*

# Capítulo 7: El costo real de quedarte donde estás

*El mayor riesgo no es tomar riesgos. En un mundo que cambia rápidamente, la única estrategia garantizada para fracasar es no tomar riesgos.*

— *Mark Zuckerberg*

Voy a hacerte una pregunta incómoda.

¿Cuánto te ha costado ya tu mentalidad actual?

No me refiero en términos abstractos. Me refiero en números concretos.

Piénsalo: ¿Cuántos aumentos no pediste porque tenías miedo? ¿Cuántas oportunidades de negocio dejaste pasar porque "no era el momento"? ¿Cuánto dinero gastaste impulsivamente para llenar un vacío emocional? ¿Cuánto perdiste en inversiones hechas desde el miedo o la codicia?

Si pudieras poner un número a todo eso, probablemente te sorprendería. Y ese número seguirá creciendo mientras no cambies.

## El costo invisible del status quo

Tendemos a pensar que quedarnos donde estamos es la opción "segura." Pero la inacción también tiene un costo. Solo que es un costo invisible, distribuido en el tiempo, fácil de ignorar.

Imagina que tienes la oportunidad de emprender un negocio que, con trabajo y dedicación, podría generar ingresos adicionales significativos. Decides no hacerlo porque es "muy arriesgado."

Cinco años después, sigues en el mismo lugar. El negocio que no empezaste existe solo como un "¿qué hubiera pasado?" Y mientras tanto, otra persona con menos talento pero menos miedo está haciendo exactamente eso y prosperando.

El costo no fue solo la ganancia potencial. Fue también cinco años de tu vida sintiendo que podrías estar haciendo algo más. Fue la erosión lenta de tu autoestima cada vez que veías a otros atreverse. Fue el mensaje que le enviaste a tu cerebro de que no eras capaz.

## El costo en salud

El estrés financiero crónico no es solo incómodo. Es literalmente dañino para tu cuerpo.

Estudios médicos han documentado la conexión entre preocupaciones financieras y problemas cardiovasculares, sistemas inmunológicos debilitados, trastornos de sueño, ansiedad y depresión.

Cuando vives en constante estrés por el dinero, tu cuerpo está perpetuamente en modo de supervivencia. El cortisol, la hormona del estrés, circula constantemente. Y el cortisol crónico elevado causa estragos en tu salud.

¿Cuántos años de vida te está costando tu relación actual con el dinero?

# El costo en relaciones

El dinero es una de las principales causas de conflicto en las parejas. No necesariamente la falta de dinero, sino la diferencia en cómo cada persona se relaciona con él.

Si tu mentalidad de escasez te hace ser controlador, ansioso, o incapaz de disfrutar lo que tienes, eso afecta a las personas que te rodean. Si tu miedo te impide proveer experiencias memorables para tu familia, eso también tiene un costo.

Y no solo las parejas. Tus hijos están aprendiendo de ti exactamente como tú aprendiste de tus padres. Los patrones que no rompas, los heredarán.

# El costo en potencial

Esta es quizás la pérdida más trágica: el potencial no realizado.

Dentro de ti hay capacidades, talentos, ideas que nunca han visto la luz. Negocios que podrías haber construido. Contribuciones que podrías haber hecho. Impacto que podrías haber tenido.

Tu mentalidad limitante no solo te cuesta dinero. Te cuesta la versión de ti mismo que podrías haber sido.

Un día, quizás pronto o quizás en décadas, mirarás atrás a tu vida. Y la pregunta no será "¿Fui exitoso según los estándares de otros?" La pregunta será "¿Hice honor al potencial que tenía dentro?"

¿Qué respuesta quieres poder dar?

## El ejercicio del funeral

Hay un ejercicio poderoso que muchos coaches y psicólogos utilizan. Se llama "el ejercicio del funeral."

Imagina que estás en tu propio funeral, muchos años en el futuro. Las personas que más te importan están ahí. Uno por uno, se paran a hablar de ti.

Si no cambias nada, si sigues exactamente como estás, ¿qué dirán?

"Era buena persona, pero siempre tuvo miedo."

"Tenía tantos sueños, pero nunca se atrevió."

"Trabajó duro toda su vida pero nunca disfrutó lo que ganaba."

Ahora imagina un escenario diferente. Imagina que decidiste cambiar. Que hiciste el trabajo interno. Que transformaste tu relación con el dinero y, a través de eso, transformaste tu vida.

¿Qué dirían entonces?

"Fue un ejemplo de coraje. No nació siendo valiente, pero se convirtió en valiente."

"Nos enseñó que siempre es posible cambiar."

"Vivió con abundancia y generosidad."

¿Cuál de esos funerales quieres tener?

## La decisión

Llegaste hasta aquí en el libro por una razón. Algo en ti sabe que hay más. Algo en ti está listo para cambiar.

La primera parte de este libro, El Despertar, te mostró la realidad de cómo funciona la mente y el dinero.

La segunda parte, El Saboteador Interno, te ayudó a entender los mecanismos específicos que te han mantenido estancado.

Ahora viene la tercera parte: La Reprogramación. Donde finalmente aprenderás a cambiar los patrones que te limitan.

Pero antes de pasar la página, quiero que tomes una decisión consciente.

¿Estás listo para dejar de ser víctima de tu programación?

¿Estás dispuesto a hacer el trabajo, aunque sea incómodo?

¿Quieres realmente una vida diferente, o solo te gusta la idea de tenerla?

Si tu respuesta es sí, bienvenido a la Parte III.

El verdadero trabajo comienza ahora.

---

**MOMENTO DE VERDAD**

*Si no cambias nada y sigues exactamente como estás los próximos diez años, ¿dónde estarás? ¿Cómo se siente imaginar ese escenario?*

# PARTE III: LA REPROGRAMACIÓN

# Capítulo 8: Neuroplasticidad financiera: tu cerebro puede cambiar

*El cerebro no es un vaso por llenar, sino una lámpara por encender.*

*— Plutarco*

Durante décadas, la ciencia asumió que el cerebro adulto era esencialmente fijo. Nacías con cierta cantidad de neuronas, las ibas perdiendo con la edad, y tu capacidad de cambiar disminuía dramáticamente después de la infancia.

Esa suposición era completamente errónea.

En las últimas décadas, la neurociencia ha demostrado algo revolucionario: el cerebro es plástico. Puede cambiar, reconectarse, crear nuevas rutas neuronales durante toda la vida adulta.

Esto se llama neuroplasticidad. Y es la base científica de por qué la transformación que buscas es absolutamente posible.

## Cómo funciona el cableado cerebral

Tu cerebro contiene aproximadamente ochenta y seis mil millones de neuronas. Estas neuronas se conectan entre sí formando redes. Cada pensamiento que tienes, cada creencia que sostienes, cada patrón de comportamiento que repites, está sostenido por una red específica de conexiones neuronales.

Hay un principio fundamental en neurociencia: "Las neuronas que se disparan juntas, se conectan juntas." Esto significa que cuanto más repites un pensamiento o comportamiento, más fuerte se vuelve la conexión neuronal que lo sostiene.

Tus creencias sobre el dinero no son ideas abstractas flotando en el éter. Son estructuras físicas en tu cerebro. Redes de neuronas que se han fortalecido a través de años de repetición.

La creencia de que "el dinero es difícil de conseguir" es literalmente un camino neuronal bien transitado en tu cerebro. La ansiedad que sientes cuando piensas en invertir es una respuesta automática codificada en tu sistema nervioso. El patrón de gastar todo lo que ganas es una ruta neuronal que se activa sin esfuerzo consciente.

## La buena noticia

Aquí está lo extraordinario: esas conexiones pueden debilitarse. Y nuevas conexiones pueden fortalecerse.

Un camino neuronal es como un sendero en un bosque. Cuanto más lo transitas, más marcado y fácil de seguir se vuelve. Pero si dejas de transitarlo, la vegetación comienza a cubrirlo. Con el tiempo, desaparece.

Al mismo tiempo, puedes crear nuevos senderos. Al principio es difícil, la maleza es espesa. Pero cada vez que lo transitas, se abre un poco más. Con suficiente repetición, el nuevo sendero se vuelve tan fácil de transitar como el viejo.

Esto significa que puedes literalmente recablear tu cerebro para la abundancia. No es metáfora. No es pensamiento positivo vacío. Es biología.

## Lo que se requiere para el cambio

La neuroplasticidad es real, pero no es magia. El cambio neuronal requiere ciertas condiciones:

Atención enfocada. El cerebro cambia más rápidamente cuando prestas atención consciente a lo que estás tratando de aprender o cambiar. La práctica distraída produce cambios mínimos.

Repetición consistente. No basta con pensar algo nuevo una vez. Necesitas repetirlo suficientes veces para que las nuevas conexiones se fortalezcan y las viejas se debiliten.

Emoción. El cerebro prioriza los aprendizajes que tienen carga emocional. Las experiencias emocionalmente significativas crean cambios más rápidos y duraderos.

Tiempo. Aunque algunos cambios pueden ser rápidos, la mayoría de la reprogramación profunda toma semanas o meses de práctica consistente.

## Evidencia de transformación

Si necesitas más convicción de que esto funciona, considera estos estudios:

Taxistas de Londres estudiados por neurocientíficos mostraron un hipocampo significativamente más grande que el promedio, la región del cerebro responsable de la navegación espacial. Años de memorizar las complejas calles de Londres habían cambiado físicamente su cerebro.

Músicos profesionales tienen cortezas auditivas más desarrolladas que no músicos. Años de entrenamiento musical habían expandido las regiones cerebrales responsables de procesar sonido.

Meditadores experimentados muestran mayor densidad de materia gris en áreas asociadas con la autorregulación emocional y la atención. La práctica repetida de meditación había transformado la estructura de su cerebro.

Si el cerebro puede cambiar en respuesta a conducir taxis, tocar instrumentos, o meditar, definitivamente puede cambiar en respuesta a nuevos patrones de pensamiento sobre el dinero.

## Tu práctica de neuroplasticidad financiera

En los siguientes capítulos, aprenderás prácticas específicas diseñadas para reprogramar tu cerebro. Pero antes de llegar a los detalles, quiero que internalices estos principios:

1. El cambio es biológicamente posible, sin importar tu edad o historia.

2. El cambio requiere práctica consistente, no esfuerzo ocasional.

3. Los pensamientos que más repites se vuelven más fuertes.

4. Puedes elegir conscientemente qué pensamientos repetir.

Con estos principios en mente, vamos a comenzar con una de las herramientas más poderosas para la reprogramación: el lenguaje.

Porque las palabras que usas no solo describen tu realidad. La crean.

━━━━━━━━ **MOMENTO DE VERDAD** ━━━━━━━━
*¿Cuál es el patrón de pensamiento sobre el dinero que más repites? ¿Qué nuevo pensamiento te gustaría que se volviera automático?*

# Capítulo 9: El lenguaje del dinero: cómo hablas determina cuánto tienes

*Cuida tus pensamientos, porque se convierten en palabras. Cuida tus palabras, porque se convierten en acciones. Cuida tus acciones, porque se convierten en hábitos. Cuida tus hábitos, porque se convierten en carácter. Cuida tu carácter, porque se convierte en tu destino.*

*— Atribuido a Lao Tzu*

"No puedo pagarlo."

"Nunca tendré suficiente."

"El dinero simplemente no se me da."

"No soy bueno para los negocios."

¿Cuántas veces has dicho o pensado frases como estas?

Probablemente las dices sin pensarlo, como comentarios casuales que no significan nada. Pero cada vez que las pronuncias, estás enviando una instrucción directa a tu subconsciente.

Tu cerebro no distingue entre lo que "realmente crees" y lo que "solo dices." Registra todo. Y cuanto más repites algo, más real se vuelve para tu sistema de creencias interno.

## El poder de las declaraciones

Las palabras son más que sonidos o símbolos. Son comandos que programan tu realidad interna.

Cuando dices "no puedo pagarlo," tu cerebro recibe la instrucción: "No tenemos recursos. Somos limitados. Esto está fuera de nuestro alcance." Y comienza a operar desde esa premisa. Deja de buscar soluciones. Cierra puertas antes de intentar abrirlas.

Cuando dices "¿cómo puedo pagarlo?", algo muy diferente sucede. Tu cerebro recibe la instrucción: "Hay un problema que resolver. Necesitamos encontrar una solución." Y comienza a trabajar en esa dirección. Busca opciones. Ve posibilidades que antes no veía.

La diferencia entre esas dos frases parece pequeña. Pero a lo largo de miles de repeticiones, crea dos realidades completamente diferentes.

# Las tres categorías de lenguaje limitante

El lenguaje que sabotea tu riqueza generalmente cae en tres categorías:

## Declaraciones de incapacidad

"No puedo..." "No sé..." "No soy capaz de..."

Estas frases cierran posibilidades antes de explorarlas. Declaran una limitación como si fuera un hecho inmutable de la realidad, cuando en verdad es solo una creencia.

Reemplazo: Cambia "no puedo" por "todavía no sé cómo" o "estoy aprendiendo a." Esto mantiene la puerta abierta.

## Declaraciones de escasez permanente

"Nunca tendré..." "Siempre me falta..." "El dinero no alcanza..."

Las palabras "siempre" y "nunca" son particularmente peligrosas. Convierten situaciones temporales en sentencias de por vida.

Reemplazo: Elimina "siempre" y "nunca." Cambia "nunca tendré suficiente" por "ahora mismo estoy trabajando para tener más."

## Declaraciones de identidad negativa

"No soy bueno con..." "Soy malo para..." "Yo no nací para..."

Estas son las más dañinas porque fusionan la limitación con tu identidad. No es algo que haces o no haces; es algo que eres.

Reemplazo: Separa la habilidad de la identidad. Cambia "no soy bueno con el dinero" por "estoy desarrollando mis habilidades financieras."

## El ejercicio de los siete días

Durante los próximos siete días, vas a hacer algo simple pero poderoso:

Lleva un pequeño cuaderno contigo o usa las notas de tu teléfono. Cada vez que te sorprendas diciendo o pensando una frase limitante sobre el dinero, anótala.

No te juzgues. Solo observa. El objetivo es hacerte consciente de patrones que probablemente operan en automático.

Al final de cada día, revisa lo que anotaste. Para cada frase limitante, escribe una alternativa empoderada.

"No puedo pagar esas vacaciones" se convierte en "¿Qué necesitaría hacer para poder pagar esas vacaciones?"

"Nunca seré rico" se convierte en "Cada día estoy construyendo mi riqueza."

"No soy bueno para invertir" se convierte en "Estoy aprendiendo a invertir cada vez mejor."

Al principio, las nuevas frases se sentirán falsas, incómodas, incluso ridículas. Eso es normal. Estás creando nuevos caminos neuronales. La incomodidad es señal de que estás trabajando correctamente.

## El lenguaje de la abundancia

Más allá de corregir el lenguaje limitante, puedes proactivamente cultivar un lenguaje de abundancia:

En lugar de enfocarte en lo que no tienes, habla de lo que estás creando.

En lugar de quejarte de los problemas, habla de las soluciones que estás buscando.

En lugar de compararte desfavorablemente con otros, celebra tu propio progreso.

En lugar de ver gastos, habla de inversiones en tu futuro.

Este no es positivismo ingenuo. No se trata de ignorar la realidad o fingir que todo está bien cuando no lo está. Se trata de elegir conscientemente las palabras que abren puertas en lugar de las que las cierran.

## Las conversaciones que tienes con otros

El lenguaje no solo afecta tu diálogo interno. También importa cómo hablas del dinero con otros.

Si constantemente te quejas de la economía, de tu salario, de lo caro que está todo, estás reforzando esas creencias cada vez que abres la boca.

Observa las conversaciones que tienes con familia, amigos, colegas. ¿El tema dinero surge principalmente en forma de quejas? ¿Perpetúas la narrativa de escasez junto con ellos?

Esto no significa que te conviertas en una persona irritantemente positiva que ignora problemas reales. Significa ser consciente de que cada conversación es una oportunidad de reforzar creencias limitantes o creencias empoderadoras.

Elige sabiamente.

El siguiente capítulo llevará el trabajo de reprogramación un paso más allá: vamos a explorar cómo usar la visualización para crear tu nueva realidad financiera.

━━━━━━━━━━ **MOMENTO DE VERDAD** ━━━━━━━━━━
*¿Cuál es la frase limitante que más repites sobre el dinero?*
*¿Cuál sería su versión empoderada?*

# Capítulo 10: Visualización con propósito (no es magia, es estrategia)

*La imaginación es el taller donde se forjan todos los planes creados por el hombre.*

*— Napoleon Hill*

Cuando menciono la palabra "visualización," probablemente pienses en películas como "El Secreto" o en gurús de autoayuda prometiendo que si imaginas un cheque de un millón de dólares, el universo te lo enviará mágicamente.

Esa versión de la visualización es, en el mejor de los casos, incompleta. En el peor, es peligrosamente engañosa.

Pero descartar la visualización por completo sería igualmente erróneo. Porque cuando se usa correctamente, es una de las herramientas más poderosas para reprogramar tu mente.

Vamos a separar la ciencia de la fantasía.

## Por qué la visualización funciona (neurociencia, no magia)

Tu cerebro no distingue perfectamente entre experiencias vividas y experiencias vívidamente imaginadas. Las mismas regiones cerebrales se activan cuando haces algo y cuando te imaginas haciéndolo con suficiente detalle.

Atletas olímpicos han utilizado esto durante décadas. Un estudio clásico mostró que personas que solo visualizaban hacer ejercicios específicos ganaban fuerza muscular, no tanto como quienes ejercitaban físicamente, pero significativamente más que quienes no hacían nada. Su cerebro enviaba señales a los músculos incluso durante la visualización.

Cuando te visualizas teniendo éxito financiero de manera vívida y repetida, estás literalmente creando y fortaleciendo las redes neuronales asociadas con ese éxito. Estás familiarizando a tu cerebro con esa realidad. Estás bajando las barreras internas que antes te decían "eso no es para mí."

## La visualización que SÍ funciona

No toda visualización es igual. Hay formas que funcionan y formas que no.

## Visualización de proceso, no solo de resultado

Visualizar un resultado sin visualizar el proceso para llegar ahí es fantasía improductiva. La visualización efectiva incluye verte haciendo el trabajo necesario, no solo disfrutando los frutos.

No te visualices solo manejando tu auto de lujo. Visualízate teniendo las conversaciones difíciles, haciendo el trabajo tedioso, persistiendo cuando quieres renunciar. Y luego, sí, visualiza el resultado.

## Detalles sensoriales vívidos

Una visualización vaga produce resultados vagos. Cuanto más rica en detalles sensoriales sea tu visualización, más real se sentirá para tu cerebro.

No solo "imagina tener dinero." Imagina la textura del cuero del sillón de tu oficina. El sonido específico de la notificación cuando entra un pago grande. El olor del café que estás tomando mientras revisas tus inversiones. La sensación de calma en tu pecho sabiendo que tus cuentas están cubiertas.

## Emoción incorporada

La emoción es el acelerador del cambio neuronal. Una visualización sin emoción es como un auto sin gasolina.

No solo veas las imágenes. Siente la emoción asociada. La satisfacción. El orgullo. La gratitud. La paz. Permite que esas emociones se expandan en tu cuerpo mientras visualizas.

## Repetición consistente

Una visualización ocasional es entretenimiento. Una práctica diaria de visualización es transformación.

El cerebro cambia a través de la repetición. Diez minutos diarios de visualización enfocada durante tres meses producirá más resultados que una hora ocasional.

# El protocolo de visualización financiera

Aquí tienes un protocolo práctico que puedes comenzar a usar hoy:

Encuentra un momento del día donde puedas tener diez minutos sin interrupciones. Idealmente por la mañana, antes de que tu mente se llene de las preocupaciones del día.

Siéntate cómodamente. Cierra los ojos. Toma cinco respiraciones lentas y profundas para calmar tu sistema nervioso.

Comienza visualizando tu día ideal en tu vida financiera futura. No un día de vacaciones o celebración, un día normal. ¿Cómo te despiertas? ¿Cuál es tu primera sensación al revisar tus finanzas? ¿Cómo es tu relación con el dinero?

Agrega detalles sensoriales. ¿Qué ves? ¿Qué escuchas? ¿Qué sientes en tu cuerpo?

Conecta con la emoción. ¿Cómo se siente tener esa relación con el dinero? Permite que esa sensación se expanda.

Ahora visualiza una acción específica que harás hoy que te acerca a esa visión. Algo concreto y realizable.

Abre los ojos. Toma nota de cualquier idea o impulso que haya surgido.

## Lo que la visualización NO hace

Es importante ser claro sobre las limitaciones:

La visualización no reemplaza la acción. Es un complemento, no un sustituto. Visualizar sin actuar es soñar despierto.

La visualización no cambia la realidad externa directamente. No va a atraer mágicamente oportunidades.

Lo que hace es prepararte internamente para reconocer y aprovechar oportunidades cuando se presenten.

La visualización no funciona si secretamente no crees en ella. La resistencia interna bloquea el proceso. Si sientes que esto es absurdo, empieza con experimentos pequeños antes de comprometerte.

## El siguiente nivel: scripting

Una variación poderosa de la visualización es el scripting: escribir en detalle tu vida ideal como si ya hubiera sucedido.

Toma un cuaderno. Escribe en tiempo presente, como si estuvieras documentando tu vida actual:

"Hoy deposité el pago de mi cliente más grande hasta la fecha. Me siento increíblemente agradecido por cómo mi negocio ha crecido. Recuerdo cuando esto parecía imposible, y ahora es mi realidad normal..."

La combinación de visualización y escritura es particularmente poderosa porque involucra más regiones del cerebro y fuerza mayor claridad sobre los detalles.

Pero ninguna herramienta funciona aisladamente. En el siguiente capítulo, vamos a integrar estas prácticas en un ritual matutino que programará tu mente para la abundancia desde el momento en que despiertas.

───────────── **MOMENTO DE VERDAD** ─────────────
*¿Puedes visualizar con detalle tu vida financiera ideal dentro de cinco años? Si encuentras resistencia o la imagen es borrosa, ¿qué crees que significa?*

# Capítulo 11: El ritual matutino de una mente millonaria

*Tu primera hora de la mañana es el timón del día.*

— *Henry Ward Beecher*

Hay un mito peligroso circulando en el mundo del desarrollo personal: que para ser exitoso necesitas despertarte a las cinco de la mañana, tomar una ducha fría, meditar por una hora, hacer ejercicio intenso, leer veinte páginas, y escribir en tu diario, todo antes del desayuno.

Para la mayoría de las personas, esto es insostenible. Y lo que no es sostenible, no funciona.

La verdad es más simple y más poderosa: lo que haces en los primeros minutos después de despertar importa enormemente, pero no tiene que ser complicado ni largo.

## Por qué la mañana es sagrada

Cuando despiertas, tu cerebro está en un estado particular. Las ondas cerebrales están transitando de theta, un estado cercano al sueño donde el subconsciente es más accesible, hacia beta, el estado de alerta normal.

Este período de transición es una ventana de oportunidad. Tu mente es más receptiva. Las primeras informaciones e intenciones que introduces tienen un impacto desproporcionado en cómo funcionará tu cerebro el resto del día.

Por eso revisar inmediatamente las redes sociales o las noticias al despertar es tan dañino. Estás permitiendo que estímulos externos, diseñados para generar ansiedad y adicción, programen tu cerebro en el momento de mayor vulnerabilidad.

¿Qué pasaría si, en cambio, usaras esos primeros minutos para programar intencionalmente tu mente hacia la abundancia?

## El ritual mínimo viable

Voy a darte un ritual que toma menos de quince minutos y que puedes adaptar a tu vida real. No necesitas despertar antes de lo normal. Solo necesitas comprometerte a no tocar tu teléfono hasta completarlo.

### Paso uno: Gratitud financiera (dos minutos)

Antes de levantarte de la cama, mientras tus ojos todavía están adaptándose a la luz, piensa en tres cosas relacionadas con el dinero por las que estás genuinamente agradecido.

No tienen que ser grandes cosas. Puede ser el techo sobre tu cabeza. La comida que vas a desayunar. El hecho de que tienes trabajo. La oportunidad de leer este libro.

La gratitud es el antídoto de la escasez. Cuando estás agradecido por lo que tienes, tu cerebro cambia del modo "no hay suficiente" al modo "tengo recursos."

### Paso dos: Declaración de identidad (un minuto)

Levántate. Párate frente a un espejo si es posible. Y di en voz alta una declaración que defina quién estás eligiendo ser:

"Soy alguien que crea abundancia."

"El dinero fluye fácilmente hacia mí."

"Estoy abierto a todas las oportunidades que este día trae."

"Merezco prosperidad y la acepto con gratitud."

Elige una declaración que resuene contigo. Dila con convicción, no como repetición mecánica.

## Paso tres: Visualización breve (tres a cinco minutos)

Usando la técnica del capítulo anterior, cierra los ojos y visualiza brevemente tu día desde la perspectiva de alguien que ya tiene la relación con el dinero que deseas.

¿Cómo tomaría decisiones esa versión de ti? ¿Cómo manejaría los desafíos? ¿Qué oportunidades vería que normalmente pasas por alto?

## Paso cuatro: Intención de acción (un minuto)

Identifica una acción específica que harás hoy que te acerque a tus metas financieras. Solo una. Debe ser concreta y realizable.

"Hoy voy a investigar una opción de inversión."

"Hoy voy a tener la conversación sobre el aumento que he pospuesto."

"Hoy voy a destinar el diez por ciento de mi ingreso al ahorro antes de gastar en cualquier otra cosa."

Comprométete mentalmente con esa acción.

### Paso cinco: Entrada consciente al día (dos minutos)

Ahora sí, puedes revisar tu teléfono si quieres. Pero antes de hacerlo, toma dos minutos para establecer la intención de cómo vas a relacionarte con la información que recibirás.

"Lo que lea no determinará mi estado emocional. Soy yo quien elige cómo responder."

Esto crea un amortiguador entre tu estado interno cultivado y los estímulos externos.

## La personalización del ritual

Este es un marco básico. Puedes y debes personalizarlo según tu vida y preferencias.

Si tienes más tiempo, expande las secciones. Agrega ejercicio físico, lectura de algo inspirador, escritura en diario.

Si tienes menos tiempo, comprímelo. Incluso hacer solo el paso de gratitud en un minuto es mejor que nada.

Lo crucial es la consistencia. Un ritual pequeño hecho todos los días supera enormemente un ritual elaborado hecho esporádicamente.

## El efecto compuesto

Un ritual matutino de quince minutos parece insignificante. ¿Cómo puede algo tan simple cambiar tu vida financiera?

Piénsalo así: quince minutos diarios son más de noventa horas al año. Noventa horas de programación intencional de tu mente. Noventa horas de crear nuevos patrones neuronales. Noventa horas de contrarrestar décadas de programación limitante.

Y el efecto no se limita a esos quince minutos. La forma en que comienzas tu día influye en cada decisión, cada interacción, cada pensamiento que sigue. Es el efecto dominó.

La persona que comienza su día desde la escasez toma decisiones de escasez durante todo el día. La persona que comienza desde la abundancia ve un mundo diferente.

El siguiente capítulo abordará uno de los temas más críticos para la transformación financiera: tu relación con el fracaso.

Porque no importa cuán bien programada esté tu mente, vas a encontrar obstáculos. La pregunta es: ¿cómo los manejarás?

<hr>

**MOMENTO DE VERDAD**

*¿Cómo empiezas actualmente tus mañanas? ¿Qué pequeño cambio podrías hacer mañana mismo para empezar a programar tu mente hacia la abundancia?*

# Capítulo 12: Dominar la relación con el fracaso

*No he fracasado. He encontrado diez mil formas*
*que no funcionan.*

*— Thomas Edison*

El coronel Harland Sanders tenía sesenta y cinco años cuando su restaurante cerró por la construcción de una autopista que desvió el tráfico. Con poco más que su receta secreta de pollo frito y un cheque de seguro social de ciento cinco dólares, comenzó a viajar ofreciendo su receta a restaurantes a cambio de regalías.

Fue rechazado mil nueve veces antes de escuchar su primer sí.

Mil nueve rechazos. Para cualquier persona con una relación "normal" con el fracaso, esto habría sido devastador después de la décima negativa, tal vez incluso después de la segunda.

Pero Sanders no tenía una relación normal con el fracaso. Y por eso fundó Kentucky Fried Chicken, uno de los imperios de comida rápida más grandes del mundo.

## El fracaso como información

La diferencia entre personas que logran éxito financiero significativo y las que no, raramente es la ausencia de fracaso. Es la relación con el fracaso.

Para la mayoría, el fracaso es una sentencia. Es evidencia de inadecuación. Es vergüenza. Es razón para detenerse.

Para los financieramente exitosos, el fracaso es simplemente información. Es feedback. Es un dato que indica que algo no funcionó y que hay que ajustar el enfoque.

Edison no "fracasó" diez mil veces. Descubrió diez mil formas que no funcionaban, acercándose con cada intento a la forma que sí funcionaba.

## La neurociencia del fracaso

Cuando fracasas, tu cerebro tiene dos posibles respuestas.

La primera es la respuesta de amenaza: activa la amígdala, inunda tu sistema con cortisol, te hace querer huir o esconderte. Asocias el fracaso con peligro. Tu cerebro aprende: "Esto es peligroso, no volver a intentar."

La segunda es la respuesta de aprendizaje: activa la corteza prefrontal, genera curiosidad, te hace querer entender qué pasó. Asocias el fracaso con información útil. Tu cerebro aprende: "Esto no funcionó, probar algo diferente."

La diferencia entre estas respuestas no es innata. Es aprendida. Y puede ser reaprendida.

## Reencuadrar el fracaso

El primer paso para cambiar tu relación con el fracaso es cambiar cómo lo interpretas. Aquí hay algunos reencuadres poderosos:

De: "Fracasé" → A: "Aprendí qué no funciona"

Cada fracaso te da información que no tenías antes. Esa información es valiosa, quizás más valiosa que si hubieras tenido éxito la primera vez.

De: "Soy un fracaso" → A: "Esta acción no produjo el resultado esperado"

Separar la acción de la identidad es crucial. No eres un fracaso porque algo fracasó. Eres una persona que intentó algo y obtuvo un resultado diferente al esperado.

De: "¿Por qué me pasa esto a mí?" → A: "¿Qué puedo aprender de esto?"

La primera pregunta te pone en posición de víctima. La segunda te empodera como estudiante.

De: "Debería rendirme" → A: "¿Qué ajuste necesito hacer?"

El fracaso raramente significa que la meta es imposible. Usualmente significa que el camino específico que tomaste no era el correcto.

## La práctica del fracaso intencional

Una de las mejores formas de cambiar tu relación con el fracaso es exponerte a él intencionalmente en dosis pequeñas.

Hay un ejercicio llamado "terapia de rechazo" donde deliberadamente buscas ser rechazado en situaciones de bajo riesgo. Pides cosas absurdas sabiendo que te dirán que no. El objetivo no es conseguir lo que pides, es desensibilizarte al rechazo.

Puedes adaptar esto al contexto financiero. Negocia el precio de algo sabiendo que probablemente dirán que no. Aplica a un trabajo para el que quizás no estés calificado. Haz una propuesta ambiciosa a un potencial cliente.

Cada rechazo que sobrevives debilita el poder que el fracaso tiene sobre ti.

## Los fracasos de los exitosos

Si necesitas más inspiración, considera estos ejemplos:

Walt Disney fue despedido de un periódico porque "carecía de imaginación y no tenía buenas ideas." Su primer negocio de animación quebró. Hoy, Disney es una de las empresas de entretenimiento más grandes del mundo.

Oprah Winfrey fue despedida de su primer trabajo en televisión porque no era "apta para la televisión." Hoy es una de las personas más influyentes del mundo mediático.

Steve Jobs fue expulsado de Apple, la empresa que él mismo fundó. Años después regresó y la convirtió en la empresa más valiosa del mundo.

J.K. Rowling vivió con asistencia social, deprimida, considerándose "el mayor fracaso que conocía." Harry Potter fue rechazado por doce editoriales antes de ser publicado y convertirse en uno de los fenómenos literarios más grandes de la historia.

Ninguno de ellos tuvo una carrera libre de fracasos. Todos tuvieron carreras donde los fracasos fueron escalones, no tumbas.

## Tu archivo de fracasos

Te propongo crear algo que llamo un "archivo de fracasos productivos."

Cada vez que fracases en algo relacionado con tus metas financieras, documéntalo. Pero no como una lista de vergüenzas. Como una lista de aprendizajes.

Escribe: qué intentaste, qué resultado obtuviste, qué aprendiste, qué harás diferente.

Con el tiempo, este archivo se convertirá en un tesoro de sabiduría acumulada. Y cada vez que enfrentes un nuevo desafío, podrás revisar lo que ya has aprendido.

Además, cuando eventualmente logres éxito significativo, ese archivo será el recordatorio de que no llegaste ahí a pesar de los fracasos, sino gracias a ellos.

Ahora que hemos trabajado el interior, la mentalidad, las creencias, es momento de pasar a la Parte IV: la arquitectura externa que sostiene tu nueva mente.

Porque el cambio interno necesita estructuras externas para mantenerse.

──────── **MOMENTO DE VERDAD** ────────
*¿Cuál ha sido tu fracaso financiero más doloroso? Si lo miraras como información en lugar de como sentencia, ¿qué aprendizaje podrías extraer de él?*

# PARTE IV: LA ARQUITECTURA DE LA ABUNDANCIA

# Capítulo 13: Decisiones de $10 vs decisiones de $10,000

*No es lo que hacemos de vez en cuando lo que moldea nuestras vidas, sino lo que hacemos consistentemente.*

— *Tony Robbins*

Imagina a dos personas frente a la misma decisión: comprar o no comprar un café de cinco dólares camino al trabajo.

La primera persona pasa diez minutos agonizando. ¿Debería? ¿No debería? Es un gasto innecesario. Pero lo merece después del mal día de ayer. Pero está tratando de ahorrar. Finalmente compra el café, pero se siente culpable y el disfrute queda arruinado.

La segunda persona lo compra sin pensarlo dos veces y sigue con su día.

¿Quién crees que es más probable que tenga éxito financiero?

Contrario a lo que muchos piensan, probablemente la segunda persona. Y la razón revela algo crucial sobre cómo debemos gestionar nuestra energía mental financiera.

## El costo oculto de las decisiones

Cada decisión que tomas tiene un costo, no solo el costo del objeto de la decisión, sino el costo de decidir.

Investigaciones en psicología han demostrado que tenemos una cantidad limitada de energía para tomar decisiones cada día. Este recurso se conoce como "capital de decisión" o "fuerza de voluntad." Cada decisión, sin importar cuán pequeña, consume parte de este recurso.

Cuando gastas tu capital de decisión en elecciones triviales, te queda menos para las elecciones que realmente importan.

La persona que agoniza por el café de cinco dólares está gastando valiosa energía mental en una decisión que, a largo plazo, tiene un impacto mínimo. Esa energía no estará disponible cuando enfrente decisiones verdaderamente significativas: ¿debo cambiar de trabajo? ¿Debo invertir en este negocio? ¿Debo renegociar mi salario?

## La jerarquía de las decisiones financieras

No todas las decisiones financieras son iguales. Podemos categorizarlas:

Decisiones de $10: impacto menor, reversibles fácilmente. El café. La película. El almuerzo ligeramente más caro. Sí, estos gastos pequeños se acumulan. Pero la diferencia entre tomar la decisión "correcta" o "incorrecta" es marginal a largo plazo.

Decisiones de $1,000: impacto moderado, reversibles con esfuerzo. El viaje de vacaciones. El electrodoméstico nuevo. El curso de capacitación. Estas merecen algo de reflexión, pero tampoco deberían consumir días de agonía.

Decisiones de $10,000: impacto significativo, difícilmente reversibles. El trabajo que aceptas. La inversión que haces. El negocio que emprendes. La casa que compras. El socio con quien te asocias. Estas decisiones merecen investigación profunda, reflexión cuidadosa, y toda la energía mental que puedas darles.

## Automatiza lo pequeño, agoniza lo grande

La estrategia es simple: reduce al mínimo la energía gastada en decisiones pequeñas para maximizar la energía disponible para decisiones grandes.

¿Cómo?

Primero, establece reglas automáticas para gastos menores. "Si cuesta menos de veinte dólares y lo quiero, lo compro sin pensarlo dos veces." "Los domingos como afuera, los otros días cocino." Las reglas eliminan la necesidad de decidir caso por caso.

Segundo, automatiza decisiones financieras básicas. Configura transferencias automáticas a ahorro e inversión. Configura pago automático de cuentas. Automatiza lo que se puede automatizar.

Tercero, crea presupuestos que te den libertad dentro de límites. En lugar de decidir cada gasto individual, asigna un monto mensual para "gastos discrecionales" y gástalo como quieras sin culpa.

## Dónde enfocar tu energía

Con la energía liberada de las decisiones pequeñas, enfócate en lo que realmente importa:

Tu carrera o negocio: ¿Estás en el camino correcto? ¿Hay oportunidades que deberías explorar? ¿Negociaciones que deberías tener?

Tus inversiones: ¿Tu estrategia tiene sentido? ¿Estás diversificado apropiadamente? ¿Entiendes dónde está tu dinero?

Tu desarrollo: ¿Qué habilidades deberías desarrollar? ¿Qué conocimiento te falta? ¿En qué educación deberías invertir?

Estas son las decisiones de diez mil dólares, o más. Estas son las que merecen tu mejor pensamiento.

## La paradoja del ahorro extremo

Hay una corriente popular que promueve el "ahorro extremo": llevar el almuerzo todos los días, nunca comprar café afuera, buscar cupones para todo, caminar kilómetros para ahorrar el transporte.

Para algunas personas, esto funciona. Pero para muchas otras, este enfoque es contraproducente.

El tiempo y energía mental gastados en optimizar cada pequeño gasto frecuentemente no se recupera en el ahorro generado. Peor aún, puede crear una mentalidad de escasez constante que sabotea la capacidad de ganar más.

El CEO que pasa una hora buscando un vuelo diez dólares más barato está desperdiciando su recurso más valioso: su capacidad de tomar decisiones de alto impacto.

Esto no es excusa para el despilfarro. Es una invitación a ser estratégico sobre dónde pones tu atención.

# El ejercicio de auditoría

Esta semana, lleva un registro no solo de tus gastos, sino del tiempo y energía mental que gastas en cada decisión financiera.

Probablemente descubrirás que estás invirtiendo cantidades desproporcionadas de energía en decisiones de bajo impacto, mientras decisiones de alto impacto quedan postergadas indefinidamente.

Usa esa información para recalibrar.

―――――――――― **MOMENTO DE VERDAD** ――――――――――
*¿En qué decisiones financieras pequeñas estás gastando energía que deberías reservar para decisiones grandes? ¿Qué decisión importante has estado posponiendo?*

# Capítulo 14: Tu círculo íntimo vale millones (o te cuesta millones)

*Eres el promedio de las cinco personas con las que pasas más tiempo.*

*— Jim Rohn*

Hay una historia que se cuenta en círculos de negocios sobre un estudio que, aunque posiblemente apócrifo, ilustra algo profundamente verdadero.

Se dice que investigadores estudiaron a ganadores de lotería años después de su premio. Encontraron que, sin importar el monto ganado, la mayoría terminaba con un nivel económico similar al promedio de sus cinco amigos más cercanos antes de ganar.

Si sus amigos eran de clase media, volvían a clase media. Si sus amigos eran de bajos ingresos, volvían a bajos ingresos.

Ya sea que este estudio específico sea real o no, la dinámica que describe es absolutamente real.

## El contagio invisible

Los seres humanos somos criaturas sociales. Evolucionamos para pertenecer a grupos, para imitar a quienes nos rodean, para adoptar las normas de nuestra tribu.

Este mecanismo evolutivo significa que, queramos o no, absorbemos las creencias, comportamientos y expectativas de las personas con quienes pasamos más tiempo. Es un proceso mayormente inconsciente.

Si tu círculo íntimo habla constantemente de escasez, de lo difícil que está todo, de cómo es imposible salir adelante, esas ideas se filtran en tu subconsciente.

Si tu círculo habla de oportunidades, de crecimiento, de proyectos y posibilidades, esas ideas también se filtran.

Las conversaciones repetidas se convierten en creencias. Las creencias se convierten en acciones. Las acciones se convierten en resultados.

## La auditoría del círculo

Te propongo un ejercicio que puede ser incómodo pero revelador.

Haz una lista de las cinco personas con quienes pasas más tiempo, excluyendo familia inmediata que vive contigo.

Para cada persona, responde honestamente:

- ¿Cuál es su situación financiera? No necesitas saber números exactos, pero probablemente tienes una idea general.

- ¿Cómo hablan sobre el dinero? ¿Con escasez o abundancia? ¿Con miedo o con confianza?

- ¿Te inspiran a crecer o te mantienen cómodo donde estás?

- ¿Te apoyan cuando hablas de metas ambiciosas o te desaniman sutilmente?

- Después de ti, ¿hacia dónde va su trayectoria financiera? ¿Creciendo, estancada, o decayendo?

Ahora observa el patrón. El promedio de esas cinco personas probablemente es bastante similar a tu situación actual.

## La expansión estratégica

No estoy sugiriendo que abandones a tus amigos de toda la vida porque no son ricos. Las relaciones tienen valor más allá de lo económico, y la lealtad importa.

Lo que estoy sugiriendo es que expandes estratégicamente tu círculo para incluir personas que están donde quieres llegar.

Esto puede tomar muchas formas:

- Grupos de networking o masterminds con personas de mayor nivel económico.
- Mentores formales o informales que ya han recorrido el camino que quieres recorrer.
- Comunidades en línea de personas con metas y mentalidades similares a las que aspiras.
- Eventos, conferencias, o cursos donde la concentración de personas exitosas es mayor.

Al principio puede ser incómodo. Sentirás que no perteneces, que eres el "pez pequeño." Esa incomodidad es exactamente la señal de que estás en el lugar correcto.

## La influencia bidireccional

Algo importante: la influencia funciona en ambas direcciones.

Mientras trabajas en expandir tu círculo hacia arriba, también estás influyendo en las personas de tu círculo actual. Tu crecimiento puede inspirarlos. Tu mentalidad de abundancia puede contagiarse.

No tienes que elegir entre crecer tú y ayudar a otros a crecer. Puedes hacer ambos. De hecho, cuanto más creces, más capacidad tienes de elevar a otros.

## Los límites necesarios

Dicho esto, hay relaciones que son genuinamente tóxicas. Personas que no solo no te apoyan, sino que activamente te sabotean. Que se benefician de que permanezcas pequeño. Que responden a tu éxito con envidia en lugar de celebración.

Con esas personas, puede ser necesario establecer límites más firmes. No necesariamente cortarlas de tu vida, pero sí limitar su acceso a tus sueños y vulnerabilidades.

No compartas tus metas ambiciosas con quienes las pisotearán. Protege tu visión.

## Tu tribu del futuro

Imagina la versión de ti que ha logrado las metas financieras que tienes. ¿Con qué tipo de personas pasa el tiempo? ¿Qué conversaciones tiene? ¿En qué ambientes se mueve?

Comienza a construir esa tribu ahora. No esperes a "merecer" estar ahí. Estar ahí es parte de cómo llegas ahí.

*¿Cuál es el promedio financiero de tus cinco personas más cercanas? ¿Qué dice eso sobre hacia dónde vas?*

# Capítulo 15: El sistema anti-excusas

*Si es importante para ti, encontrarás la manera.*
*Si no lo es, encontrarás una excusa.*

— *Ryan Blair*

"No tengo tiempo."

"No tengo dinero para empezar."

"No tengo las conexiones adecuadas."

"No tengo el conocimiento necesario."

"No es el momento adecuado."

¿Te suenan familiares? Son las excusas universales. Las razones que damos para no actuar. Y cada una de ellas, aunque suena razonable, es casi siempre una mentira que nos contamos para protegernos del miedo.

## La anatomía de una excusa

Una excusa no es lo mismo que un obstáculo real. La diferencia es sutil pero crucial.

Un obstáculo real es algo que, dado tu contexto actual, genuinamente te impide actuar. Una persona en coma no puede correr un maratón. Eso no es excusa, es realidad.

Una excusa es un obstáculo que podría superarse pero que usas como razón para no intentarlo. "No tengo tiempo" cuando en realidad pasas dos horas diarias en redes sociales. "No tengo dinero" cuando en realidad podrías empezar con lo que tienes si realmente quisieras.

La excusa protege al ego. Es más cómodo decir "no puedo" que admitir "tengo miedo" o "no quiero lo suficiente."

## Desmontando las cinco excusas más comunes

### "No tengo tiempo"

Esta es la favorita universal. Y en la superficie, parece válida. Estamos todos ocupados.

Pero aquí está la verdad: no es cuestión de tener tiempo, es cuestión de hacer tiempo. Todos tenemos las mismas veinticuatro horas. La diferencia es cómo las priorizamos.

Si algo es verdaderamente importante para ti, encuentras la hora. Te levantas antes. Te acuestas después. Reduces tiempo en actividades de bajo valor.

El antídoto: Por una semana, registra exactamente cómo usas cada hora. Probablemente encontrarás horas "escondidas" en entretenimiento pasivo que podrían redirigirse.

### "No tengo dinero para empezar"

Muchos de los negocios más exitosos del mundo comenzaron con casi nada. Apple comenzó en un garaje. Amazon comenzó en un departamento rentado. WhatsApp fue creado por dos personas.

La falta de dinero obliga a ser creativo, a validar ideas antes de invertir, a encontrar formas lean de empezar.

El antídoto: Pregunta "¿Cuál es la versión más pequeña de esta idea que podría probar con cien dólares o menos?" Casi siempre hay una.

## "No tengo las conexiones adecuadas"

Las conexiones se construyen. Nadie nace con una red de contactos valiosos.

La era de internet ha democratizado el acceso como nunca antes. Puedes contactar a casi cualquier persona del mundo a través de email, LinkedIn, Twitter. La mayoría no responderá. Algunos sí.

El antídoto: Comienza a construir relaciones hoy. Ofrece valor antes de pedir. Sé consistente. Las conexiones se acumulan con el tiempo.

## "No tengo el conocimiento necesario"

Vivimos en la era de mayor acceso a información de la historia humana. Casi cualquier conocimiento que necesites está disponible en libros, cursos en línea, tutoriales de YouTube, muchos de ellos gratuitos.

El conocimiento que no tienes hoy lo puedes adquirir. Es una brecha que se cierra con esfuerzo, no un muro permanente.

El antídoto: Identifica el conocimiento específico que necesitas y crea un plan de treinta días para adquirirlo. Comienza hoy.

## "No es el momento adecuado"

El momento perfecto no existe. Nunca ha existido. Nunca existirá.

Siempre habrá alguna razón por la que "ahora no es ideal." La economía. Tu situación personal. Las elecciones. Una pandemia. Si esperas las condiciones perfectas, esperarás para siempre.

El antídoto: Pregunta "¿Cuáles son las condiciones mínimas necesarias para empezar?" Generalmente son mucho más bajas de lo que creemos.

## El marco anti-excusas

Cada vez que te sorprendas dando una excusa, pásala por este filtro:

1. ¿Es esto un obstáculo real o una excusa disfrazada?

2. Si es una excusa, ¿cuál es el miedo real que está detrás?

3. ¿Qué sería posible si este obstáculo no existiera?

4. ¿Qué pequeña acción podría tomar hoy a pesar del obstáculo?

La magia está en la cuarta pregunta. No se trata de eliminar el obstáculo completamente. Se trata de actuar a pesar de él. Acción imperfecta supera planificación perfecta que nunca se ejecuta.

## La responsabilidad radical

Al final, el sistema anti-excusas se reduce a un principio: responsabilidad radical.

Esto significa aceptar que, sea cual sea tu situación, tú tienes la responsabilidad de mejorarla. No el gobierno. No tu jefe. No la economía. No tu familia. Tú.

¿Es esto "justo" en el sentido de que todos partimos del mismo lugar? Absolutamente no. La vida no es justa. Algunas personas tienen ventajas enormes. Otras tienen desventajas enormes.

Pero justo o no, asumir responsabilidad radical es la postura más empoderadora que puedes tomar. Porque si eres víctima de circunstancias, no hay nada que puedas hacer. Si eres responsable de tu respuesta a las circunstancias, siempre hay algo que puedes hacer.

Elige poder sobre comodidad.

―――――――― **MOMENTO DE VERDAD** ――――――――
*¿Cuál es tu excusa favorita? ¿Qué miedo está realmente detrás de ella?*

# Capítulo 16: Inteligencia emocional financiera

*Las emociones no tratadas nunca mueren. Son enterradas vivas y salen de formas más feas.*

*— Sigmund Freud*

Era marzo de 2020. Los mercados globales estaban en caída libre por la pandemia. En una semana, el mercado de valores americano perdió más del treinta por ciento de su valor.

En ese momento de pánico colectivo, millones de personas vendieron sus inversiones, cristalizando pérdidas enormes.

Dieciocho meses después, el mercado no solo se había recuperado, había alcanzado máximos históricos. Quienes vendieron en pánico perdieron. Quienes mantuvieron la calma, ganaron.

La diferencia entre esos dos grupos no fue conocimiento financiero. Fue inteligencia emocional.

## Las emociones son el verdadero conductor

Los economistas tradicionales asumían que los humanos somos actores racionales que toman decisiones financieras basadas en datos y análisis objetivo.

La economía conductual ha demolido esa suposición. Sabemos ahora que la mayoría de las decisiones financieras son emocionales primero y racionalizadas después.

El miedo nos hace vender cuando deberíamos comprar. La codicia nos hace comprar cuando deberíamos vender. La vergüenza nos impide pedir ayuda cuando la necesitamos. El orgullo nos hace rechazar buenos consejos. La envidia nos empuja a gastos que no podemos permitirnos.

Sin inteligencia emocional financiera, todo el conocimiento técnico del mundo no te salvará de tus propias reacciones.

## Los cuatro componentes de la IEF

## Consciencia emocional financiera

El primer paso es simplemente notar qué emociones surgen cuando piensas en, hablas de, o interactúas con el dinero.

¿Sientes ansiedad cuando revisas tu cuenta bancaria? ¿Emoción excesiva cuando compras algo? ¿Vergüenza cuando comparas tu situación con otros? ¿Miedo cuando piensas en el futuro?

Muchas personas están tan desconectadas de sus emociones financieras que ni siquiera las notan. Operan en automático, actuando sus emociones sin ser conscientes de ellas.

La práctica: Cada vez que interactúes con el dinero esta semana, pausa un momento y pregúntate "¿Qué estoy sintiendo ahora mismo?"

# Regulación emocional

Una vez que eres consciente de tus emociones, el siguiente paso es aprender a regularlas, no reprimirlas, no ignorarlas, sino manejarlas de forma que no controlen tus acciones.

Cuando sientas urgencia de tomar una decisión financiera importante, especialmente una que no habías planeado, considera implementar una regla de cuarenta y ocho horas. Espera dos días antes de actuar. Si después de ese tiempo todavía parece buena idea, actúa.

Esta simple práctica previene la mayoría de las compras impulsivas, las inversiones emocionales, y las decisiones reactivas.

# Empatía financiera

Esto tiene dos dimensiones. Primero, empatía hacia ti mismo: entender tus propios patrones con compasión en lugar de juicio. Segundo, empatía hacia otros en sus decisiones financieras.

La empatía financiera te hace mejor negociador, mejor líder, mejor vendedor. Porque entiendes las motivaciones emocionales detrás de las decisiones económicas, no solo las justificaciones lógicas.

# Habilidad social financiera

La capacidad de hablar de dinero de manera efectiva con otros: tu pareja, tus socios, tus clientes, tu jefe. La incapacidad de tener estas conversaciones es una de las mayores fuentes de problemas financieros.

Parejas que no pueden hablar de dinero acumulan resentimientos y toman decisiones descoordinadas. Empleados que no pueden hablar de dinero nunca negocian su salario adecuadamente. Emprendedores que no pueden hablar de dinero subcobran por su trabajo.

## El diario emocional financiero

Una práctica poderosa es mantener un breve diario de tus interacciones emocionales con el dinero. Cada noche, responde tres preguntas:

1. ¿Qué decisiones financieras tomé hoy, grandes o pequeñas?

2. ¿Qué emociones estaban presentes antes, durante y después de esas decisiones?

3. ¿Tomaría la misma decisión si estuviera en un estado emocional diferente?

Con el tiempo, este diario revelará patrones que de otra forma permanecerían invisibles. Y la consciencia de esos patrones es el primer paso para cambiarlos.

## Las emociones como información

El objetivo no es eliminar las emociones de tus decisiones financieras. Las emociones son información valiosa. El miedo puede alertarte de riesgos reales. La emoción puede señalar oportunidades genuinas.

El objetivo es que las emociones informen tus decisiones sin controlarlas. Escucharlas como consejeras, no obedecerlas como dictadoras.

Con práctica, desarrollarás la capacidad de sentir una emoción intensa, reconocerla, y aun así tomar la decisión más racional. Eso es inteligencia emocional financiera.

──────────── **MOMENTO DE VERDAD** ────────────
*¿Cuál es la emoción que más frecuentemente sabotea tus decisiones financieras? ¿Puedes recordar una decisión reciente donde esa emoción estuvo en control?*

# Capítulo 17: De consumidor a creador: el cambio de paradigma

*No esperes. El momento nunca será el adecuado.*

*— Napoleon Hill*

Hay dos formas fundamentales de relacionarse con la economía: como consumidor o como creador.

El consumidor compra soluciones. El creador las vende.

El consumidor intercambia tiempo por dinero. El creador crea sistemas que generan dinero más allá de su tiempo.

El consumidor depende de que otros provean. El creador provee para otros y para sí mismo.

No hay nada moralmente malo en ser consumidor. Todos consumimos. Pero si tu única relación con la economía es como consumidor, siempre serás dependiente. Siempre estarás limitado por lo que otros deciden pagarte por tu tiempo.

## El mito del empleo seguro

Durante generaciones, el camino "seguro" era conseguir un buen empleo, trabajar duro, ascender, y eventualmente retirarte con pensión.

Ese mundo ya no existe. Las empresas ya no ofrecen empleo de por vida. Las pensiones se han erosionado o desaparecido. La tecnología elimina trabajos que antes parecían permanentes.

Esto no es necesariamente malo. Es simplemente la realidad. Y la respuesta a esta realidad no es quejarse, es adaptarse.

Adaptarse significa desarrollar la mentalidad del creador, incluso si actualmente tienes un empleo tradicional.

# La mentalidad del creador

Ser creador no necesariamente significa tener una empresa. Significa adoptar una mentalidad específica:

## Ver problemas como oportunidades

Cada problema que existe es un negocio potencial. Cada frustración que sientes, otros la sienten también. Resolver problemas para otros es la base de toda creación de valor económico.

El consumidor se queja de los problemas. El creador pregunta "¿Cómo podría resolver esto, y quién pagaría por esa solución?"

## Pensar en sistemas, no en tareas

El consumidor piensa: "Hoy trabajé ocho horas." El creador piensa: "¿Cómo puedo crear algo que genere valor sin requerir mi presencia constante?"

Esto aplica incluso dentro de un empleo tradicional. El empleado con mentalidad de creador busca formas de escalar su impacto, de crear procesos replicables, de generar valor desproporcionado a su tiempo invertido.

### Invertir antes de consumir

El consumidor gasta primero y ahorra lo que sobra, que generalmente es nada. El creador invierte primero, en sí mismo y en activos, y consume lo que sobra.

Esta inversión puede ser educación, herramientas, un negocio secundario, activos financieros. El punto es que el dinero trabaja para ti, no solo tú trabajando por dinero.

### Asumir riesgo calculado

El consumidor busca seguridad a toda costa. El creador entiende que toda recompensa significativa requiere algún nivel de riesgo.

La clave es "calculado." No es apostar ciegamente. Es evaluar riesgos, mitigar los que se pueden mitigar, y tomar decisiones informadas sabiendo que la garantía no existe.

## Tu primer producto

Si nunca has creado nada que se venda, el primer paso puede parecer intimidante. Pero no tiene que serlo.

Piensa en algo que sabes hacer mejor que la persona promedio. No tienes que ser el mejor del mundo. Solo mejor que alguien que pagaría por aprender o por que lo hagas por ellos.

Puede ser escribir claramente. Organizar espacios. Crear presentaciones. Cocinar cierto tipo de comida. Resolver cierto tipo de problemas técnicos. Todos tenemos habilidades que otros valoran.

Tu primer "producto" puede ser tan simple como ofrecer ese servicio a una persona por un precio. No necesitas una empresa formal, un sitio web elaborado, o un plan de negocios. Necesitas un cliente dispuesto a pagar.

Ese primer intercambio, aunque sea pequeño, cambia algo fundamental en tu psicología. Ya no eres solo consumidor. Eres alguien que crea valor y recibe compensación por ello.

## El camino gradual

La transición de consumidor a creador no tiene que ser dramática. No tienes que renunciar a tu empleo mañana para emprender.

Puede comenzar como un proyecto secundario. Unas horas por semana. Un cliente. Experimentando, aprendiendo, creciendo.

Con el tiempo, ese proyecto secundario puede crecer. O puede mantenerse pequeño pero enseñarte lecciones invaluables. O puede fracasar y prepararte para el siguiente intento.

Lo importante es dar el primer paso. Pasar de consumidor pasivo a creador activo, aunque sea en pequeña escala.

Porque una vez que experimentas la sensación de crear valor y ser compensado por ello, algo cambia permanentemente en tu relación con el dinero.

**MOMENTO DE VERDAD**

*Si tuvieras que vender algo mañana, algo que sabes hacer o tienes, ¿qué sería? ¿Qué te detiene de hacerlo?*

# PARTE V: LA EJECUCIÓN IMPARABLE

# Capítulo 18: Los primeros 90 días de tu nueva mente

*Un viaje de mil millas comienza con un solo paso.*

*— Lao Tzu*

Has llegado lejos. Has entendido cómo funciona la mente financiera. Has identificado tus saboteadores. Has aprendido herramientas para reprogramar tu mentalidad.

Pero el conocimiento sin acción es solo entretenimiento.

Este capítulo es tu plan de implementación. Un mapa de noventa días para transformar lo que has aprendido en una nueva realidad.

## Días 1-30: Fundamentos

El primer mes se trata de establecer las bases. No de cambios dramáticos, sino de hábitos fundamentales.

## Semana 1: Auditoría y consciencia

Esta semana tu único trabajo es observar. Implementa el diario del lenguaje del dinero: registra cada frase limitante que piensas o dices. Implementa el diario emocional financiero: registra las emociones asociadas con cada interacción con el dinero.

No intentes cambiar nada todavía. Solo observa. La consciencia es el primer paso.

## Semana 2: El ritual matutino

Comienza a implementar el ritual matutino de quince minutos. Gratitud, declaración, visualización breve, intención de acción. Hazlo cada día, sin excepción.

Si fallas un día, simplemente retoma al siguiente. No uses un día perdido como excusa para abandonar.

## Semana 3: Automatización básica

Configura una transferencia automática de al menos el cinco por ciento de cualquier ingreso a una cuenta de ahorro separada. Si ya lo haces, aumenta el porcentaje.

La automatización elimina la necesidad de decidir cada vez. El dinero se separa antes de que puedas gastarlo.

## Semana 4: Limpieza inicial

Revisa tus gastos del último mes. Identifica suscripciones que no uses, gastos que no agregan valor, fugas de dinero. Cancela al menos tres cosas innecesarias.

Esto no es por el monto ahorrado, es por el mensaje que envías a tu cerebro: "Soy alguien que gestiona conscientemente su dinero."

# Días 31-60: Construcción

El segundo mes se trata de construir sobre los fundamentos.

## Semana 5: Expansión del círculo

Identifica una comunidad, grupo, o evento donde puedas conectar con personas que tienen la mentalidad financiera que aspiras. Inscríbete o asiste.

No tienes que hacer grandes inversiones. Un grupo de LinkedIn, un meet-up local, un foro en línea. El punto es exponerte a nuevas perspectivas.

## Semana 6: Educación activa

Elige un área específica de conocimiento financiero que te falta y comienza a aprenderla. Puede ser inversión básica, negociación, ventas, un skill específico.

Dedica al menos treinta minutos diarios a esta educación.

## Semana 7: La conversación difícil

Identifica una conversación financiera que has estado evitando. Puede ser pedir un aumento, negociar un precio, hablar con tu pareja sobre dinero, cobrar a alguien que te debe.

Ten esa conversación esta semana. El objetivo no es necesariamente el resultado, es demostrar que puedes tener conversaciones difíciles.

## Semana 8: El primer experimento de creador

Basándote en el capítulo de consumidor a creador, identifica algo que podrías ofrecer. No tiene que ser grande o perfecto. Haz una primera oferta, aunque sea a una sola persona.

Si te dicen que no, genial. Aprendiste algo. Si te dicen que sí, mejor aún.

# Días 61-90: Aceleración

El tercer mes es para consolidar y acelerar.

## Semana 9: Revisión y ajuste

Revisa los dos meses anteriores. ¿Qué funcionó? ¿Qué no funcionó? ¿Qué ajustes necesitas hacer?

No te juzgues por lo que no lograste. Celebra lo que sí lograste. Ajusta el plan basándote en lo que aprendiste.

## Semana 10: Incremento del reto

Aumenta el nivel de dificultad. Si estás ahorrando cinco por ciento, sube a diez. Si hiciste una oferta, haz cinco. Si tuviste una conversación difícil, ten dos.

El crecimiento requiere incomodidad progresiva.

## Semana 11: El sistema anti-excusas

Identifica la excusa que más has usado en los últimos dos meses. Diseña un sistema específico para neutralizarla. Comprométete por escrito.

## Semana 12: Visión a largo plazo

Escribe tu visión financiera a cinco años. Sé específico. Incluye no solo números sino también cómo quieres sentirte, qué quieres poder hacer, qué impacto quieres tener.

Esta visión guiará los próximos noventa días, y los noventa después de esos.

# Después del día 90

El día noventa no es el final. Es el comienzo de un nuevo ciclo. Después de completar estos primeros noventa días, tendrás las bases instaladas. Tendrás hábitos. Tendrás momentum.

Tu trabajo es continuar. Diseñar tus próximos noventa días con nuevos desafíos, nuevas metas, nuevos crecimientos.

La transformación financiera no es un evento. Es un proceso continuo. Y estos primeros noventa días son simplemente el inicio del viaje.

---

**MOMENTO DE VERDAD**

*¿Cuál de las acciones de la primera semana podrías comenzar mañana mismo? ¿Qué excusa podría aparecer para impedirlo, y cómo la contrarrestarás?*

# Capítulo 19: Cuando el mundo no coopera

*Las dificultades fortalecen la mente, así como el*
*trabajo fortalece el cuerpo.*

*— Séneca*

Hasta ahora, hemos hablado principalmente de los obstáculos internos: las creencias, los miedos, los patrones mentales que nos limitan. Y es verdad que esos obstáculos son los más importantes a largo plazo.

Pero también existen los obstáculos externos. Las circunstancias que no controlamos. Las crisis que no vimos venir. Los golpes de la vida que pueden hacer tambalear incluso a la mente más fortalecida.

Este capítulo es para esos momentos.

## Cuando la economía colapsa

Las recesiones ocurren. Los mercados caen. Los sectores enteros desaparecen. A veces, no importa cuán bien hayas hecho todo, las fuerzas económicas externas pueden devastar tus planes.

Si esto te sucede, lo primero que debes saber es: no es tu culpa.

La mentalidad de abundancia no significa culparte por todo lo malo que sucede. Significa responder a lo que sucede de la manera más constructiva posible.

En una crisis económica, la mentalidad de abundancia pregunta: "¿Qué oportunidades existen que otros no están viendo?" Porque en cada crisis, hay quienes pierden todo y quienes construyen fortunas.

La diferencia no siempre es talento o suerte. A menudo es simplemente perspectiva.

## Cuando pierdes tu ingreso

Perder un empleo o un cliente importante es devastador. No solo financieramente, sino emocionalmente. Tu identidad puede estar atada a ese rol. Tu rutina completa se desmorona.

Permítete el duelo. Es necesario y humano. Pero pon un límite de tiempo. Tres días, una semana, lo que necesites. Y después, actúa.

La acción es el antídoto de la parálisis. No tiene que ser la acción perfecta. Cualquier movimiento hacia adelante es mejor que quedarte congelado.

Actualiza tu currículum. Contacta a tu red. Explora opciones que antes parecían imposibles. Considera si esta crisis es una oportunidad disfrazada para cambiar de dirección.

Muchas personas descubren que perder su empleo fue lo mejor que les pudo pasar, porque los forzó a tomar riesgos que nunca habrían tomado desde la comodidad.

# Cuando la salud falla

El dinero importa menos cuando la salud desaparece. Esta es una verdad que debemos reconocer.

Si tú o un ser querido enfrenta una crisis de salud, tu prioridad cambia. Y está bien. Las finanzas pueden esperar. Las personas no.

Dicho esto, hay formas de manejar una crisis de salud sin destruir completamente tus finanzas:

Conoce tus opciones de seguro y asistencia. Negocia con proveedores médicos, muchos están dispuestos a hacer planes de pago o reducir costos si preguntas. Acepta ayuda de otros, no es debilidad, es humanidad. Enfócate en lo que puedes controlar, tu actitud, tu información, tus decisiones, no en lo que no puedes.

# Cuando las relaciones terminan

Un divorcio o separación es una de las mayores causas de devastación financiera. No solo por los costos legales, sino por la división de activos, los gastos duplicados, y el impacto emocional que afecta tu capacidad de funcionar.

Si atraviesas esto, busca ayuda profesional: legal, financiera, y emocional. No intentes navegarlo solo.

Y recuerda: tu valor como persona no está definido por tu estado civil ni por tu cuenta bancaria. Puedes reconstruir. Otros lo han hecho. Tú también puedes.

# El principio de la adversidad

Hay algo que los estoicos antiguos entendían y que la psicología moderna ha confirmado: la adversidad, aunque dolorosa, puede ser el catalizador del mayor crecimiento.

Las personas que emergen más fuertes de las crisis comparten ciertas características:

- Ven la adversidad como temporal, no permanente.
- Buscan aprendizaje en la experiencia.
- Mantienen conexiones sociales y piden ayuda.
- Toman acción, aunque sea pequeña, lo antes posible.
- Mantienen una visión de un futuro mejor, incluso cuando no pueden verlo claramente.

Ninguna de estas características es innata. Todas se pueden desarrollar.

## El músculo de la resiliencia

La resiliencia es como un músculo. Se fortalece con el uso.

Cada pequeña adversidad que superas te prepara para la siguiente, más grande. Cada vez que caes y te levantas, la caída siguiente duele un poco menos y el levantarte es un poco más rápido.

Por eso no debes evitar todo riesgo en tu vida. Los pequeños fracasos, las pequeñas incomodidades, los pequeños rechazos, todos están construyendo tu capacidad para manejar los grandes.

Cuando el mundo no coopere, y en algún momento no lo hará, tendrás los recursos internos para responder.

No porque nunca te afecte. Sino porque sabrás que has sobrevivido antes y sobrevivirás de nuevo.

──────── MOMENTO DE VERDAD ────────

*¿Cuál ha sido la crisis externa más difícil que has enfrentado? ¿Qué aprendiste de ti mismo al atravesarla?*

# Capítulo 20: El legado: más allá del millón

*No heredamos la tierra de nuestros ancestros, la tomamos prestada de nuestros hijos.*

*— Proverbio nativo americano*

Hemos pasado todo este libro hablando de cómo transformar tu mente para crear riqueza. Hemos explorado creencias, miedos, estrategias, y sistemas.

Pero hay una pregunta que no hemos abordado directamente: ¿para qué?

¿Para qué quieres más dinero? ¿Qué harás con él? ¿Qué diferencia hará en el mundo que existas y prosperes?

Este capítulo final es una invitación a pensar más allá de ti mismo.

## El dinero como amplificador

Recuerda: el dinero amplifica lo que ya eres. Si eres generoso con poco, serás generoso con mucho. Si solo piensas en ti mismo con poco, tendrás más recursos para pensar solo en ti mismo.

La pregunta entonces no es solo "¿cómo consigo más dinero?" sino "¿en quién me estoy convirtiendo mientras lo consigo?"

La riqueza acumulada por alguien mezquino es simplemente mezquindad amplificada. La riqueza acumulada por alguien generoso es generosidad amplificada.

¿Qué quieres amplificar?

# Los tres círculos de impacto

Piensa en tu impacto potencial como tres círculos concéntricos:

## El círculo íntimo: tu familia

El impacto más directo que puedes tener es con las personas más cercanas a ti.

¿Cómo cambiará la vida de tus hijos si crecen viendo a un padre o madre que tiene una relación saludable con el dinero? ¿Que no vive en estrés constante? ¿Que puede proveer experiencias, educación, seguridad?

Los patrones que tú rompas no se heredarán. Los patrones saludables que tú construyas se transmitirán. Tu transformación no termina en ti; comienza en ti.

## El círculo medio: tu comunidad

Más allá de tu familia, ¿qué impacto podrías tener en tu comunidad si tuvieras recursos?

Podrías crear empleos si emprendes. Podrías apoyar causas locales. Podrías ser mentor de otros que están donde tú estabas. Podrías invertir en el desarrollo de tu barrio, tu ciudad, tu país.

El dinero en manos de personas conscientes puede transformar comunidades. El dinero en manos de personas inconscientes solo perpetúa los problemas.

## El círculo amplio: el mundo

En la era conectada, tu impacto potencial es global.

Las ideas que compartes pueden alcanzar a millones. Los negocios que creas pueden servir a personas en todos los continentes. Las donaciones que haces pueden transformar vidas de personas que nunca conocerás.

¿Qué problema del mundo te importa lo suficiente como para dedicarle recursos si los tuvieras?

## El legado no es solo dinero

El legado más valioso que puedes dejar no es una cuenta bancaria. Es un ejemplo.

Tus hijos recordarán cómo viviste más que cuánto les dejaste. Tu comunidad recordará cómo contribuiste más que cuánto acumulaste. El mundo será diferente no por lo que tuviste sino por lo que hiciste con lo que tuviste.

¿Qué ejemplo estás dando hoy?

## La paradoja de la abundancia verdadera

Aquí hay algo que parece contradictorio pero es profundamente verdadero: cuanto más enfocado estás en servir a otros, más abundancia fluye hacia ti.

No es magia ni karma misterioso. Es simple economía: el dinero fluye hacia quienes crean valor. Y el valor se crea resolviendo problemas para otros.

La persona obsesionada con acumular para sí misma tiende a generar menos que la persona obsesionada con crear valor para otros. Porque la primera está enfocada en tomar; la segunda, en dar.

La abundancia verdadera no es tener mucho. Es ser alguien a través de quien mucho fluye.

## Tu declaración de legado

Te invito a escribir algo que pocos escriben: tu declaración de legado.

No es un testamento legal. Es una declaración de intención. Un documento que responde:

- ¿Qué quiero que mi vida haya significado?
- ¿Qué impacto quiero haber tenido en mi familia, mi comunidad, el mundo?
- ¿Cómo quiero ser recordado?
- ¿Qué valores quiero haber encarnado?

Esta declaración no tiene que ser perfecta. Puede cambiar con el tiempo. Pero tenerla te da una brújula. Te recuerda por qué estás haciendo todo este trabajo.

Porque al final, el dinero es solo un medio. La pregunta es: ¿un medio para qué?

## El verdadero millón

El título de este libro es "Una mente vale más que un millón." Y es verdad: tu mente, correctamente programada, puede generar millones.

Pero hay algo que vale aún más que un millón: una vida con significado.

Puedes tener todo el dinero del mundo y sentirte vacío. Puedes tener poco dinero y sentirte pleno. El dinero no determina la calidad de tu vida interior.

Lo que sí determina la calidad de tu vida es: ¿Estás creciendo? ¿Estás contribuyendo? ¿Estás conectado con personas que importan? ¿Estás viviendo de acuerdo con tus valores?

Estas cosas no requieren millones. Pero, curiosamente, cuando las priorizas, los millones tienden a seguir.

—————————— **MOMENTO DE VERDAD** ——————————
*Si tuvieras todo el dinero que deseas, ¿qué harías diferente de lo que haces hoy? ¿Hay algo de eso que podrías comenzar a hacer ahora, aunque sea en pequeña escala?*

# EPÍLOGO: Una carta para ti dentro de 5 años

Querido yo del futuro:

Escribo esta carta desde un momento de decisión. Acabo de terminar un libro que me mostró verdades incómodas sobre mi relación con el dinero. Me hizo ver patrones que no quería ver. Me confrontó con miedos que prefería ignorar.

Pero también me dio esperanza.

Aprendí que mi mente es plástica. Que las creencias que me limitan no son verdades eternas sino programas que puedo cambiar. Que el termostato financiero que heredé puede recalibrarse. Que los saboteadores internos pueden ser enfrentados.

Aprendí que el lenguaje que uso crea mi realidad. Que las primeras horas de mi mañana programan el resto de mi día. Que el fracaso no es una sentencia sino información. Que las personas con quienes me rodeo determinan hacia dónde voy.

Aprendí que la diferencia entre decisiones pequeñas y grandes merece atención. Que mis emociones pueden informar sin controlar. Que puedo pasar de consumidor a creador. Que las excusas son miedos disfrazados.

Y aprendí que todo esto no es solo para mí. Es para mi familia, mi comunidad, y el pequeño rincón del mundo que puedo impactar.

Hoy tomo una decisión: voy a implementar lo que aprendí. No perfectamente. No sin fallar. No sin momentos de duda. Pero consistentemente. Día tras día. Decisión tras decisión.

A ti, yo del futuro, te pregunto:

¿Lo hiciste?

¿Seguiste el plan de noventa días? ¿Transformaste tu ritual matutino? ¿Cambiaste tu lenguaje? ¿Enfrentaste las conversaciones difíciles? ¿Expandiste tu círculo?

¿O este libro se convirtió en uno más de los que leíste, disfrutaste, y olvidaste?

No te juzgo si tropezaste. Tropezar es parte del camino. Te pregunto solo para recordarte: siempre puedes volver a empezar. Siempre puedes retomar. El día que decides cambiar puede ser hoy, aunque hayas decidido lo mismo cien veces antes.

Espero que cuando leas esto, estés en un lugar diferente. Financieramente, sí. Pero más importante: mentalmente.

Espero que hayas roto los patrones heredados. Que hayas silenciado a los saboteadores. Que hayas subido tu termostato. Que hayas descubierto que eras capaz de mucho más de lo que creías.

Espero que hayas creado riqueza, pero también significado.

Espero que hayas impactado a tu familia, a tu comunidad, al mundo.

Espero que mires hacia atrás a este momento, a esta carta, y sonrías sabiendo que valió la pena. Que el trabajo incómodo produjo frutos. Que la inversión en tu mente fue, efectivamente, la mejor inversión que pudiste hacer.

Y si todavía no has llegado ahí, está bien.

El viaje continúa. La transformación es un proceso, no un destino.

Lo que importa es que sigas caminando.

Con amor y expectativa,

Tú del pasado.

*Una mente vale más que un millón.*

*Ahora tienes las herramientas.*

*El siguiente paso es tuyo.*

www.ingramcontent.com/pod-product-compliance
Lightning Source LLC
Chambersburg PA
CBHW060618210326
41520CB00010B/1385